중국 고도를 거닐다

서울대학교 아시아연구소총서 기초연구시리즈 17

중국 고도를 거닐다

대중문화와 도시경관의 길을 따라

초판 1쇄 발행 2020년 1월 25일

지은이 박정희
펴낸이 오세정
편집 김미진
디자인 최선아
인쇄 네오프린텍(주)

펴낸곳 서울대학교출판문화원
주소 08826 서울 관악구 관악로 1
도서주문 02-889-4424, 02-880-7995
홈페이지 www.snupress.com
페이스북 @snupress1947
인스타그램 @snupress
출판등록 제15-3호

ISBN 978-89-521-2894-2 94910
978-89-521-1475-4 (세트)

이 연구는 2015년도 서울대학교 아시아연구소 아시아기초연구사업의 지원을 받아 수행되었음.

서울대학교 아시아연구소총서
기초연구시리즈 17

중국 고도를 거닐다

대중문화와 도시경관의 길을 따라

박정희 지음

서울대학교출판문화원

Strolling in Chinese Ancient Cities

along ways of popular culture and urban landscapes

Jeong-Hee Bark

Seoul National University Press

머리말

그때도 나는 화끈거리는 발바닥을 견디며 중국의 어느 고도를 걷고 있었다. 느닷없이 일어났다 어지럽게 떠돌다 흔적 없이 사라지는 생각과 감정들. 그 덫에 걸리거나 때로는 그 사이를 용케도 피해 가거나.

그렇게 걷기만 하던 도중, 2015년 서울대학교 아시아연구소의 저술지원사업은 나의 무거운 걸음에 힘을 실어주었다. 그리고 거칠고 막연한 생각과 감정들이 흩어지지 않도록 격려해주었다. 내가 매료되었던 도시의 흔적들, 고건축과 문화들, 옛 거리의 매력과 감동을 학문적 연구로 이어나갈 수 있었다. 고도문화 정체성이 과거에 매몰되지 않고 현재와 대화하면서 끊임없이 재구성되는 양상을 이 책에 오롯이 담고자 했다. 문학, 영화, 드라마, 건축 그리고 도시를 연결하여 지금의 중국 고도를 읽고자 했다. 곁가지 생각들을 쳐낸 후에야 얻은 것들을 이 책으로 묶을 수 있었던 것은 서울대학교 아시아연구소가 내게 준 기회, 내게 보여준 인내 덕분이었다.

길 위에서 보고 느낀 것들을 글로 정리하도록 도와주신 홍즈청(洪子诚) 선생님, 야오수이(幺书仪) 선생님 그리고 이종민 선생님께 고개 숙인다. 책을 만드는 과정에서 도움을 준 서울대학교출판문화원에도 감사드린다. 그리고 틈나는 대로 고도를 같이 걸어준 내 도반에게 고마운 마음을 전한다.

2019년 11월

박정희

차례

제8장 충칭, 도시문화의 중층성 273

※일러두기
본문의 인명/지명 등은 가급적 중국 원어에 충실하게 표기하였으나, 일부는 친숙도나 관례에 비추어 우리 한자 독음으로 표기하였다.

제1장

중국 고도로 들어가기에 앞서

1. 왜 고도인가

이 책의 목적은 2000년대 이후 중국의 고도(古都)들이 문화정책과 문화산업을 통해 도시 정체성을 재구축하고 재도시화하는 과정과 전략을 고찰함으로써 중국 도시의 전체적인 지향성과 미래상의 일단을 살피는 데 있다.

고도는 단순히 과거 역사의 창고, 발굴해야 할 유물이 저장되어 있는 공간이 아니며 역사 역시 있는 그대로의 사실이 아니라는 전제에서 이 책은 출발한다. 현재의 도시가 지닌 욕망, 구축하고자 하는 도시 정체성에 따라 과거의 역사와 도시 정체성은 재구성된다. 각종 대중문화는 현재의 욕망과 미래의 정체성을 정당화하는 데 활용되며, 도시의 과거 역사와 장소성 중 이에 부합하는 것들이 선별적으로 강조되면서 도시 기획에 영향을 끼친다. 이에 따라 이 책은 대중문화와 도시 기획의 관계에 주목한다. 특히, 대중문화를 도시 현실의 단순한 재현체로 이해하는 대신, 도시 정체성이 재구성되는 과정에서 각종 대중문화가 어떤 목적으로 발굴되어 배치되고 활용되는지에 집중한다.

이 탐색의 배경을 이루는 요인은 중국의 개혁개방과 전 지구적 세계화의 확산이다. 1990년대는 중국의 개혁개방이 본격적으로 전개된 시기인 동시에 OECD국가에 한정되어 진행되던 세계화가 전 지구적으로 확대된 시기이다. 산업경제 발전에 치중하여 경제대국의 기틀을 마련한 이후 중국 정부는 세계화의 거센 물결에 본격적으로 대응해야 만 했다. 여기서 세계화의 거센 물결이란 두 가지 의미를 지닌다. 첫째, 세계화시대에 자본이 각종 경계를 넘나들게 되면서 국민국가, 민족국가의 영토 장악력이 예전보다 상대적으로 약화되었다. 근대 국민국가, 민족국가의 특징 중 하나는 뚜렷한 경계의 설정과 경계 내 영토의 국가 장악력이었는데, 활발한 이동력을 자랑하는 세계자본은 이 경계를 허물며 국가 내 각 지역의 장소 정체성에 커다란 영향을 끼치게 되었다. 이로 인해 중국 정부는 영토 내 공간에 대한 지배력에서 자본권력과 일정 부분 경쟁하거나 협력하는 위치에 서게 되었다. 둘째, 세계화가 각국 혹은 세계 각 지역의 문화를 획일화할 것이라는 우려에도 불구하고, 세계화는 각 지역의 문화적 특성과 지역 정체성을 발굴하고 부각하여 이를 상품화하는 지역화의 경향을 동반하고 있다. 특히 도시는 세계화와 지역화의 동시적 진행 즉 글로컬리제이션(glocalization, 세방화 혹은 지구·지역화)의 대표적인 공간이 되었다.

세계화의 이런 성향 속에서, 최근 중국의 중앙정부와 도시들은 정치권력, 자본과 연계된 다양한 스케일의 재생 프로젝트들을 대규모로 추진하고 있다. 세계화로 대변되는 초국적 혹은 초지역적 상호작용의 네트워크가 강화되는 가운데, 중국에서도 삶의 집약적 공간인 도시가 세계화의 영향을 받으면서 정치, 사회, 경제, 문화 등 각 분야에 걸쳐 중대한 변화를 경험하기 시작했다.

이 책이 중국의 여러 도시 중 특히 고도에 주목하는 이유는 고도가 글로컬리제이션을 둘러싼 각종 힘(권력)들이 가장 첨예하게 드러나는 공간이기 때문이다. 비록 정체성은 본질적이지 않지만 도시 정체성은 전통문화의 성격을 띠며 전승되는 과정에서 특정 공간에 실질적인 영향을 끼쳐왔다. 중국의 경우엔 특히 더 그러한데, 문제는 도시 정체성의 유무에 대한 시비가 아니라 전통문화 속에서 계승되어온 도시 정체성을 어떻게 활용하거나 변형하여 현재의 목적에 봉사하도록 도구화하는지를 파악하는 것이다. 이로 볼 때, 고도는 국가권력과 자본권력, 주변부 문화 등이 충돌하고 상호 교류하는 전형적이고 상징적인 공간이라 할 수 있다.

우선 중국의 고도 대부분은 국가체제를 그 전제로 하는 도시이다. 대부분 옛 왕조의 수도였던 고도는 민족국가라는 체제에서 형성되고 발전되었다. 이러한 고도의 복원과 재구성, 문화기억을 통한 도시 정체성 확보는 중국이라는 현재의 국가체제가 자신의 정체성과 정당성을 확인하고 영토에 대한 국가의 통치성과 지배력을 정당화할 수 있는 유력한 기제가 된다. 고도의 복원사업을 통해 유지, 복원, 재구성된 경관과 문화는 과거와 현재를 이어주는 매개물이며 집단기억을 창출하는 발원지로 기능한다. 집단기억은 뚜렷한 유대감을 조성하면서 과거와 현재를 연계하는 도시 정체성으로 고양되는데, 이 도시 정체성은 도시의 미래상이 역으로 투사된 결과이기도 하다. 결국, 고도의 도시 정체성 재구성과 강화는 현재와 미래에 걸쳐 중국이라는 국가의 정당성을 도모하는 데 기여하게 된다. 즉 공동의 문화적 자산을 발굴하고 고양하는 것은 민족국가의 유지와 강화에 더없이 유용한 작업인데, 중국의 고도는 개인이나 집단의 문화적 정체성 형성에 크게 이바지해야 하는 공간으로 호출되고 있는 것이다.

동시에 고도는 차별성, 경쟁력 있는 상품으로 재구성할 수 있는 역사·문화적 환경과 기억을 풍부히 확보하고 있는 전통문화의 공간이다. 도시 및 지역들 간의 경쟁이 보다 치열해진 세계화시대를 맞아, 각 도시들은 이에 적극적으로 대응하여 도시, 지역을 발전시키기 위한 전략으로 도시나 지역의 이미지를 새롭게 창출할 수 있는 도시 정체성을 강조하고 있다. 많은 도시와 지역들이 근래 개최하기 시작한 지역축제, 장소마케팅과 관련된 행사들은 바로 이러한 지역 정체성의 복원 또는 새로운 정체성 형성을 목표로 한다. 지역축제나 문화적 표상체, 문화예술들은 과거의 역사적 인물을 중심으로 상상적 기억의 기념화·공간화 혹은 의식화를 추진하고, 이를 뒷받침할 물적 근거들을 조성하여 새로운 지역 정체성을 형성하고자 한다. 그리고 이를 경제적 자본으로 전환하기 위해 타 도시와의 차별성을 적극 부각하고자 한다. 도시 정체성과 문화기억은 때로는 자본이 자유롭게 침투하거나 이동하는 데 장애물로 작용하기도 하지만, 상품화와 직결되는 매력적인 문화자본으로 더 많이 인식된다. 특히, 고도는 각종 문화산업이 왕성하게 전개될 수 있는 문화자본이 풍부한 도시로서 다른 도시와 뚜렷한 차별성을 지닌 공간으로 간주되었다. 각종 발굴과 복원사업 그리고 그 결과들에 대한 이슈화 등을 통해 고도의 도시 정체성에 대한 물리적·공간적 증거물이 획득되면서 고도의 가치와 정체성은 의심할 수 없고 독보적이며 역사적인 것으로 인정되었다. 국경을 넘나들며 자기증식을 꾀해온 자본은 이러한 고도를 눈여겨볼 수밖에 없었다.

말하자면, 고도는 국가권력과 자본권력이 경합하거나 공조, 갈등하는 등 다양한 관계를 맺으면서 특정한 문화기억과 도시 정체성을 역동적으로 재구성하고 있는 대표적인 공간이다. 앞서 살핀 대로 고도는 두 대조적인 힘의 충돌을 가장 선명하게 확인할 수 있는 도시이기 때문이다. 비단 고도뿐만 아니라 집단적 문화기억과 단일한 도시 정체성의 구축은 필연적으로 배제와 포섭의 과정을 거치게 된다. 동일성의 원칙에 따라 선택된 것들이 고도의 지배적인 문화기억, 지배적인 도시 정체성으로 고양된다는 것은 통제불가능한 각종 이질적인 것들이 배제되고 은폐된다는 것을 의미한다. 하지만 박물관, 기념문화제 등 각종 표상체를 동원하여 집단적이고 단일한 문화기억과 도시 정체성을 강조할 때, 주변부로 밀려난 이질적인 것들 역시 일방적으로 은폐되기만 하는 것이 아니라 스스로를 재현하기 위해 각종 매체를 동원한다. 모든 도시가 이런 경합과 타협의 공간인 것은 분명하다. 중국의 경우 개혁개방 이후 모든 도시가 이런 변화와 역동성을 어느 정도 담지하게 되었다. 하지만 각종 층위의 의지가 훨씬 더 집약적이고 강도 높게 진행되는 곳은 역사문화 발굴과 복원 그리고 다양한 표상체의 생산 등이 활발하게 진행되고 있는 고도다. 이런 점에서 고도는 이러한 경합과 타협이 가장 두드러지게 진행되고 노골적으로 드러나는 각축장이자 협력의 장이라 할 수 있다. 결국, 고도는 자신의 정체성을 재정립하고자 하는 지역의 의지와 국가의 기획력, 자본의 침투력 등이 다양한 관계를 맺으며 변화를 촉진하는 대표적인 도시이며, 이 관계망에서 배제된 주변적인 것들이 끊임없이 스스로를 표상해내는 역동적인 공간이다.

중국의 각 도시들이 과거에 비해 점점 더 지역화의 경향을 보이면서 지역·도시 정체성을 강조하고 있다는 점 그리고 이에 따라 중국에서도 최근 들어 도시 연구가 또 하나의 의미 있는 흐름을 형성하기 시작했다는 점에 주목한다면, 중국의 도시 연구는 미래의 중국학에서 중요한 분야로 성장할 가능성이 아주 높다.

이 책은 역사유적의 복원, 박물관 건립, 기념문화제 개최 등을 포함하여 도시 정체성 제고를 위한 다양한 도시공간 기획뿐만 아니라 문학, 영상물 등의 대중문화들도 중요한 텍스트로 삼았다. 왜냐하면 중국의 고도들은 도시 정체성을 새롭게 구축하기 위해 기록영화, 극영화, TV드라마 등 영상매체를 활용한 각종 대중문화를 지원, 활성화하고 도시경관을 재구성해가고 있기 때문이다. 뿐만 아니라, 문학이나 각종 영상매체 등의 대중문화는 이질적인 주변의 목소리들 또한 풍부하게 담고 있기 때문이다. 도시의 정체성과 집단기억이 배제해버린 주변적 기억들은 대체로 예술문화작품을 통해 자신의 존재를 드러내면서 지배적인 정체성과 기억에 수정의 계기를 제공하고자 한다. 따라서 작품이 도시를 얼마만큼 사실적으로 재현했는가는 이 연구의 관심 대상이 아니다. 오히려 현실 도시공간과 대중문화의 상호영향관계와 그 효과에 집중하는 것 즉 도시는 문화텍스트의 생산에 어떤 영향을 끼치는지 그리고 예술문화작품으로 형상화된 도시상상은 실제 도시의 재구성에 어떻게 다시 개입하는지 등에 주목할 것이다. 고도 공간 기획과 정체성 표상체 그리고 예술문화텍스트의 상호교호적 관계를 분석함으로써 중국의 고도 재생이 지니는 방향성과 역동성을 밝혀낼 수 있을 것이다.

따라서 이 책은 방법과 목적 면에서 기존 도시 연구와 일정한 차이를 지닐 수밖에 없다. 중국의 도시에 대한 연구는 1980년대부터 시작되었는데, 중국과 서구에서는 상하이나 베이징 같은 대도시에만 그것도 경제적 관점 위주로 연구를 진행했다. 과거 짐멜과 베버, 시카고학파 등과 같은 도시사회학자들, 그리고 벤야민과 같은 철학자들은 도시를 현대사회를 이해하기 위해 반드시 다루어야 할 중요한 연구대상으로 삼았다. 하지만 사센, 하비, 프리드먼 등 현대 도시이론가들은 주로 경제주의적인 관점으로 세계화되는 도시의 변화상을 설명한다. 이런 경제주의적 관점만으로는 세계화된 도시의 변화를 모두 설명할 수 없다. 다른 국가에 비해 국가의 통제력이 더욱 강한 중국의 경우엔 더욱 그러하며, 역사문화 환경을 주요한 자산으로 삼고 있는 고도의 경우엔 더더욱 그러하다.

이 책의 일차적인 목적은 고도의 도시정책과 공간재편, 역사복원과 도시 정체성의 재구성, 대중매체와 도시문화 그리고 최근의 재도시화 등에서 근원적인 문제로 잠재해있는 각 도시의 문화기억과 도시 정체성을 파악하는 데 있다. 이를 통해 고도의 문화적 다층성과 혼종성을 밝히고 궁극적으로는 중국 각 도시의 사회, 문화, 예술, 경제, 정치

등이 형성하는 역동적인 상관관계를 분석하고 중국 각 도시들의 전체적인 지향성과 미래상을 예측하고자 한다.

이 목표를 성공적으로 달성하기 위해서는 다중스케일(multi-scale)적인 접근이 유용할 것으로 판단된다. 고도의 다양한 기억들 중 특정 기억을 집단기억으로 고정하고 도시 정체성을 확보하려는 시도에는 다양한 스케일의 힘들이 작동하고 있기 때문이다. 특정 고도 내의 물리적 표상체와 대중문화는 그 도시 내의 정체성과 관련된 문제인 동시에, 다른 고도들과의 관계망 속에서 혹은 국가의 기획력이나 자본권력에 의해 선별된 문화의 결과물이기도 하기 때문이다. 또한, 표상체와 대중문화는 사이공간 혹은 제3의 공간을 확보하고자 하는 이질적인 주체들의 활동에 의해 변형되고 굴절되기도 한다. 따라서, 각 고도에 접근하는 자세는 획일적일 수 없기에 다중스케일적인 접근 자세를 유지하되 특정 고도의 현재 상황에 적합한 프레임을 상대적으로 강조하는 입장을 취하게 될 것이다.

이 책은 역사문화의 중요도, 도시의 현재 위계, 유적물의 유지 정도, 중앙정부와 자본의 관심 정도를 종합적으로 고려하여 중국의 6대 고도와 충칭(重庆)을 대상도시로 선택하였다. 베이징(北京), 시안(西安), 뤄양(洛阳), 카이펑(开封), 난징(南京), 항저우(杭州)를 가리키는 6대 고도는 중국 역사에서 전국적인 규모의 통일왕조에서 수도였거나 전국적이지는 않더라도 비교적 길고 중요한 기간 동안 존재했던 국가의 수도였다. 충칭은 3개 왕조의 고도였을 뿐만 아니라 21세기 들어 가장 발전한 도시로 주목받고 있는 도시이다. 이 고도들은 도시 재편, 정체성 재구성의 진행 방향과 시기 면에서 적지 않은 차이가 있었지만 예외 없이 거대한 변화를 경험해야만 했다.

고도의 파편화된 역사를 복원하고 재해석하려는 노력, 고도의 특수성에 주목하고 고도의 창조성을 파악하려는 시도는 최근 부쩍 관심의 대상이 된 창조도시론과 긴밀한 관계를 갖는다. 그동안 중국은 개혁개방 이후 국가 현대화에 치중하느라 지역성에 크게 주목하지 않았다. 하지만 근래 들어 중국은 경제와 문화 발전의 새로운 동력을 지역에서 모색하려는 방향적 전회 양상을 보이기 시작했다. 자신의 새로운 기준과 가치관으로 도시 정체성을 재구성해가고 있는 중국 고도에 대한 관심이 고조되고 있는 것도 이와 맥을 같이한다. 도시의 고유성을 살리고 시민의 창조성을 촉진하여 지역을 재생시키고자 하는 노력은 항저우, 카이펑, 시안, 난징 등 각 고도의 도시정책에 반영되고 고도의 문화 창의산업을 발전시키고 있다. 이것은 도시문화와 문화 창의산업을 통해 도시 정체성을 재구축하고 경제적 발전을 도모하는 의미 있는 사례가 되고 있다.

이에 걸맞게 고도를 포함한 도시 연구 역시 중국 내에서도 이제 막 출발하여 급물살을 타기 시작했다. 정치, 경제, 문화의 핵심적 공간이라 할 수 있는 도시에 대한 연구, 고도 재구성에 대한 연구에 중국 정부와 학자들이 관심을 쏟기 시작했다는 것은, 공간의 문제와 정치, 자본 등 각종 권력의 문제, 문화의 문제가 긴밀한 유기성을 맺고 있음을 중국 학술계 역시 본격적으로 인식하면서 주목하기 시작했다는 것을 의미한다.

이 책은 중국 각 도시들의 정체성 고민, 고도를 둘러싸고 펼쳐지는 각종 층위의 힘들의 경합과 타협, 대중문화와 도시경관의 매개성 등을 들여다보기 위해 중국 고도들을 거닌다. 이 여정이 정치나 경제에 편향된 한국의 중국학에 균형감을 부여하는 계기가 되기를 바란다. 나아가 중국 고도 간 도시 정체성의 차이를 이해하고 고도들의 미래 도시 정체성을 가늠하여 그 결과를 각 분야에서 활용할 수 있기를 기대한다.

2. 무엇을 어떻게 볼 것인가

이 책에서 방문할 중국의 도시들—6대 고도(베이징, 시안, 뤄양, 난징, 카이펑, 항저우)와 충칭—은 특정한 하나의 현상과 문제만을 안고 있는 도시가 아니다. 이 고도들은 다양한 층위의 수많은 문제들이 복합적으로 상호영향관계를 형성하면서 현재의 도시 정체성과 역동성을 형성하고 있다. 이 책은 역사문화 복원, 전통문화의 재구성, 기존 도시 정체성의 활용 양상 등이 각 도시들마다 비교적 상이한 방식과 목적하에서 전개되어왔다는 점에 주목한다. 따라서 각 도시들에서 상대적으로 중요하게 부각되는 문제의식을 중심으로 고도의 문화기억과 도시 정체성이라는 과제에 접근할 것이다.

이 시선의 전제는 도시에 대한 허구적 재현물인 대중문화는 도시의 물질적 공간에 대한 투명한 묘사도 아니며 도시의 추상적·은유적 발명도 아니라는 것이다. 이 책은 물질적인 것과 문화적인 것 혹은 물리적인 공간과 재현적인 공간의 구분을 지양하고, 대중문화를 도시의 모순과 갈등을 발견하고 기록하는 중요한 매개체로 간주하여 분석하고자 한다.

문학을 포함해 문화는 도시와 밀접하게 관련되어 있는데, 도시에 대한 문학적 상상과 문화적 기억은 개인과 도시의 관계뿐만 아니라 도시 정체성이나 도시경관에까지 영향을 끼치기 때문이다. 국가나 도시, 지역은 모두 특유의 문화부호를 지니고 있고 문학과 영상 등을 통해 지역 정체성과 이미지를 재현함으로써 지역문화를 부각하기도 한다. 이러한 지역문화는 예술가에게 직간접적인 영감을 제공하면서 지역 문화산업의 중요한 역할을 담당한다. 도시는 문학·문화적 재현을 통해 감성화되면서 도시에 대한 소속감을 강화하며, 이렇게 재편된 도시 정체성은 도시계획자의 기획을 통해 도시경관 재구성으로 환원된다. 이 과정에서 도시문화는 더욱 풍부해지고 경제적 효과로 이어지기도 한다. 다시 말해 대중문화를 통한 도시 연구에서 중요한 것은 작품이 도시를 얼마만큼 사실적으로 재현했는지를 살피는 것이 아니다. 오히려 도시와 작품의 상호 영향관계와 그 효과에 주목하는 것 즉 도시는 작품의 생산에 어떤 영향을 끼치며 작가의 상상력과 상상 방식은 도시의 재현 양상을 어떻게 규제하는지 그리고 작품으로 형상화된 도시상상은 실제 도시의 재구성에 어떻게 다시 개입하는지 등에 주목하는 것이 중요하다. 이 책은 이러한 관점으로 대상 도시들을 차례로 걸을 것이다.

먼저 2장에서는 베이징을 찾는다. 베이징은 중국에서 특수한 정치적 위상을 가진 도시다. 베이징 도시계획의 역사는 중화인민공화국 건국 이후 중국 현대 도시계획의 변화를 대변한다. 2장에서는 건국 이후 베이징 도시계획이 수립된 배경, 그 주요 내용 및 베이징시 발전의 상호관계를 분석한다. 이를 통해, 중국의 정치·사회·경제적 환경 변화가 베이징 도시계획에 미친 영향을 읽고 도시계획자의 도시 및 발전 양상에 대한 인식의 변화를 살필 수 있을 것이다.

2008년 베이징올림픽을 전후하여 베이징은 요(辽), 금(金), 원(元), 명(明), 청(清) 등 다섯 왕조의 수도였음을 부각하는 역사유적 복원사업을 진행했다. 베이징은 오랜 역사의 기억을 가진 건축군과 현대적 건축군이 공존하는 도시로 지금도 부단히 도시화가 진행되고 있는 곳이다. 제국의 수도에서 사회주의 수도로, 다시 사회주의 수도에서 세계도시 건설을 향해 가는 베이징이 전통과 현대 사이에서 어떤 길을 모색하는지를 고찰할 것이다.

3장에서는 시안으로 이동하여, 이 도시가 역사적 경관 복원사업과 도시 재개발 같은 도시공간의 재배치를 통해 도시 정체성을 어떻게 재구성하는지를 고찰한다. 중국 정부는 시안을 새로운 기점, 새로운 개방 창구로서의 국제화 대도시로 정위시키려 하고 있다. 이를 위해 채택된 구체적인 실천 전략은 시안을 '풍부한 역사문화의 국제화 대도시'로 재위치시키는 것이다. 시안은 국제적 측면에서는 성당(盛唐)의 문화를 특징으로 한 동양문화의 도시로 규정되는 한편, 국내(중국)적 측면에서는 서부 창조도시로 규정되었다. 말하자면 동양문화의 고도, 서부 창조도시라는 도시 정체성을 통해 시안을 국제화 대도시로 성장시키겠다는 것이다. 발굴되고 재현되는 역사문화 유산은 시안의 도시 정체성을 동양문화의 고도, 서부 창조도시로 규정하기 위한 물질적·정신적 토대로 기능하는 셈이다.

이후, 국가와 지역의 관계라는 문제로 도시 정체성 전략을 살필 수 있는 두 도시로 간다. 이를 위해 4장에서는 시안에서 가까운 도시 뤄양으로 향할 것이다. 이 도시에서는 중공업 위주의 발전 전략으로 인해 풍부한 문화유산을 보유한 고도로서의 면모를 상실해버린 도시가 자신의 정체성을 재수립해가는 노력을 보게 될 것이다. 중화인민공화국 건립 이후 신흥 중공업 도시로 발전하면서 고도의 면모를 상실해온 뤄양은 최근 들어 자신의 역사문화 자원에 눈을 돌리면서 이를 부각시키려는 노력을 하기 시작했다. 역사문화 자원의 재인식과 재평가를 통해 도시 정체성과 도시문화를 제고하고 도시의 정위를 새롭게 정립하고자 하고 있는 것이다. 다른 고도와의 차별화 그리고 새로운 도시 정체성과 도시경관을 위해 뤄양은 허뤄(河洛)문화의 발상지, 중화문명의 철학과 사상의 발상지, 5천 년 중화문명의 발상지로 자신을 정위한다. 역사문화 복원사업을 포함한 도시계획, 도시부호(랜드마크)와 문화산업의 재건 등을 통해 건립하려는 고도 뤄양의 정체성을 분석한다.

5장에서 돌아볼 난징은 역사문화도시이기도 하지만 가슴 아픈 역사인 난징대학살의 현장이기도 하다. 1937년의 이 사건은 난징의 도시 이미지를 고통과 슬픔으로 고착화했다. 난징은 일제침략기 국가의 고통, 슬픔을 상징적으로 대변하는 제유적 공간으로 의미화되었다. 최근 중국 중앙정부는 난징대학살의 상처를 적극적으로 드러냄으로써 난징을 애국주의 교육도시로 재편하려고 한다. 한편 난징시 정부는 중화민국시대를 적극적으로 소환하는 경향을 보인다. 실질적인 공간 기획에서도 이러한 의지는 여실히 드러나는데 '난징 1912'는 이런 맥락에서 재생된 공간이다. 상흔의 도시로 환기되었던 난징은, 문학작품과 영상물 등이 상상하고 재현한 민국시대의 화려한 문화를 실제 현실 공간에서 다시 재현함으로써 즉 쇠퇴한 채 방치되어 있던 거리를 정비한 후 쑨원(孙文)이 난징을 중화민국의 수도로 선포한 1912년 1월 1일을 환기시키는 '난징 1912'로 이 거리를 명명함으로써 기존의 도시 정체성을 불식시키고 새로운 정체성을 재구성하려 한다. 그런데 난징대학살과 비교할 때 민국시대는 중국 거대역사와 난징 지역사의 공고한 결합으로 말미암아 상대적으로 외면받아온 역사적 소재라 할 수 있다. 따라서 민국시대의 부상은 거대역사의 압도적인 우위가 상대적으로 약화되면서 지역사가 주목받은 결과라고 볼 수 있다.

뤄양은 각종 역사복원과 건축물 건립을 통해 국가 문화의 발상지, 기원이라는 성격을 강조하며, 난징의 난징대학살은 국가의 고통과 슬픔을 오롯이 대변하는 것으로 강조되었다. 이 같은 도시 정체성의 구성은 국가라는 상위의 스케일을 선험적인 전제로 삼았을 때 가능하다. 그런데 국가와는 다르거나 충돌하는 지역사를 새로운 정체성으로 대체하려는 시도들 또한 전개되고 있다. 4장과 5장에서는 뤄양과 난징을 거닐면서 국가와 지역의 관계 변화 양상을 눈여겨 살필 것이다.

이어 카이펑과 항저우는 문화 창의산업과 창조도시라는 주제의식으로 접근할 것이다. 여기서는 도시 정체성이 과거 역사복원에 미치는 영향, 도시경관의 재구성, 도시 재생과 문화텍스트 생산의 상호영향, 문화 창의산업이 도시 정체성을 재정립하는 양상을 고찰할 것이다. 왜냐하면 이러한 사회적·역사적 및 문화적 공간인 도시의 다채로운 대중문화는 도시의 자기 이미지를 문화적으로 드러냄으로써 시민들의 집단적 기억 변화의 적극적인 계기를 마련해주고 도시·시민 정체성의 구조적 전환과 이미지 쇄신을 촉진하는 역할을 해내기 때문이다.

6장에서는 카이펑이 현재 도시가 지향하는 도시 정체성을 재구축하기 위해 각종 문화 창의산업을 활용하는 문화전략을 고찰할 것이다. 카이펑은 도시의 공간적 기획과 각종 대중문화의 결합을 통해 도시 정체성을 재구성하고 도시 정체성 자체를 경쟁력 있는 문화상품으로 전시하려는 새로운 시도를 전개하고 있다. 카이펑은 '문화를 활용한 경제활성화'의 전략을 선택하면서 도시문화 자체를 경쟁력 있는 콘텐츠로 생산하고 이를 통해 카이펑의 도시 이미지를 긍정적으로 전환해나가고 있다. 카이펑은 도시경관과 문화예술을 전면적으로 결합하기 위한 전략으로 청명상하원(清明上河园) 등의 공간 기획을 추진하였고 〈대송·동경몽화〉라는 실경 공연예술을 제작하였다. 청명상하원, 〈대송·동경몽화〉 등은 카이펑의 역사문화에서 대표적이고 효과적인 문화기호로 선택되어 도시의 문화브랜드로 재구성된 것들이다. 카이펑은 이런 문화테마공원과 실경공연을 통해 관광과 문화가 도시 정체성이라는 장(場) 안에서 성공적으로 결합되는 새로운 패러다임의 도시를 만들어 가고 있다.

항저우 역시 창조도시로 급부상하고 있는데, 7장에서는 항저우가 지역의 역사와 문화자원을 활용한 대중매체와 문화산업 등에서 도시의 문화적 정체성을 어떻게 재구성해가는지를 고찰할 것이다. 도시를 발전시키기 위한 새로운 패러다임으로 항저우가 내세운 문화 창의산업은, 하드웨어적 도시발전 전략이 아니라 도시가 그동안 주목하지 않았던 소프트파워다. 소프트파워는 창조산업, 창조계급, 네트워크 등에 의해 구성되었고 소프트파워의 창조적 역량은 도시 성장의 원동력으로 간주되었다. 이는 도시의 역사와 문화를 유지하고 보존함으로써 그 안에 살고 있는 사람들의 삶을 반영한 소프트웨어에 창조적 역량이 있음을 주목하는 새로운 패러다임의 도시발전 전략이었다.

창조도시론은 도시에 대한 새로운 세계관과 철학적 바탕에 근거를 두고 있다. 개발보다는 보존, 과도한 이상보다는 현실, 경제주의보다는 역사와 문화에 바탕을 둔 인문주의, 글로벌보다는 지역의 전통과 개성에 가치가 있음을 강조하고 있다. 창조도시론은 항저우의 문화정책에서 하나의 트렌드가 되었다. 항저우는 도시문화와 문화 창의산업을 통해 도시 정체성을 재구축하고 경제적 발전을 도모하는 의미 있는 사례가 되고 있다.

이 책이 마지막으로 찾을 도시는 21세기 들어 국내외적으로 가장 주목을 받고 급속한 도시화가 진행되고 있는 충칭이다. 8장에서는 이 도시의 도시계획과 정책, 충칭에 관한 대중문화를 대상으로 삼아, 최근 충칭시가 주목하면서 재구성하는 도시 이미지와 지역문화를 고찰한다. 나아가 충칭에서 도시의 역사부호와 현대부호가 교차되는 양상을 분석함으로써 충칭 도시문화의 현재와 미래를 읽고자 한다. 신흥대도시 충칭을 고도라 부르는 경우는 흔치 않지만 파국(巴国, B.C.1122-B.C.316), 대하국(大夏国, 1362-1371)의 수도이자 중화민국의 임시수도(1937-1945)로서 역사상 세 국가의 고도이기도 하다.

21세기 중국식 사회주의의 실현으로 평가받던 당시 충칭의 대중문화가 특히 주목한 문제는 더욱 심각해진 도농 이원체제의 폐해이다. 중앙정부와 시정부의 기획과는 무관하게 생산된 대중문화들은 국가 이데올로기와는 거리를 둔 채 충칭이 마주한 현실을 형상화했다. 시선의 다양함에도 불구하고 충칭이 마주한 현실을 직시하는 문화텍스트들은 공통적인 태도를 보인다. 그것은 급격한 도시화에 매몰되어가는 충칭의 지역성에 주목하는 것이었다. 8장에서는 도시 역사의 문화적·인식적 복원, 공간적 재현을 통해 부각하는 층칭의 지역문화를 고찰하고자 한다.

3. 중국 고도를 앞서 다녀간 이들의 발자취

중국에서 도시사 연구 분야는 1980년대부터 발전하기 시작했는데 특히 고대도시들에 대한 연구가 활발했다. 그러나 고대의 수도에 대한 대부분의 연구는 그 도시들이 가장 번창했던 시기에 대한 역사적 연구에 집중되었고 그나마도 당(唐)대의 창안(長安)과 명·청(明清)시대의 베이징이 주된 대상이었다.

여기서는 중국 도시사 연구동향 전체에 대해 알아보기보다는 이 책의 관심과 관계 깊은 기존 연구들을 중점적으로 살펴보자. 일찍이 중국에서는 기원전 2000년부터 전 시대의 수도에 대한 저술과 연구가 시작되었다. 그중에서 서진(西晋)시대 육기(陸机)의 『낙양기(洛陽記)』, 북위(北魏) 양현지(杨衒之)의 『낙양가람기(洛阳伽蓝记)』, 당(唐)시대 위술(韦述)의 『양경신기(两京新记)』, 송대 맹원로(孟元老)의 『동경몽화록(东京梦华录)』, 명말 청초 고염무(顾炎武)의 『역대택경기(历代宅京记)』 및 청대 서송(徐松)의 『당양경성방고(唐两京城坊考)』, 주성(周城)의 『송동경고(宋东京考)』 등이 유명하다. 그러나 1920년대 이전에는 고도에 대한 분류와 구체적인 연구가 없었다. 1920년대에 이르러서야 시안, 뤄양, 베이징, 난징, 카이펑 등을 합해서 '중국 5대 고도'라 정의하기 시작했고, 1930년대에는 여기에 항저우를 더하여 '중국 6대 고도'라 부르게 되었다. 1988년에는 안양(安阳)을 더하여 '중국 7대 고도'로 지칭하는 것에 대한 찬반논쟁이 있었으나 2004년에는 정저우(郑州)에서 열린 고도학회에서 정저우까지 합해 '중국 8대 고도'로 정하게 된다.

중국 도시사 연구에서 중국 고도와 관련된 연구현황을 살펴보면, 고도의 성곽, 사찰 등 고건축군을 복원하고 고증하는 고고학적 연구, 고도에서 발생한 중대한 역사적 사건과 활동에 대한 사적 연구가 많이 축적되어 있다. 그리고 이를 종합하여 고도 연구의 개괄적인 이론과 결론을 도출해냈다. 구체적인 연구 성과로는 허우런즈의 『역사상의 베이징』,[1] 허우런즈 주편의 『베이징 역사 지도집』,[2] 스넨하이 주편의 『시안의 역사 지도집』[3]과 주스광·우홍치 주편의 『고도 시안: 시안의 역사 변천과 발전』[4] 등이 있다. 이들 연구는 중요한 사료의 정리, 고증이라는 측면에서 이후 연구의 기초가 되는 집대성 작업이라 할 수 있지만 역사지리적 차원의 사료 수집에 머물렀다는 한계를 갖고 있다.

고도학(古都學)의 학제적 개념은, 도시사의 영역이 확대되고 서양 도시사 연구의 영향을 받아 역사지리학과 건축학을 비롯한 다양한 학문에서 이론이 발전하고 혼합된 1990년대 이후부터 확립되었다. 도시의 사회적 구조를 연구하는 일부 학자들은 사회학적·인류학적 방법으로 도시를 다루었다. 그리고 근대 도시공간에 대한 연구는 사회적 계급의 분포와 도시 구역의 위계 간의 관계를 탐구하기 위해 공간분석 기법을 활용하였다.

현재 중국 고도학계에서는 고도문화를 중화문명연구로 간주하면서 그 필요성과 중요성을 강조하고 있다. 주스광의 『중국 고도학의 연구 과정』[5]과 스넨하이의 『중국 고도와 문화』[6] 등은, 고도문화는 중화문

1 侯仁之, 『历史上的北京城』, 中国青年出版社, 1962.
2 侯仁之 主編, 『北京历史地图集』, 北京出版社, 1988.
3 史念海 主編, 『西安历史地图集』, 西安地图出版社, 1996.
4 朱士光·吴宏岐 主編, 『古都西安: 西安的历史变迁与发展』, 西安出版社, 2003.
5 朱士光, 『中国古都学的研究历程』, 中国社会科学出版社, 2008.
6 史念海, 『中国古都和文化』, 中华书局, 1998.

명의 정수를 농축한 것이기에 중국문화의 핵심에 깊이 접근하려면 중국 고도문화를 연구해야 한다고 강조한다. 스넨하이는 중국 고도학은 단지 고도의 변천과정과 양상을 연구하는 데 머물지 말고 현재의 도시 재건설에도 협력해야 한다고 주장한다. 중국 고도학 연구의 주요 내용과 목적에 대한 이러한 명시는 현재 중국 학술계에서 지배적 위치를 차지하고 있다. 중국의 고도학은 이제 막 시작되었음에도 불구하고, 고도문화와 당(當)대 문화의 상호융합적 관계를 탐구함으로써 현재의 현실적 요구를 충족시킬 수 있다는 실용적 측면 때문에 활발하게 진행될 것으로 전망되고 있다.

고도 연구는 상당히 넓은 영역에 걸쳐 전개되고 있는데, 이 같은 사실은 중국 고도학이 고도학계가 아닌 다른 분야에서도 이루어졌다는 점과 연관된다. 1990년대 이후 고도에 대한 관심은 고도 연구자들을 넘어서 다양한 분야와 종류의 도시사 서술을 유도했다. 양동핑의 『성시계풍: 베이징과 상하이의 문화 정신』[7]은 1930년대부터 1990년대 초반에 이르기까지 베이징과 상하이의 문화에 대한 비교연구를 진행했다. 고도 베이징에 대한 서적은 특히 2008년 베이징올림픽 전후로 엄청나게 출판되었다. 연구저서라고 하기에는 부족하지만 베이징의 생활사, 민속사, 건축사와 문화지도 등 그 종류도 다양해졌다.

왕쥔의 『성기』[8]는 많은 양의 사료와 구술 인터뷰를 바탕으로 1950년대 이후 베이징의 도시건설에 관한 논쟁을 다루었고, 그의 또 다른 저서 『취재노트로 본 도시』[9]는 2008년 베이징올림픽을 앞두고 벌어진 베이징 도시 재개발의 문제점과 국가대극원(国家大剧院) 등 신건축군

7 杨东平, 『城市季风: 北京和上海的文化精神』, 东方出版社, 1994.
8 王军, 『城记』, 生活·读书·新知三联书店, 2003.
9 王军, 『采访本上的城市』, 生活·读书·新知三联书店, 2008.

의 건설에 관한 논쟁을 다루었다. 그리고 고도 난징의 도시 재개발로 인한 철거 등을 비판적으로 서술하였다.

고도 연구가 최근에 들어서야 본격적으로 전개되기 시작한 이유는 고도 문화유적과 전통문화가 도시 재개발로 인해 사라지면서 이에 대한 반성 혹은 현실적 필요에 의해 고도 문화유적의 복원과 재생이 중요한 문제로 인식된 때가 최근이기 때문이다. 1990년대부터 도시 재개발로 고도의 문화유적이 철거되기 시작하는데, 천핑위엔(陈平原)은 베이징 등 중국 고도의 이런 변화에 주목하여 왕더웨이(王德威) 등과 함께 '도시상상과 문화기억 총서'를 기획하게 된다. 그리고 『베이징: 도시상상과 문화기억』, 『시안: 도시상상과 문화기억』, 『카이펑: 도시상상과 문화기억』 등을 출간했다.[10] 이 총서의 의도는 소실되어가고 있는 베이징, 시안, 카이펑 등 고도의 도시경관, 역사, 문학과 문화 등에 대한 서술을 통해 고도문화의 면모를 재구성하는 것이었다. 천핑위엔은 『카이펑: 도시상상과 문화기억』에서 지금 카이펑에는 남아있는 고도문화가 거의 없다면서, 고도의 역사문화를 보존하기 위해 오직 소리로만 남아있는 고도의 역사문화인 희곡문화를 연구한 학자에 대해 서술하는 것으로 고도의 역사문화를 논하였다.[11] 다시 말해, 중국의 고도학은 현재의 현실적 응용가치를 강조하면서도 전통문화의 학문적 복

10 陈平原·王德威가 기획한 '도시상상과 문화기억 총서(都市想像与文化记忆丛书)'는 베이징, 시안, 카이펑, 홍콩 등에 대한 연구서가 포함되었다. 陈平原·王德威 编, 『北京: 都市想象与文化记忆』, 北京大学出版社, 2005; 陈平原·王德威·陈学超 编, 『西安: 都市想象与文化记忆』, 北京大学出版社, 2009; 陈平原·王德威 编, 『开封: 都市想象与文化记忆』, 北京大学出版社, 2013; 陈平原·陈国球·王德威, 『香港: 都市想象与文化记忆』, 北京大学出版社, 2015.

11 陈平原, 「不忍远去成绝响: 张长弓, 张一弓父子的"开封书写"」, 陈平原·王德威 编, 『开封: 都市想象与文化记忆』, 北京大学出版社, 2013.

원에 치중하고 있는 실정이다. 이는 중국 고도의 전통문화가 소실되고 복원되는 속도가 급속도로 진행되고 있기 때문이다. 그러나 최근 들어서는 장기적인 기획과 현재의 요구가 복합적으로 작용하면서 고도의 재구성과 집단기억의 생성은 명확한 청사진 위에서 진행되는 양상을 보인다. 역사적·조경학적·건축학적으로 고도에 대한 기초적인 자료가 정리되면, 고도문화와 현재적 요구의 관계에 대한 연구가 본격적으로 진행될 것으로 예상된다. 앞서 밝혔듯이, 이는 중국 고도학의 최종 목적 중 하나이기 때문이다.

중국 6대 고도에 대한 집중적인 연구는 중국에서조차 아직은 드문 상황인데, 2012년에 6대 고도에 관한 '중국 고도 5서(中国古都五书)' 총서인 『고도 베이징』, 『고도 시안』, 『고도 난징』, 『고도 뤄양』과 『고도 카이펑과 항저우』[12]가 출판되었다. 이 총서는 칭화대학(清华大学) 건축학과의 연구자들이 주도하였는데, 고건축을 보호하고 고건축문화를 계승해야 한다는 당면한 요구에 의해 기획되었다. 건축학자들이 주도한 만큼 이 연구들은 고도의 도성과 궁전의 공간배치, 성곽, 건축, 도시경관, 원림, 민간거주지(民居), 유적지 등을 다루고 있다. 전반적인 고도의 문화사라기보다는 역사경관과 건축군에 대한 연구에 해당한다.

창안은 동아시아의 고도 건설에 영향을 주었다는 이유로 한국과 일본의 연구자들에 의해서도 많은 연구가 이루어졌다. 한국에서는 중국사분야와 건축분야, 조경학분야에서 고도의 도성구조에 대한 연구, 시안과 경주의 공간배치 비교연구, 고도의 문화보존에 대한 연구를 진

12 王南, 『古都北京』, 清华大学出版社, 2012; 贺从容, 『古都西安』, 清华大学出版社, 2012; 段智钧, 『古都南京』, 清华大学出版社, 2012; 王贵祥, 『古都洛阳』, 清华大学出版社, 2012; 李路珂, 『古都开封与杭州』, 清华大学出版社, 2012.

행했으며 대중적인 역사문화기행문을 게재하기도 했다. 특히 조경학 분야의 중국 고도에 대한 연구는 경관학, 도시공학 등의 시각에서 진행되었다. 중국문학분야에서 고도를 다룬 김학주의 『장안과 북경-중국의 정치·문화와 문학·사상의 앞뒷면』[13]은 드물게 고도의 정치, 문화, 문학과 사상 방면을 총체적으로 다루고 있다. 그러나 한국의 중국 고도연구는, 대체로 한 도시를 다루거나 고도의 가장 번창했던 시기에 집중될 뿐만 아니라 역사적·조경학적·건축적 관점에서 전개되고 있어, 중국 고도의 문화를 현재의 요구와 관련지어 연구하거나 여러 고도를 전체적으로 조망하는 연구는 부족한 실정이다. 이로 인해 중국 고도의 전체적인 변화상과 각 도시의 요구가 내재된 도시 정체성의 파악에는 많이 미흡하다고 할 수 있다.

일본의 중국 고도 연구 중 대표적인 것으로는 한국에도 소개된 세오 다쓰히코의 『장안은 어떻게 세계의 수도가 되었나』[14]와 송대의 카이펑, 쑤저우(苏州)와 항저우의 도시생활을 다룬 이하라 히로시의 『중국 중세 도시 기행-송대의 도시와 도시 생활』[15] 등이 있다. 그러나 이들 역시 고도의 가장 번창했던 시기를 발굴하고 복원하는 연구로, 현재 고도문화의 재구성과 관련된 문제는 다루지 않는다.

미국의 경우, 중국 도시사 연구에서 오랫동안 관심이 집중되었던 곳은 상하이였다. 미국학계의 근대 상하이 연구는 일반의 도시사 연구보다 앞서 있는데, 이는 미국의 현실적 목적 때문이었다. 그런데 최

13 김학주, 『장안과 북경-중국의 정치·문화와 문학·사상의 앞뒷면』, 연세대학교출판부, 2009.

14 세오 다쓰히코, 최재영 옮김, 『장안은 어떻게 세계의 수도가 되었나』, 황금가지, 2006.

15 이하라 히로시, 조관희 옮김, 『중국 중세 도시 기행-송대의 도시와 도시 생활』, 학고방, 2012.

근 미국의 중국 도시사학자들 사이에서 학문적 논의가 가장 활발하게 이루어지는 주제는 지난 100년간 중국의 정치적 변화에 있어 도시와 도시 주민들의 역할에 관한 문제이다. 이들은 청말과 중화민국 시기의 중국 도시들에서 '공공영역'이 발전했다는 논의를 펼치는데, 공공영역에 관한 논의는 부분적으로는 독일 철학자 하버마스의 서유럽 도시들의 정치적 자유주의 역사에 관한 저술에서 영감을 얻은 것이다. '공공영역'과 관련된 이론을 전유하여 시도된 연구 가운데 대표적인 것은 재미학자 왕디의 『다관: 청두의 공공생활과 미시적 세계 1900-1950』[16]이다. 중국에도 번역 소개된 이 책은 청말과 중화민국 초기에 청두(成都) 주민의 삶에서 중요한 장소였던 다관(茶館)에 대한 연구서로, 다관이 집 밖에서 이루어지는 '공적 생활'의 주된 공간 즉 도시 주민들의 자유공간으로 공적 공간이었다고 주장한다. 이 연구들은 대체로 역사·사회학적 경향을 보인다.

1990년대 중반 이후 중국 내 학술계에서는 19-20세기 국가와 무관한 단체들과 그 구성원들, 이 단체들이 형성한 도시경관, 그리고 이 단체들과 국가 및 보다 광범위한 주민들과의 일종의 거버넌스 관계와 같은 주제 즉 중국 도시의 공공영역에 대한 주제가 논쟁적으로 부각되었다.

글로컬라이제이션 시대를 본격적으로 맞이하게 된 중국의 각 도시들은 지역 정체성, 도시 정체성을 강조하면서 도시 개선, 개발 사업을 본격적으로 진행하고 있다. 이에 따라 중국 학술계에서는 도시 연구가 중요한 흐름으로 자리잡기 시작했다.

16 王笛, 『茶館: 成都的公共生活和微觀世界 1900-1950』, 社会科学文献出版社, 2010.

4. 이 여행에서 얻고자 하는 것들

도시는 고대부터 지금까지 언제나 당대 과학기술의 총체이자 문명의 결집체이다. 동시에 도시는 인간의 삶의 터전으로서 인간의 다양한 정치적·경제적·사회적·문화적 기획과 실천의 공간이었다. 도시는 시간의 오랜 축적 속에서 형성, 유지, 변화, 발전해왔다. 따라서 과학기술적 측면뿐 아니라 인간의 상상과 성찰, 기억을 통해 인간다움의 가치를 추구해온 인문학적 측면에서의 도시에 대한 학문적·실천적 접근이 필요하다. 짐멜이 「대도시와 정신생활」[17]에서 언급했듯이 현대 특유의 삶의 산물들에서 그 내면적 측면에 대한 질문, 즉 문화라는 신체에 담긴 영혼에 대한 질문에 답하기 위해서는 그러한 구조들에서 삶의 개인적 내용들과 초개인적 내용들 사이에 어떤 등식이 성립하는지, 그리고 개인의 인격이 외부의 힘들과 화해하는 적응 능력들이 어떠한지를 살펴야 할 것이다. 중국의 6대 고도를 통해 이러한 질문에 답하려는 이 책은 급격한 도시개발로 인한 중국 도시인의 감성에 접근할 수 있는 통로를 마련해줄 것이다.

각종 사업들이 진행되는 과정에서 발생하는 다양한 문제들이 집약적으로 나타나는 대표적인 도시는 고도다. 역사문화 복원과 재구성을 통해 문화기억과 도시 정체성을 형성하려는 각 고도의 전략은 여타 중국 도시의 현재와 미래를 읽어낼 수 있는 중요한 시험장이라 할 수 있다. 따라서 이 책은 중국의 각 지역에 대한 학문적·실용적 이해에 직간접적인 도움을 줄 것이다.

최근 한국, 중국의 고도에 대한 연구는 도시의 품격을 높이기 위

17 게오르그 짐멜, 김덕영·윤미애 옮김, 『짐멜의 모더니티 읽기』, 새물결, 2005, pp. 36-37.

한 거주환경 개선, 지역경제 활성화 방안 등에 관심을 쏟고 있다. 그러나 도시계획과 국책사업의 유치만으로는 역사도시로서의 품격을 높일 수 없다. 역사도시가 새로운 도시 정체성을 만들어내기 위해서는 역사경관 재구성에 대한 장기적인 비전과 전략을 수립하여야 하며, 도시 정체성 제고를 위한 도시경관의 정비를 실시해야 한다. 이를 위해 중국 고도는 역사경관의 복원, 영상을 통한 문화산업의 활성화와 이미지 제고 등을 시도하고 있다. 이 책은 중국 고도의 문화기억과 도시 정체성 연구를 통해 현대도시의 외피 속에 숨겨진 경관의 정체성을 규명하기에, 한국의 역사도시 경관보존 및 개선방안을 위한 실용적 자료로 활용될 수 있기를 바란다.

이제, 각 층위의 주체들이 중국 고도들의 도시 정체성 재구성에 어떻게 개입하고 있으며 그 방향은 어떻게 설정되고 있는지를 살펴보자. 각 고도들의 다양한 대중문화와 도시경관이 길을 안내해줄 것이다.

제2장

정치도시 베이징, 사회주의 수도에서 세계도시로

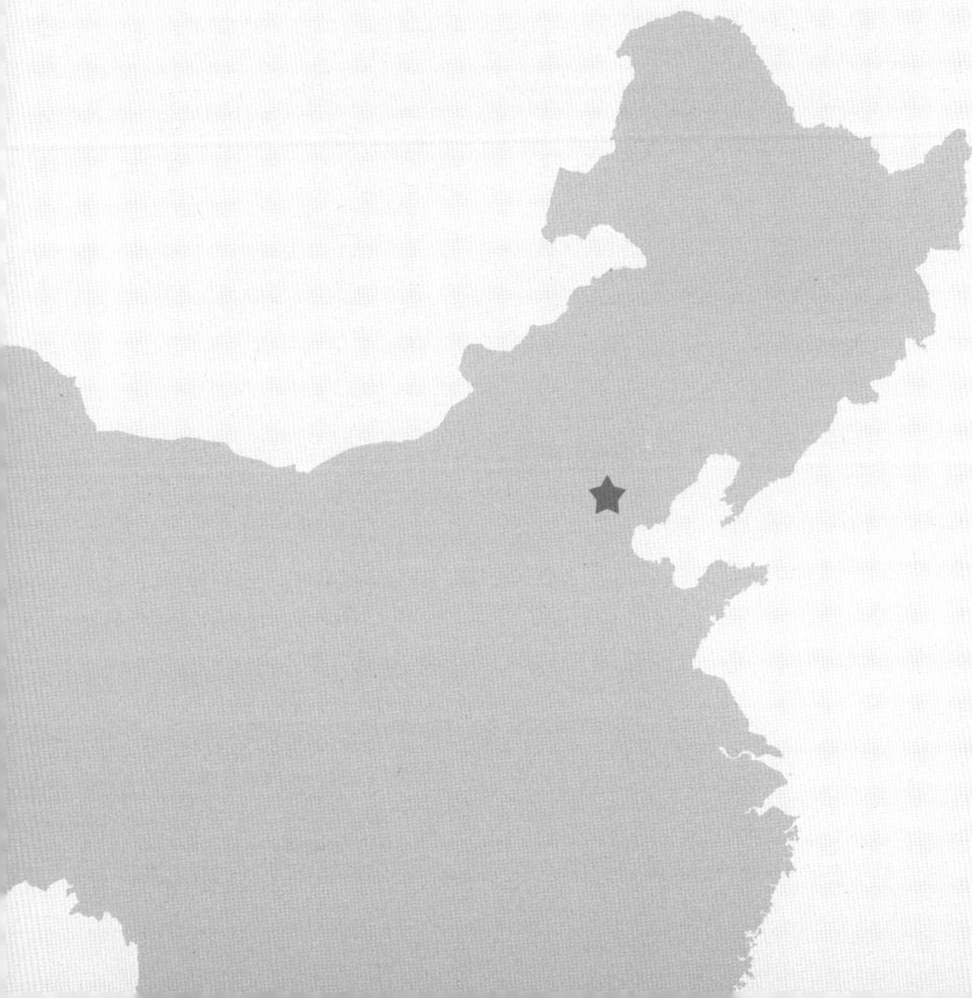

1. 고도 베이징

베이징은 3천여 년의 도시사와 8백여 년의 도읍사를 가진 도시다.[1] 문헌에서 "계(蓟)"라는 명칭으로 최초로 등장하는 이 도시는, 중국 동주(东周)시기 제후국의 하나였던 연국(燕国)의 도읍이었다. 그러다가, 금조(金朝)시대에 수도 중도(中都)가 되면서 고대 중국의 도읍이 되었고, 원대(元代)부터는 중국 전체의 수도가 되면서 대도(大都)로 불렸다. 원 대도(元大都) 성곽의 위치는 현재 베이징 시내에 위치했는데, 북쪽으로는 현재의 원 대도성 유적지(元大都城遗址), 남쪽으로는 창안제(长安街), 그리고 동서는 현재의 2환로(二环路)와 일치했다.

> 원 대도의 도시계획 설계는 베이징 도시 건설에서 중대한 영향을 끼쳤고 명·청 시대의 계승과 발전은 현재 수도의 중요한 발판이 되었다.[2]
>
> 현존하고 있는 명·청의 쯔진청은 원 대도 시기 궁성의 기초 위에 발전, 변화된 것으로 중국 고대 경전인 「주례·고공기(周礼·考工记)」의

1 侯仁之, 「关于古代北京的几个问题文物」, 『文物』, 1959年第09期, p.1.
2 侯仁之, 「试论元大都城的规划设计」, 『城市规划』, 1997年第03期, p.10.

이상에 따라 건설되었다. 유(儒), 도(道) 사상이 도시 건설에 영향을 끼치면서 베이징은 중국 전통 건축예술과 철학사상을 집대성하는 공간이 되었다.[3]

중국의 원 대도 건설은 쿠빌라이부터 시작되었다. "대도성(大都城) 내에는 북에서 남으로 이어지는 주요 도로를 중심으로 동서 방향의 거리에 후통(胡同)이 병렬되어 있다. 큰 거리는 대략 25m, 후통의 넓이는 6-7m였다."[4] 이는 원대 도성 내 민간인 거주지역의 일반적인 형태였다. 이런 동서 방향의 후통에 가장 적합한 주거형태는 중국 북쪽 지방에서 자리를 잡아 남쪽 지방으로 퍼져나간 스허위엔(四合院)이었다. 원대부터 시작된 주거형태인 후통의 스허위엔은 명·청 시대 베이징 주거지의 중요한 특징이 되었고 현재에도 생활 주거양식으로 활용되고 있다.

애당초 명조는 응천부(应天府) 즉 현재의 난징을 도읍으로 삼으려 했지만 명 성조(明成祖)는 북방 변방을 강화하기 위해 난징에서 베이징으로 도읍을 옮겼다. 명 성조 이후 베이징을 대규모 확장했고 청조(清朝)는 명조의 베이징성을 기초로 도시를 수리하고 확장했다. 청말에 이르러 베이징은 당시 세계에서 가장 큰 도시의 하나가 되었다.

베이징은 요(辽), 금(金), 원(元), 명(明), 청(清) 등 다섯 왕조의 제국도시였을 뿐만 아니라, 연(燕), 요, 금, 원, 명, 청, 중화민국(中华民国), 중화인민공화국(中华人民共和国) 등의 수도이기도 했다. 춘추(春秋)시대는 연국의 국도(国都)로 계(蓟)라 불렸으며, 요대에는 제2의 수도(陪

3 王军·任忆, 「北京挽留3000多年建城史」, 『新华每日电讯』, 第004版, 2002. 05.18.

4 侯仁之, 「试论元大都城的规划设计」, 『城市规划』, 1997年第03期, p.11.

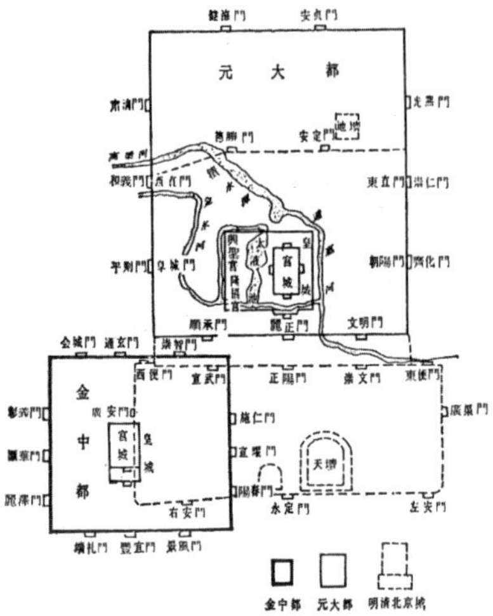

[그림 2-1] 베이징의 성곽 위치 변천
(금대의 중도, 원대의 대도, 명·청대의 베이징의 성곽)

都)로 연경(燕京)이라 불렸다. 금대에는 중도로, 원대에는 대도로 불렸다. 명대에 들어서는 영락제(永乐帝)부터 베이징을 수도로 삼으면서 경사(京师)로 불렸고, 청대의 수도, 중화민국 시기 북양정부(北洋政府)의 수도 그리고 1949년부터 현재까지 중화인민공화국의 수도로 기능하고 있다.

지금의 베이징은 스스로를 주요한 세계도시로 발전시키기 위해 역사문화 자원을 적극적으로 활용하고 있다. 특히, 신중국 건국 이후 베이징의 도시계획에서 역사문화의 보호는 가장 중요한 목표 중 하나였다. 1990년대 베이징 도시계획은 고도경관 보호의 원칙을 명확하게 천명했는데, 그 내용은 구도심 중축선(中轴线)의 보호, 베이징 도시의 역사와 밀접하게 관련 있는 강, 호수 등의 수로 보호, 바둑판 도로망의 보존 등이었다.

2008년 올림픽 개최지로 선정된 후, 베이징은 찬란한 문화를 가진 고도임을 부각하기 위해 오랫동안 방치해두었던 금대의 도성 유적지를 금중도공원(金中都公园)으로 복원했고 원대의 도성 유적지도 복원하여 원 대도 성곽 유적공원(元大都城垣遗址公园)으로 개장했다. 그리고 명대의 성곽 유적공원(明城墙遗址公园)을 재정비하는 공사도 실시했다.

동편문(东便门) 명 성곽 유적지는 베이징에서 거의 유일하게 완전한 형태로 남아있던 성곽이다. "2001년에 이곳에 거주하던 2천여 호와 단웨이(單位)를 이주시키고 과거의 모습 그대로 복원한다는 원칙에

[그림 2-2] 베이징의 도읍 860년 역사를 기념하는 금중도박물관(금중도공원 소재)

따라 잔존해있던 고성곽을 수리 복원하였다."[5] 결과적으로 "명 성곽 유적공원은 12만m^2 녹지를 통해서 베이징 중심지역의 생태환경을 보전"[6]하게 되었다. 또한, 명대와 청대의 황성유적공원 유적지에 황성근 유적공원(皇城根遗址公园)을 건설했다. 원대부터 베이징은 쯔진청(紫禁城), 황성(皇城), 외성(外城)의 3부분으로 구성되었다. 가장 내부에 위치한 것은 쯔진청 즉 지금의 고궁(故宫)이었으며, 가장 외부의 것은 현재의 2환로와 일치하는 외성(外城)이었다. 황성은 그 중간에 위치했었는데, 그 모습 일부를 상징적으로 복원한 것이 황성근 유적공원이다.

지난 제국도시의 역사적 면모를 복원하는 사업 중 원 대도 유적지 복원은 베이징 도시문명사 발전의 증명에서 특별히 중요한 의미를

5 姚延敏, 「北京明城墙公园再现古都风貌」, 『建设科技』, 2003年第Z1期, p.83.

6 严伟, 「北京东便门明城墙遗址公园」, 『中国园林』, 2005年第02期, p.14.

[그림 2-3] 거의 유일하게 남아있는 명대의 성곽

[그림 2-4] 동편문 명 성곽 유적지

[그림 2-5] 명·청대의 황성을 상징적으로 복원한 황성근 유적공원의 담장

가진다. 원 대도 유적지가 "1957년 베이징 문물유적 보호단위에 들어가게 되면서 잔존해있던 토성(土城) 유적도 보호받게 된다. 차오양구(朝阳区)에서 1980년대부터 계획을 세워 유적공원을 복원하려고 했고 1988년에는 베이징시 인민정부에서 공원설립을 비준하면서 원 대도 성곽 유적공원으로 지칭되었지만"[7] 1990년대까지는 사실상 방치되어 있었다. 만약 올림픽이 개최되지 않았다면 원 대도 유적지는 현재와 같은 형태로 복원되기 어려웠을 것이다. 2003년 들어 베이징시는 원 대도 성곽 유적공원을 전면적으로 개조하기 시작했다. 그해 원 대도 성곽 유적공원을 완성함으로써 "공원의 조형을 통해 7백여 년 전 원 대도 시기의 번영한 모습을 복원하고자 했다".[8] 유적공원의 대도정성(大都鼎盛)이라는 대도의 전성기 경관구역에는 원 대도를 건설한 쿠빌

7 严冬瑾·张启翔, 「大众行为与种植设计: 以元大都城垣遗址公园"大都建典"景观为例进行简要分析」, 『农业科技与信息(现代园林)』, 2011年第04期, p.23.

8 张军, 「十大景区再现盛世大都」, 『北京日报』, 2003.09.25.

[그림 2-6] 원 대도 성곽을 복원한 원 대도 성곽 유적공원

라이, 천문학자 궈쉬징(郭守敬), 마르코 폴로, 당시의 문관, 무장, 종교인사와 외국의 사절 등 19명의 인물이 조각된 거대한 조각군상이 배치되었는데 이를 통해 원대 당시의 번영을 재현하고자 했다.

이 유적공원은 연경 8경(燕京八景) 중 하나인 "계문연수(蓟门烟树)"의 공간이다. 이 경관은 더 이상 존재하지 않지만 많은 베이징 시민이 여전히 이곳을 찾는 중요한 이유는 샤오위에허(小月河)라는 작은 강 때문이다. 베이징 시내에서 강을 보는 것은 쉽지 않은데, 원 대도는 호수를 핵심으로 하는 도시계획을 기획했고 이 호수를 당시 중국 남북지방과 연결하는 대운하와도 연결했다. 지금은 관광지로 많이 알려진 스차하이(什刹海)는 남북 운하가 개통되었던 곳으로 당시 강남지방의 곡식과 물자가 도착했던 곳이기도 했다.

이곳은 2014년 세계문화유산에 등재된 중국대운하에 속해있는데, 베이징에서는 스차하이-위허구다오(玉河故道) 수로와 퉁후이허 퉁조

[그림 2-7] 원 대도 시기 운하의 시작점인 스차하이. 주변에는 전통 베이징 후통의 모습이 그대로 남아있다.

[그림 2-8] 2006년 복원된 베이징 대운하의 일부 위허구다오

우(通惠河通州段) 수로, 완닝챠오(万宁桥)와 동부야챠오(东不压桥) 등 2개 수로와 2개 유적지가 중국대운하에 포함되었다.

스차하이-위허구다오 수로, 동부야챠오 등은 재복원 사업을 통해 복원되었지만, 원대에 건설된 교량인 완닝챠오는 지금도 차량이 운행될 정도로 여전히 건재함을 과시하고 있다. 퉁후이허 퉁조우 수로에는 마르코 폴로가 『동방견문록』에서 세계에서 가장 아름다운 다리라고 찬탄한 루거우챠오(卢沟桥)가 소재한다. 이 루거우챠오 역시 원대에 건설되었다.

오늘날 베이징에서는 이밖에도 많은 원 대도 시기의 건축군을 볼 수 있는데 바이타스(白塔寺), 바이윈관(白云观), 궈쯔지엔(国子监), 쿵먀오(孔庙), 종구러우(钟鼓楼) 등이 대표적이다. 원대부터 베이징은 창안(长安), 뤄양, 카이펑 등의 고도를 대신하여 통일 중국, 다민족국가 중국의 정치중심지가 되었다.

한편, 베이징의 구도심인 동청구(东城区)와 시청구(西城区)의 후통에는 많은 전설과 장소의 기억을 되새길 만한 역사문화 거리들이 있

[그림 2-9] 원대에 세워진 팔백 년된 다리 완닝챠오

다. 베이징 스허위엔을 대표로 하는 베이징 문화유산은 이미 정부, 전문가와 시민들에게 주목을 받고 있다.

그중에서 최근 부각되는 장소는 난뤄구샹(南锣鼓巷)과 궈쯔지엔 거리다. 이들 거리는 모두 원 대도 시기에 형성된 거리들로 7백여 년의

[그림 2-10] 동부야챠오. 동부야챠오 후통 주변에 있어서 붙여진 이름이다. 명대에 세워졌으며 2006년 위허구다오와 함께 복원되었다. 스차하이의 운하가 황성으로 흘러들어가는 통로였다.(위)
[그림 2-11] 루거우챠오(아래)

역사를 가지고 있다. 궈쯔지엔 거리에는 베이징에서 유일하게 청셴제(成贤街), 궈쯔지엔의 패루가 거리 양쪽에 남아있고 고대 중국의 가장 높은 학부가 있었으며, 원대부터 궈쯔지엔과 쿵먀오가 자리 잡고 있었다. 이런 '좌묘우학'(左庙右学)이라는 고대 관학제도의 설계형식은 중국전통의 건축형식이었다.

[그림 2-12] 원대의 불교사원 바이타스(위)
[그림 2-13] 도교 사원 바이윈관(아래)

이처럼, 베이징은 오랜 역사의 기억을 가진 건축군과 현대적 건축군이 공존하는 도시로 지금도 부단히 현대화가 진행되고 있는 곳이다. 세계도시 건설을 향해 가는 베이징이 전통과 현대에서 어떤 길을 모색하는지를 살펴보자.

[그림 2-14] 고대 중국의 최고 학부 궈쯔지엔의 비용전. 황제가 강의를 하던 곳이다.(위)
[그림 2-15] 쿵먀오의 공자상(아래)

[그림 2-16] 베이징 중축선 북쪽에 자리한 종러우(钟楼)와 구러우(鼓楼)

[그림 2-17] 종러우

[그림 2-18] 구러우

[그림 2-19] 역사상 많은 인물을 배출해낸 스지아 후통. 2013년 스지아 후통 박물관이 건립되었다.

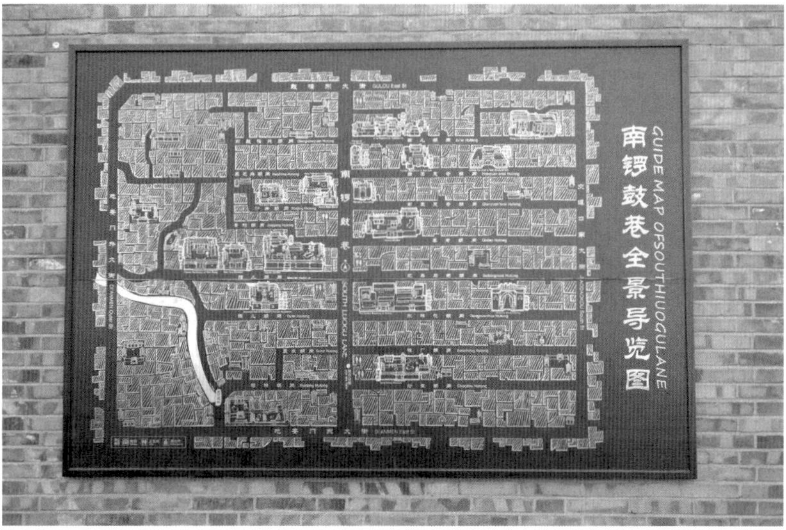

[그림 2-20] 원 대도 시기에 건설되어 팔백 년의 역사를 가진 중국 전통 거리 난뤄구샹 지도

[그림 2-21] 청셴제 패루

[그림 2-22] 4개의 패루가 있는 궈쯔지엔 거리

2. 도시계획으로 본 베이징의 변화

이 절에서는 건국 이후 베이징 도시계획이 수립된 배경, 그 주요 내용 및 베이징시 발전의 상호관계를 알아본다. 이를 통해 중국 정치·사회·경제적 환경의 변화가 베이징 도시계획에 미친 영향을 읽고 도시발전 방향에 대한 도시계획자의 인식 변화 양상을 엿볼 것이다. 특수한 정치적 위상으로 말미암아, 베이징 도시계획의 역사는 중화인민공화국 건국 이후 중국 현대 도시계획의 발전을 반영한다. 베이징 도시계획의 변화는 건국 이후 제도의 변화와 밀접하게 연관되어 있다. 동시에 베이징 도시계획의 변화에는 중국 전통 문화사상이 잠재되어 있다는 사실도 간과할 수 없다.

베이징시의 도시계획과 도시건설을 다룬 문헌은 그 수가 적지 않다. 이 문헌들은 대체로 두 부류로 나뉘는데, 한 부류는 역대 도시계획의 내용과 변화를 집중적으로 소개한다. 이들 문헌은 도시계획이 설계된 배경에 대해서는 언급하지만 도시계획의 정치·경제·사회적 환경에 대해서는 깊이 있게 분석하지 않는다.[9] 또 한 부류는 베이징시의 부분적인 발전전략을 깊이 분석하는 데 치중하는 반면 베이징 도시계획과 도시발전의 과정 전체에 대한 체계적인 인식에 있어서는 부족함을 드러낸다.[10]

중화인민공화국 건국 이후 베이징 시정부 조직이 수립한 여덟 차례의 베이징 도시계획[11]은 1950년대, 1970년대, 1980년대, 1990년대와 21세기 초에 각각 만들어진 것이다.[12] 이 8개 판본의 베이징 도시계획은 각 시기의 지도사상과 그 목적을 집중적으로 반영했다. 베이징 도시계획의 변화는 건국 이후 공산당을 대표하는 신정권의 도시발전에 대한 인식이 변화해왔음을 보여준다. 도시발전에 대한 인식의 변화는 도시계획의 내용에 대한 변화를 초래했지만, 이 변화는 우발적이거나 느닷없이 전개된 것이 아니라 단계적으로 진행된 것이었다. 따라서 이런 변화의 원인과 양상을 고찰하면 미래에 대한 예측도 어느 정도 가능해질 것이다.

9 董光器,「五十七年光辉历程: 建国以来北京城市规划的发展」,『北京规划建设』, 2006年第06期; 苏峰,「从北京七次城市总体规划看首都建设的基本思路」,『北京党史』, 2008年第02期.

10 赵燕菁,「奥运会经济与北京空间结构调整」,『城市规划』, 2002年第08期; 赵燕菁,「中央行政功能: 北京空间结构调整的关键」,『北京规划建设』, 2004年第04期.

11 1) 1953년「改建与扩建北京市规划草案」; 2) 1954년「改建与扩建北京市规划草案」의 수정본; 3) 1957년「北京城市建设总体规划初步方案」; 4) 1958년「北京城市建设总体规划初步方案」의 수정본; 5) 1973년「北京城市总体规划方案」; 6) 1981년「北京城市建设总体规划方案」; 7) 1991년「北京城市总体规划(1991-2010年)」; 8) 2004년「北京城市总体规划(2004-2020年)」.

12 그 배경이나 내용을 볼 때 1973년의「北京城市总体规划方案」은 1981년「北京城市建设总体规划方案」의 초안으로 볼 수 있다.

1949년부터 2004년 사이에 전개된 중국 도시계획 지도방침의 변화상은 대략 네 시기로 구분된다. 1950년대의 창건·발전시기, 1960-70년대의 배회·후퇴시기, 1980년대의 전면적인 회복과 발전시기, 1990년대 이후의 계승과 창신시기가 그것이다.[13] 그리고 21세기 이후 중국 현대 도시계획은 새로운 단계로 들어서게 된다. 이 네 시기의 내용을 차례로 살펴보자.

중공중앙(中共中央), 국무원과 베이징 시위원회, 시정부는 중국의 수도인 베이징의 도시계획을 매우 중시했다. 1949년 1월 31일 베이핑(北平)이 해방되자, 중앙정부는 수도를 베이핑으로 정하면서 베이징으로 개칭했다. 베이징 시정부는 먼저 소련의 도시계획과 건설 분야의 전문가를 초청했다. 소련은 사회주의 국가인데다 모스크바 역시 베이징과 같은 역사고도로서 이미 30여 년의 계획건설 경험을 갖고 있었기에 모스크바의 도시계획은 자연스럽게 베이징의 도시계획에 큰 영향을 미쳤다.

1949년 5월부터 1953년 11월까지 4년 동안의 토론[14]을 거친 후 베이징 시위원회, 시정부는 제1차 베이징 도시계획 초안인 「베이징시의 재건과 확장을 위한 계획 초안의 요점(改建与扩建北京市规划草案的要点)」(1953)을 당중앙에 제출했다.[15] 이어 몇 차례 수정과 조정을 거친

13 王凯, 「我国城市规划五十年指导思想的变迁及影响」, 『规划师』, 1999年第04期.

14 당시 토론한 문제는 크게 네 가지였다. 1) 수도는 정치, 문화의 중심 이외에도 공업도시로도 발전이 가능한가; 2) 도시 규모는 어느 정도로 할 것인가; 3) 도시 건설의 표준을 어떻게 규정할 것인가; 4) 문화고도와 현대화 건설의 관계를 어떻게 처리할 것인가. 네 가지 모든 문제에 있어 각기 다른 의견들이 존재했다.

15 申予荣, 「1953年《改建与扩建北京市规划草案要点》编制始末」, 『北京规划建设』, 2002年第03期, p.65.

후 1958년 9월 제1차「베이징 도시건설에 관한 총체계획 초보방안(关于北京城市建设总体规划初步方案)」[16]이 만들어지는데, 최종안이 토론, 수정을 거쳐 국무원을 통과하는 데까지 8년이 소요되었다. 이렇게 긴 시간이 필요했던 이유는, 봉건왕조의 800년 역사가 각인되어 있는 도성을 사회주의 국가의 현대적 수도로 개조하는 것이 당시 중국 공산당과 정부에게는 중차대한 문제였기 때문이다. 하지만 최종안의 실행에 걸린 시간은 상대적으로 짧았는데 신중국 성립 이후 10년 이내에 도시 개조가 완성되었다.

제1차 베이징 도시계획방안은 먼저 수도의 정위를 수립하는 데 역점을 두었는데 베이징을 정치, 문화중심지뿐만 아니라 대공업도시로도 규정했다. 이는 당시의 낙후된 정치, 경제, 사회 상황에 근거한 것이었다. 그런데 행정중심지로서의 수도 이전 문제와 고건축군 보호 및 도시개조 문제에서는 상반된 의견이 충돌했다. 도시 건설의 각 부분에서, 어떤 이는 고건축군 보호에 중점을 둔 반면 어떤 이는 도시개조에 치중하면서 격렬한 토론이 전개되었다. 그러자 베이징 시위원회, 시정부가 해결책을 제시했는데, 고건축의 필요성과 우수성은 유지하되 도시발전에 지장이 있을 경우 개조와 철거를 거쳐 사회주의 도시에 적합하도록 한다는 것이 핵심 내용이었다. 고건축을 보존하기 위해 도시발전을 제한하는 것은 잘못되었다는 지적으로 이어졌고, 베이징 시위원회, 시정부의 이런 인식은 도시계획의 규정에 포함되었다.

당시 구도심에는 고건축군이 즐비했다. 교통 흐름에 지장을 주는 패루(牌楼) 등의 고건축을 정리하지 않고 보호, 유지를 강조하게 되면 도시개조는 거의 진행할 수 없다는 시위원회, 시정부의 지도방침에 따

16 孙洪铭,「新北京城市总体规划方案的奠基之作: 关于1958年总体规划方案的编制实施及其历史价值」,『北京学研究文集』, 2005, pp.1-8.

라 당시의 도시계획은 계승과 발전이라는 모순적인 두 측면을 통합하여 실현하고자 했다. 베이징 성곽의 경우를 보면, 중앙정부는 일찍부터 성곽 철거라는 방침을 갖고 있었지만 각 방면에서 이견이 제기되면서 합의를 이루어내지 못했다. 당시에는 도시 건설에 방해가 되는 정도가 아니었기에 베이징 성곽을 보호하자는 의견이 받아들여졌지만, 1965년 문혁이라는 특수한 정치배경에서 베이징의 성곽은 철거되기 시작했다.

베이징의 도시발전 목표와 도시구조의 기본 골격은 제1차 도시계획에서 확정되었고 이는 이후의 도시계획에도 계승되었다. 특히 공업이 발전해야만 교통운송업, 문화교육사업 등이 발달하고 도시도 자연스레 발전한다고 생각했기에, 사회주의 도시의 건설과 발전은 사회주의 공업의 건설과 발전에 좌우된다고 인식했다. 이런 인식이 베이징의 도시계획과 도시 건설에 반영되면서, 베이징을 중공업도시로 건설하기 위해 공업을 특별히 배치했다. 제1차 베이징 도시계획은 사회주의 정권을 공고히 하기 위해 사회주의 도시의 성질과 특징을 표현하고자 했다.

1980년대 이전 중국은 공업이 도시 경제이며 도시의 경제는 바로 공업이라고 즉 공업을 국민경제의 핵심으로 인식했다. 베이징은 신중국의 수도로서 소비도시에서 생산도시로 변모하는 것을 목표로 1950년대 제1차 도시계획을 진행함으로써 자신을 대공업 도시기지로 건설하고자 했다. 중화인민공화국 건국 이후 베이징이 대공업 도시를 목표로 설정한 것은 상당히 정치적인 선택이었다. 30여 년 동안 대공업 기지의 건설에 주력한 것은, 건국 이후 실시한 공업화 전략과 연동된 사회주의 도시의 발전 동력을 상징적으로 표현하는 것이었다.

하지만 거대한 규모의 중공업 발전전략은 막대한 오염을 초래함으로써 정치, 문화의 중심이라는 수도의 기능이 정상적으로 작동하는 데 지장을 초래했다. 1980년대 이전의 도시계획에서는 생산과 발전이 우선이고 생활은 그다음이었기 때문에 시민의 생활수준에 대한 제고 노력은 결여되었고 도시 기초시설은 낙후된 채 방치되었다.

하지만 문혁이 끝나고 정치적 환경이 안정되면서 사회경제 발전이 정상으로 회복되자 도시계획 작업도 회복되었다. 이를 배경으로 베이징 시정부는 베이징 시계획위원회(北京市城市规划委员会)를 창설하고 제2차 도시계획을 수립하여 1982년 12월 「베이징 도시건설 총체계획방안·초안(北京城市建设总体规划方案·草案)」을 국무원에 제출한다. 1983년 7월 14일 중공중앙·국무원은 「베이징 도시건설 총체계획방안(北京城市建设总体规划方案)」에 동의한다. 이 방안은 건국 이래 베이징 도시건설에 대한 성과를 긍정하기도 했지만 베이징의 공업건설 규모를 최초로 분명하고 엄격하게 통제하는 내용도 포함했다. 그리고 베이징의 도시 성격을 전국 정치, 문화의 중심으로 규정하는 동시에 도시환경의 녹화와 역사문화도시 보호 등의 인식을 강조했다. 이로써 30년에 걸친 계획경제 체제하의 베이징 도시계획은 새로운 전환을 맞게 되었다.

1978년 제11회 3중전회(十一届三中全会)는 중국 개혁개방의 시작을 알리는 신호탄이었다. 그리고 그 결실 중 하나로 1984년부터 도시경제체제 개혁이 시작되었다. 1984년 제12회 3중전회에서는, 도시는 중국 경제, 정치, 과학기술, 문화교육의 중심이며 사회주의 현대화 건설에서 주도적 역할을 한다는 인식을 드러냈다. 이런 인식은 도시발전 지도 방침의 변화를 촉진했다. 1980-1990년대 중국의 사회경제는 신중국 건국 이후 지속되어온 계획경제를 사회주의 시장경제로 전환하는 근원적인 변화를 맞이하게 되었다.

이러한 변화는 중국 사회 곳곳에 엄청난 영향을 미쳤는데 도시발전 및 도시계획 부문도 예외가 아니었다. 1983년에 비준된 「베이징 도시건설 총체계획방안」은 수행 도중에 개혁개방 정책으로 인한 크나큰 변화에 불가피하게 직면해야 했다. 베이징시는 이미 1990년대 초에 도시계획 수정이 필요하다는 인식을 하고 있었는데, 계획을 수정하는 와

중에 개혁개방이라는 중대한 전환점을 마주하게 되었다. 덩샤오핑은 남순강화(南巡讲话)의 해인 1992년에 중공 14대(中共十四大)에서 정식으로 사회주의 시장경제체제를 확립하게 된다. 이로 인해 베이징의 도시계획은 완성 이후 몇 차례의 수정을 거치게 되는데, 1993년에서야 최종 완성본이 국무원에서 비준된다.

1981년부터 만들기 시작한 「베이징 도시건설 총체계획」이 중국 계획경제 시기 도시계획의 대표작이라면, 베이징시가 1991년부터 만들기 시작한 도시계획 「베이징 도시건설 총체계획(1991-2010)」[17]은 당시 막 태동한 사회주의 시장경제에 대한 반응으로서 중국 특유의 사회주의 시장경제 기본 노선을 반영한다고 할 수 있다.[18] 후자의 계획은 도시에 대한 인식의 변화를 담고 있으며 수도의 특징에 부합하는 경제발전을 모색하는 등 처음으로 제3차 산업발전의 중요성을 고려하고 있었던 것이다.

베이징 도시건설과 도시계획의 역사에서 또 하나의 중요한 분기점 중 하나는 올림픽 개최였다. 베이징은 2008년 올림픽 개최를 위한 도시건설이라는 새로운 상황에 직면하게 되었다. 이런 배경하에 2002년 베이징은 새로운 도시계획을 수립하기 시작하여 2004년 완성한다. 그리고 이 계획은 2005년 1월 12일 「베이징 도시 총체계획(北京城市总体规划)(2004-2020)」[19]으로 국무원을 통과한다. 이 베이징 도시계획은 사회주의 시장경제체제 확립 이후 도시계획에 관한 새로운 시도와 탐

17 北京市人民政府, 「北京城市总体规划(1991年至2010年)」. https://wenku.baidu.com/view/95f67cf5f5335a8103d22069.html(검색일: 2017.07.01.)

18 北京市城市规划设计研究院 编印, 「北京城市总体规划(1991年至2010年)」, 1992.12.

19 「北京城市总体规划(2004-2020年)」, 『北京规划建设』, 2005年第02期, pp.7-53.

색이라 할 수 있다.

중화인민공화국 건국 이후 도시계획의 작성과 수정은 국가의 사회, 경제, 정치 등의 요소와 밀접하게 연동되면서 진행되었다. 베이징 도시계획과 도시발전을 고찰한다는 것은 사회주의 노선을 특징으로 하는 현대 중국 도시계획의 본질적인 특징을 살펴보는 것과 마찬가지인 셈이다. 현대 중국 도시계획의 문제는 실제로 국가 발전의 문제와 일치한다. 계획경제체제하에서 도시의 발전 양상과 규모, 속도 등은 국가 계획에 의해 결정되었으며 도시건설의 자본은 대부분 국가의 투자 및 의지에 따라 결정되었다. 하지만 시장경제체제를 도입한 이후 도시발전의 동력 기제는 근원적인 변화를 맞이했으며 계획에 영향을 끼치는 조건들 역시 다양하고 복잡해졌다.

도시건설과 계획에 있어 국가의 경제체제 변화 못지않게 중요한 것이 문화적 요인이다. 특히 중국의 도시건설과 계획의 경우 문화적 요소는 그 영향력이 대단하다. 중국 도시계획은 결국 중국문화의 산물이며 현대 도시계획 사상 역시 전통문화의 영향력하에 있다고 할 수 있다. 중화인민공화국 건립 이후 베이징의 도시계획과 건설에서 문화적 요소들이 현대 중국인의 머릿속에 여전히 보존되어 있고 도시건설에 직간접적으로 반영되고있는 것을 볼 수 있다. 베이징 건설과 계획을 중시하는 현재의 태도는 통치자가 통치 중심지를 중시해온 중국의 역사와 전통을 계승한 것이라 할 수 있다. 베이징은 국가의 공간적 질서와 배치를 상징적 차원에서 구현하는 중국의 중심지로 인식되고 있는데, 이러한 인식은 도시 설계부터 건축 설계에 이르기까지 다양한 층위에서 구현되고 있다. 그 뚜렷한 예를 중화문명의 의미와 위상을 공간적으로 재현한 톈안먼(天安门) 광장의 공간 배치, 도시 중축선의 확장과 강화 등에서 찾아볼 수 있다.

2014년부터 시작된 베이징 도시계획 편성안의 초안은 2017년에 이르러 「베이징 도시 총체계획(2016-2030)」[20]으로 완성되었다. 베이징시 계획전람관(北京市规划展览馆)은 2017년 3월 29일부터 4월 27일까지 이 계획을 전시하면서,[21] 베이징 발전에 대한 의견을 누구나 제기할 수 있다고 공고하기도 했다. 이런 과정을 거친 뒤 "2017년 9월 중국 공산당 중앙위원회, 국무원은 「베이징 도시 총체계획(2016-2035)」을 정식으로 선포한다".[22] 이 계획에서 베이징의 도시 전략적 정위는 전국의 정치중심, 문화중심, 국제교류중심, 과학기술 창신 중심 등 4개의 중심이다. 이 계획은 베이징을 중심으로 징진지(京津冀: 베이징, 톈진(天津), 허베이(河北) 세 지역)를 포괄한 세계급 도시군을 건설하는 것을 목표로 한다.[23]

20 「《北京城市总体规划(2016-2030年)(草案)》公示」, 『城市规划通讯』, 2017年第07期.

21 耿诺, 「《北京城市总体规划(2016-2030年)》草案今起公告」, 『北京日报』, 2017.03.29.

22 石晓冬, 「"四个中心"塑格局"多规合一"绘蓝图: 《北京城市总体规划(2016-2035年)》解读」, 『城市管理与科技』, 2018年第03期, p.12.

23 「北京城市总体规划(2016-2035年)」. http://www.beijing.gov.cn/zfxxgk/ftq11GJ20/gh32j/2019-05/17/content_1c5698489dfc415098b44d8debb17e6c.shtml(검색일: 2019.10.23.). 「베이징 도시 총체계획(2016-2025)」에서는 베이징 도시공간의 구조를 一核, 一主, 一副, 两轴, 多点, 一区로 배치한다. 핵심(一核)은 수도 기능 핵심구(首都功能核心区)를 가리키고 중심구(一主)는 동청구(东城区), 시청구(西城区), 차오양구(朝阳区), 하이디엔구(海淀区), 펑타이구(丰台区), 스징산구(石景山区)를 포함하고, 부중심(一副)은 베이징 도시 부중심(北京城市副中心)을 의미한다. 양축(两轴)은 중축선(中轴线)과 그 연장선, 그리고 창안제(长安街)와 그 연장선을 가리킨다. 다중점(多点)은 순이(顺义), 다싱(大兴), 이좡(亦庄), 창핑(昌平)과 팡산신도시(房山新城)를 포함하고 일구(一区)는 생태함양구(生态涵养区)로 먼터우거우구(门头沟区), 핑구구(平谷区), 화이러우구(怀柔区), 미윈구(密云区), 옌칭구(延庆区) 및 창핑구(昌平区)와 팡산구(房山区)의 산간지대(山区)를 가리킨다.

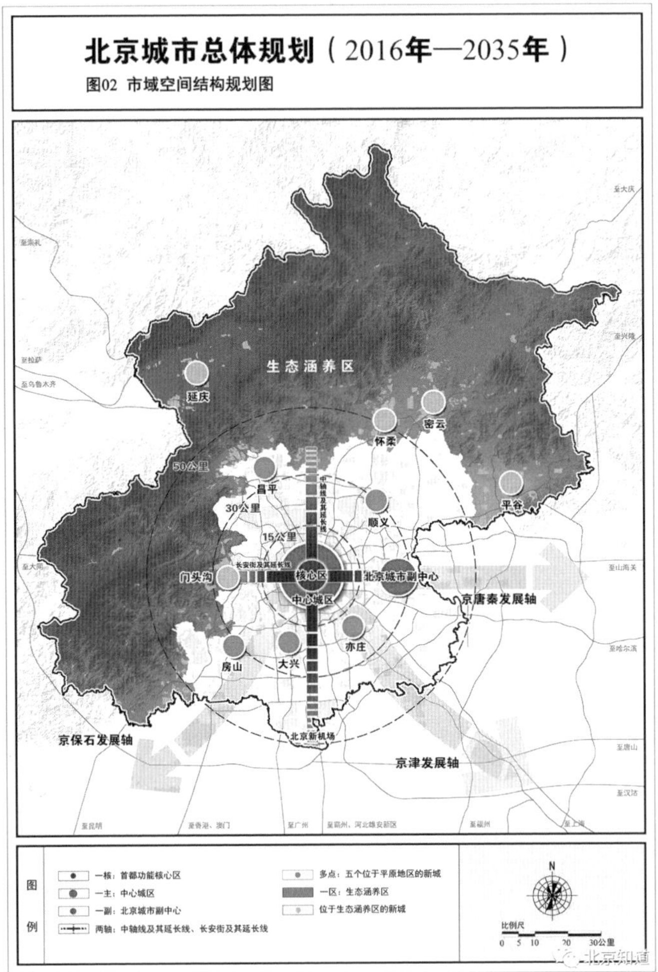

[그림 2-23] 베이징 도시 총체계획(2016-2035) 도시공간 구조 계획도

베이징은 일찍이 중국 고대도성 계획과 건설의 집대성지로서 중국 고대 도시계획의 이상을 반영했다. 1949년 이후 국가는 신중국 수도인 베이징의 도시건설과 계획을 특별히 중시했는데 도시발전의 목표와 발전 방향이 이 도시의 계획을 결정했다. 지금까지 베이징 도시

건설과 계획의 지도방침은 중국 공산당의 각기 다른 시기의 통치방침뿐만 아니라 중국 사회, 문화, 경제의 변화상을 충실히 반영하면서 이를 상징적으로 대변해왔다.

3. 정치도시 베이징, 10대 건축의 상징적 의미

베이징은 중국을 상징하는 도시다. 그래서 도시 베이징에 대한 자부심은 중국 국가에 대한 자부심과 연결되고 베이징에 대한 비판은 중국에 대한 비판으로 해석된다. 이런 이유로 베이징에서 발생한 일은 중대한 의미를 갖는다. 베이징은 8백여 년 동안 중국의 수도였고 통치자의 눈에는 세계의 수도로 여겨졌다. 베이징은 중국 최후 제국의 수도였다. 10-12세기 베이징은 중국 지역 국가의 수도 중 하나였지만, 13세기 몽고인이 통치하면서 전 중국의 수도로 성장했다. 베이징이 긴 시간 동안 수도로 기능했던 중요한 이유는 정치권력의 필요에 따른 것이었다. 베이징은 몽골(蒙古)과 요동(辽东)에 가까울 뿐만 아니라 전근대 중국의 권력 쟁탈 장소였다.

베이징은 네 차례나 비한족(非汉族) 국가의 도읍지로 선정되었다. 거란족(契丹族)의 요국(916-1125), 여진족(女真族)의 금국(1115-1234), 몽골족(蒙古族)의 원조(1279-1368), 만주족(满族)의 청조(1644-1912)가 그런 시대였다. 한족(汉族)의 명조(1368-1644)는 처음엔 난징을 도읍으로 삼았다가 이후 베이징으로 천도했는데, 그 이유는 변방과 거리가 먼 난징에서 변방을 통제하면서 지키기가 어려웠기 때문이었다.

그러나 1911년 제국의 체제가 무너지면서 중국은 많은 국가들 중 하나일 뿐 그렇게 강한 국가가 아니라는 사실을 인지하게 된다. 마오쩌둥(毛泽东)이 지도하는 중국 공산당은 1949년 중화인민공화국을 건

[그림 2-24] 징산공원의 베이징 중축선 표지(위)
[그림 2-25] 징산공원에서 바라본 쯔진청(아래)

립하고 베이징을 수도로 정한다. 마오쩌둥은 과거를 쇄신하여 중국의 새로운 미래를 건설할 수 있다고 믿었다. 베이징은 중대한 정치 변혁의 탄생지로 운명 지어졌고 중국의 미래를 탐색할 수 있는 가늠자가 되었다. 이러한 역사적 부침이 베이징이라는 도시 위에 축적되면서 이 도시는 더욱 특별한 지위를 인정받게 되었다. 현재의 베이징은 과거의 영욕과 현재의 욕망이 중첩되어 있는 도시다.

도시건설의 면에서도 이런 중층적인 성격을 확인할 수 있다. 베이징의 도시 설계는 명·청의 궁성인 쯔진청(紫禁城)을 중심으로 좌우 대칭의 특징을 지닌다. 많은 건축이 중축선을 중심으로 동서 대칭으로 건설되었다. 중축선은 남쪽의 융딩먼(永定门)에서 북쪽의 종구러우에 이르는데, 쯔진청 역시 이 중축선 위에 위치한다. "베이징의 건설에는 심오한 역사문화가 담겨 있고 공간 구조의 최대 특징은 남에서 북으로 이어지는 중축선이다."[24] "베이징 도시계획(1991-2010) 역시 도시 설계의 특징인 중축선을 보호하기로 결정하면서 그 취지를 더욱 확장하여 도시의 구조와 모습을 보호한다는 전략을 취한다."[25] 나아가 「베이징 도시 총체계획(1991-2010)」은 중축선을 연장하여 동서 양쪽의 건축군과 북쪽의 건축을 통해 시대의 변화에 따라 새롭게 요구되는 21세기 수도의 면모를 부각하고자 했다. 1990년 제11회 아시안게임의 개최를 위해 중축선을 확장하여 베이4환로(北四环路)와 연결한 것이 현재의 베이천로(北辰路)인데, 그 북쪽에 현재의 아시안게임 주경기장(亚运会主会场)을 건설했다. 2008년 베이징올림픽 주경기장은 중축선을 다시 북쪽으로 확장한 곳에 건설되었다. 올림픽 주경기장도 중축선의 연장선에 놓인 셈이다. 또한, 2014년부터 시작되어 2017년에 완성된 「베이징 도시 총체계획(2016-2035)」은 양축(两轴)의 연장과 확장을 명시하고

24 侯仁之, 「试论北京城市规划建设中的三个里程碑」, 『北京联合大学学报(人文社会科学版)』, 2003年第01期, pp.24-28.

25 侯仁之, 「从北京城市规划南北中轴线的延长看来自民间的"南顶"和"北顶"」, 『城市发展研究』, 1995年第01期, p.10.

있는데, 양축은 남북으로 가로지르는 중축선과 톈안먼 광장 앞을 동서로 가로지르는 창안제이다.

베이징의 중축선은 원대 쿠빌라이가 베이징에 대도를 건설할 때 형성되었다. 중축선을 중심으로 도시를 설계한 이유는 제왕의 중심적 지위를 강조하기 위한 것이었는데, 이에 따라 도시의 전체적인 구조 역시 중축선을 중심으로 좌우로 형성되었다. 중축선의 상징적 의미는 1949년 중화인민공화국 개국대전(开国大典)에 사용한 깃대를 중축선에 꽂았다는 데서도 확인할 수 있다.

이 중축선의 정점에 위치한 공간은 톈안먼 광장이다. 1952년 창안좌문(长安左门)과 창안우문(长安右门)을 철거하고 1954년 중화먼(中华门)을 철거하면서 톈안먼 광장이 현재의 규모로 확장되었다. "수도의 도시계획과 도시건설에서 톈안먼 광장의 개조는 뚜렷하고도 깊은 의미를 가지고 있다. 사회주의 중국에 이르러 톈안먼 광장의 의미는 봉건 통치자의 궁정광장(宫廷广场)에서 인민이 세운 국가 수도의 인민광장으로 변화되었다."[26] 광장에는 인민영웅기념비(人民英雄纪念碑)를 배치했고 동서 양쪽 중 서쪽에는 인민대회당(人民大会堂)을 동쪽에는 중국혁명과 중국역사박물관(中国革命和中国历史博物馆)을 대칭적으로 건축했다. 1976년 마오쩌둥 서거 후 원래 중화먼의 위치에 마오주석 기념당(毛主席纪念堂)을 건립했다. 톈안먼 광장은 정치적·사상적 상징들이 총집결한 공간이다.

1990년 베이징은 아시안게임(亚运会)을 개최한 후 도시 중심과 선수촌(亚运村)을 연결하기 위해 중축선을 확장한다. 서쪽에 중화민족원(中华民族园)을 건설하고 동쪽에는 올림픽센터(奥体中心)를 건설했다.

26 侯仁之·吴良镛, 「天安门广场礼赞: 从宫廷广场到人民广场的演变和改造」, 『文物』, 1977年第09期, pp.1-15.

[그림 2-26] 베이징 중축선의 남쪽 융딩먼(위)
[그림 2-27] 융딩먼에서 치엔먼까지의 중축선(아래)

[그림 2-28] 베이징 중축선의 연장선상에 위치한 2008 베이징 올림픽 주경기장, 냐오차오

올림픽 유치에 성공하자 중축선을 다시 북쪽으로 연장하여 올림픽공원의 축선으로 활용했다. 동쪽에는 올림픽 주경기장 냐오차오(鸟巢)를 서쪽에는 국가수영센터인 워터큐브(水立方)를 대칭적으로 건설했다. 이 두 건축물은 하나는 원형이고 하나는 방형으로 중국 고대 천원지방(天圆地方)[27]의 사상을 재현했다. 중축선은 다시 북쪽으로 올림픽공원을 통과하여 올림픽 삼림공원(奥林匹克森林公园)으로까지 확장되었다.

고대의 베이징 건설과 설계가 현재에도 결정적인 영향을 미치고 있는 것은 분명하지만, 베이징에 새겨지는 현재의 욕망은 과거의 것과 충돌하면서 모순을 일으키기도 한다. 이를 살피는 것은 베이징에 각인

27 汪华丽, 「论建筑中的"天圆地方"观」, 『大众文艺』, 2011年第20期, pp.285-286. 천원지방(天圆地方)에서 원은 하늘의 정신세계를 상징하고 정방형은 지상의 물질세계를 상징한다. 천상의 원의 질서가 땅에서는 정방형으로 형상화된다는 의미이다. 중국 고대사회에서는 이런 관념을 숭배했고 베이징의 천단(天坛), 지단(地坛) 등은 이런 사상을 구체화한 것이다.

되어 있는 성격들의 중층성과 다양성을 이해하는 또 하나의 방식일 것이다. 베이징 10대 건축 선정에 관한 탐색 역시 역사적 충돌과 중첩성을 이해하는 데서 출발해야 한다. 이를 위해 우선 애당초 공산당이 왜 베이징을 수도로 삼았으며 여기에 어떤 성격을 새겨넣으려 했는지를 살펴보자.

1928-1949년 국민당(国民党)은 난징을 수도로 정한다. 그런데 1949년 공산당은 수도를 왜 베이징으로 다시 이전했는가. 베이징은 공산당이 타파해야 할 봉건왕조의 수도였으며 식민열강이 통제한 도시였다. 당시 공산당에겐 세 가지의 선택지가 있었는데 베이징과 난징, 시안이 그것이었다. 하지만 난징은 국민당과 밀접하게 관련되어 있었고 시안은 번성기에서 너무 많은 시간이 지나버린 도시였다. 반면 베이징은 공산당의 혁명이 승리를 거두기 전에 중요한 역할을 한 도시였으며 따라서 신정권에 정치권력의 합법성과 정당성을 부여할 수 있는 도시였다. 공산당의 지도자 마오쩌둥은 베이징을 수도로 삼음으로써 새로운 국가의 위상을 온전하고 정당한 것으로 수립하고자 했다. 특히 20세기 저항운동, 군중운동과 밀접하게 연관되어 있는 톈안먼 광장을 중심으로 베이징을 신중국의 탄생지로 삼았다. 베이징과 톈안먼 광장은 과거의 위상을 계승하면서 새로운 성격이 태동되는 공간이었던 것이다.

마오쩌둥이 베이징에 정부의 중심을 세우기로 하자 량스청(梁思成)과 천잔샹(陈占祥) 등이 이에 반대하고 나섰다. 이들은 베이징 구도심 보호방안인 「중앙인민정부 행정중심구 위치에 관한 건의(량·천 방안)」[28]를 통해 베이징의 고건축과 성곽을 보존하기 위해 베이징 서쪽에 새로운 행정수도를 세우자고 건의했다. 행정수도를 도시 외부에 건설하지 않는다면 역사적 의미가 상당한 베이징은 파괴될 수밖에 없다는 논리였다. 하지만 이들의 의견은 중국의 당시 기본 사상과 배치되는 것이었다. 중국 정부가 강조한 것은 혁명이지 문물 보호가 아니었다. 마오쩌둥은 혁명은 파괴와 개조를 의미하며 중국에 신생 국가를 세우려면 베이징에서 재건하는 것이 영구불변의 진리라고 생각했다. 그 후의 몇십 년은 파괴의 시간이었다. 파괴되어야 하는 것 즉 특권 통치계급의 권위와 부패 그리고 구시대를 의미하는 베이징의 성곽은 파괴되어야 마땅한 것이었다. 공산당 정부는 도시발전의 요구에 따라 사통팔달의 큰 도로를 건설하기 위해 베이징 구도심의 고건축군들을 파괴했다.

1958년 중국공산당의 지도자는 과거의 파괴와 더불어 베이징에 소련풍의 건축을 건설하여 사회주의 건설의 상징으로 삼고자 했다. 텐안먼 광장에 건설된 인민대회당, 중국혁명과 중국역사박물관 등이 그것이었다. 같은 해 광장의 중심에 인민영웅기념비가 완성되었다. 마오쩌둥은 광장을 확장하여 텐안먼 광장을 세계에서 가장 크고 아름다운 광장으로 만들고자 했는데 이를 통해 과거와의 단절을 상징적으로 보여주려 했다. 1977년에는 텐안먼 광장에 최후의 영구적인 건물인 마오주석 기념당(毛主席纪念堂)이 세워졌다.

지금도 여전히 베이징은 중국 정치권력을 집약적으로 대변하는 도시다. 텐안먼 광장은 20세기 대부분 동안 신성한 정치적 공간이었고 국경일 행사의 장소로서 국가의식을 진행하는 상징적인 장소이다. 텐안먼 광장 주변의 건축물들은 모두 정치적 의미를 지니고 있다.

배치되고 중첩되면서 과잉의 정치적 의미로 점철된 베이징의 성격과 그 변화는 베이징 10대 건축과 그 변화에서 확인할 수 있다. 베이징은 중국 현대건축의 정전적인 작품이 집결된 곳이다. 1949년부터 현재까지 70여 년 동안 베이징은 1950년대, 1980년대, 1990년대, 그리고

28 梁思成·陈占祥, 「关于中央人民政府行政中心区位置的建议(梁陈方案)」, 『艺术与设计』, 2015年第10期, pp.174-182.

21세기(2009)에 '베이징 10대 건축'을 선정하는 행사를 벌였다. 역사적 조건과 환경이 어떻게 변하든 '베이징 10대 건축'은 베이징의 현대화 도시건축의 브랜드가 되었다.

베이징 10대 건축의 역사는 베이징의 건설, 발전과 긴밀한 관계를 가지고 있다. 1950년대의 베이징 10대 건축은 정치적 산물이다. 건축대사 장푸(张镈)는 다음과 같이 언급했다. "당시 중국에선 대약진(大跃进)운동이 시작되었고, 중소관계가 악화되면서 흐루쇼프는 대대적으로 중국을 비판했다. 이에 중국 정부는 베이다이허(北戴河) 회의에서 몇 개의 중요한 사업을 강조하여 중국의 새로운 면모와 실력을 세계에 증명하자는 의견을 모았다."[29] 1958년 9월 국경일 사업 내용을 확정하고 1959년 9월까지 1년 동안 이를 완수하기로 결정했다. 베이징 1959년 국경일을 위한 10대 사업의 내용은 인민대회당, 중국혁명과 중국역사박물관, 중국 군사박물관(中国军事博物馆), 베이징 기차역(北京火车站), 베이징 노동자 체육관(北京工人体育场), 전국 농업 전시관(全国农业展览馆), 댜오위타이 국빈관(钓鱼台国宾馆), 민족문화궁(民族文化宫), 민족호텔(民族饭店), 화치아오 빌딩(华侨大厦) 등 10대 건축 건설이었다. 이 중 중국혁명과 중국역사박물관은 현재의 중국국가박물관(中国国家博物馆)으로 전환되었다. 그리고 화치아오 빌딩은 1959년 10월에 완공되었지만 이후 철거되었고 지금의 건물은 새롭게 건설된 것이다. 1959년 9월 25일 『인민일보(人民日报)』 칼럼은 이 10대 건축군에 대해 "우리나라 건축사에서 전례가 없는 최초의 시도(是我国建筑史上的创举)"라고 찬사를 보냈다. 1950년대 10대 건축은 특수한 시대의 정치적 산물이었다. 동시에 제1차 베이징 10대 건축은 베이징의 도시 건설과 발전에 뚜렷

29 金磊, 「建筑中国六十年的历史如何书写: 从新中国优秀建筑遗产保护到新世纪北京"十大建筑"评选的倡言」, 『中外建筑』, 2008年第11期, p.82.

한 분기점으로 작용했다.

1980년대의 '베이징 10대 건축'은 1980년 1월 1일부터 1987년 12월 31일까지 건축된 건물을 대상으로 했다. 이 시기는 중국이 개혁개방을 시작하고 10년이 지난 때였다. 선정 방식은, 우선 전문가의 평가를 통해서 후보건축물을 예비로 선정한 후 60여만 명에 달하는 시민들의 직접적인 투표로 최종 선택되는 방식이었다. 따라서 도시건축, 건축설계에 일반 대중의 미의식이 반영되었다. 이로 인해 베이징 10대 건축은 중국 건축사상 자체보다는 건축문화가 대중에게 다가가기 위한 노력을 담지해내기 시작했다. 네 차례에 걸쳐 진행된 베이징 10대 건축 선정의 기록은 베이징 건축의 역사에서 중요한 의미를 갖고 있다. 이처럼 선정 방식과 의의라는 측면에서 1980년대 베이징 10대 건축은 국경일을 기념하기 위한 1950년대 10대 건축과 차이가 있었다.

"이때는 중국 개혁개방이 10년을 맞이한 시기로, 선정의 중요 기준은 실용, 경제, 미관 등이었다. 선정된 작품은 문화, 교통, 관광, 정원, 예술, 역사 등의 측면에서 기능적이고 현대적인 동시에 민족적이었다."[30] 이 중엔 중국인이 설계하고 외국 업체가 건설한 건축물도 포함되어 있었다. 1980년대의 베이징 10대 건축은 베이징 도서관 신관(北京图书馆新馆, 현재 중국 국가도서관(中国国家图书馆)), 중국 국제전시센터(中国国际展览中心), 중국 중앙 텔레비전 방송국(中央电视台, CCTV), 서우두 국제공항 터미널(首都机场候机楼), 베이징 국제호텔(北京国际饭店), 따관위엔(大观园), 창청호텔(长城饭店), 중국 극원(中国剧院), 중국 인민항일전쟁기념관(中国人民抗日战争纪念馆), 동스 스티아오 지하철역(地铁东四十条车站) 등이었다.

30 金磊, 「用建筑评论之思, 再析"北京十大建筑"」, 『学人品评』, 2016年第01期, p.35.

1990년대에 10대 건축으로 선정된 것은 중앙방송 TV타워(中央广播电视塔), 아시안게임 선수촌과 국가 올림픽 스포츠센터(国家奥林匹克体育中心与亚运村), 베이징 신세계센터(北京新世界中心), 베이징 식물원 전람온실(北京植物园展览温室), 서우두도서관(首都图书馆), 칭화대학 도서관 신관(清华大学图书馆新馆), 외국어 교학과 연구 출판사 사옥(外语教学与研究出版社办公楼), 베이징 헝지센터(北京恒基中心), 신동안시장(新东安市场), 베이징 국제금융빌딩(北京国际金融大厦) 등이었다.

올림픽은 베이징이라는 도시를 변화시키기 시작했다. 2001년 7월 13일, 베이징이 올림픽 개최지로 결정되자 "새로운 베이징, 새로운 올림픽(新北京, 新奥运)"을 표어로 삼아 베이징의 새로운 상징적 건축물들이 부단히 등장했다. 21세기 초에 베이징에 등장한 새로운 건축은 베이징 도시발전사에서 중요할 뿐만 아니라 세계에서도 주목하는 건축 작품들이 되었다. 베이징 중축선이 연장되면서 쯔진청 북쪽인 베이4환과 베이5환 사이에 워터큐브, 베이징올림픽 주경기장(냐오차오) 등이 건설된다. 중축선이라는 중국 전통문화의 계승 위에 현대 건축물들을 배치함으로써 도시 베이징에서 전통문화가 얼마나 중요한 위치를 유지하고 있는지를 재확인시켰다.

21세기의 첫 8년은 '새로운 베이징, 새로운 올림픽'이라는 표어를 실천하는 시간이었다. 제4차 베이징 10대 건축은 이 시기 베이징 건축의 새로운 지표를 충실히 담지했다. "최근 4차 베이징 10대 건축의 평가와 선정은 인터넷에서 큰 반향을 일으켰다. 단 20일이라는 짧은 기간 동안 인터넷 투표 900여만 표를 포함해 총투표가 6,800여만 표에 이르렀다."[31] 서우두 국제공항 제3터미널(首都机场3号航站楼), 베이징 국가체육장(国家体育场), 국가대극원(国家大剧院), 베이징 남역(北京南站), 베이징 국가수영센터(国家游泳中心), 서우두박물관(首都博物馆), 베이징 TV센터(北京电视中心), 국가도서관·2기(国家图书馆·二期), 베이징 신바

오리빌딩(北京新保利大厦), 국가체육관(国家体育馆) 등이 '베이징 당대 10대 건축(北京当代十大建筑)'의 칭호를 얻게 되었다. 2000년대 특히 베이징올림픽 개최 이후 베이징의 도시건축, 설계는 대규모로 그리고 급속도로 발전하게 된다. 세계적으로 유명한 건축가들이 베이징에 모여들어 베이징 도시계획의 설계와 건설에 참여하게 되면서 다양한 건축 작품이 세워졌다. 도시문화적 측면에서 보자면, 제4회 베이징 10대 건축의 선정은 베이징 도시건설의 영향력을 강화하는 동시에 베이징을 "세계 당대 건축 박물관(世界当代建筑博物馆)"으로 변모시켰다고 할 수 있다.

1950년대 장엄한 기세의 인민대회당, 중국혁명과 중국역사박물관 그리고 새로운 베이징 이미지의 상징적인 건축인 서우두 국제공항 제3터미널, 베이징 올림픽 주경기장, 국가대극원 등 각기 다른 시기의 베이징 10대 건축은 베이징이 최근 60년 동안 경험한 거대한 변화를 집약해서 보여준다.

베이징 10대 건축에는 모종의 문화적 함의가 담겨 있다. 베이징 10대 건축은 각기 다른 시대의 변혁정신을 반영할 뿐 아니라 각 시대의 문화적 산물이기도 했다. 각 시기의 베이징 10대 건축 선정은 베이징 도시사의 변화를 보여주는 대표적인 문화적 사건이다. 또한 베이징 10대 건축은 정치적 산물이기도 하다. 중국 현대건축 연구자인 저우더농은 『중국 현대건축 20강』[32]에서 베이징 10대 건축에 대해 "베이징 10대 건축은 단지 명예로운 기억이라기보다는 더욱 상징적인 문화사건에 가깝고 정치적 산물이다"라고 해석했다.[33]

31 孙晓胜, 「从北京"十大建筑"变迁看古都新貌」, 『中国建设报』, 2009.09.19.

32 邹德侬, 『中国现代建筑二十讲』, 商务印书馆, 2015.

33 金磊, 「历史上的"北京十大建筑"」, 『中国地名』, 2009年第03期, p.57.

[그림 2-29] 2009년 선정된 베이징 10대 건축의 하나인 국가대극원

신중국 건국 초기 베이징은 창안제를 중심으로 하는 단중심 도시였지만 현재의 베이징은 '양축-양대-다중심(两轴-两带-多中心)'의 도시 구조로 재편되었다. 베이징 중심부의 동쪽으로는 신도시 발전권을 형성하고 서쪽으로는 녹색생태권으로 조성한다는 것이 미래 베이징의 도시발전 방향이다. 지금의 베이징은 번영, 문명, 조화, 주거에 적합한 세계도시를 표방하고 있다.

4. 베이징 문화부호와 문화콘텐츠

문화부호는 도시문화 중에서 대표성을 가장 많이 획득했으면서도 가장 통속적이어서 알기 쉽고 익숙하게 회자되는 문화적 상징체이다. 도시는 문화부호로 기억되고 도시문화부호는 도시문화정신을 대변하면서 도시기억을 환기한다. 베이징의 경우, 후통, 통런당(同仁堂), 톈탄(天坛)공원, 다쓰란(大栅栏), 라오서(老舍) 등이 이에 해당한다. 후통은 베이징 도시문화부호의 대표적인 사례로 비단 베이징 시민의 일상생활

뿐만 아니라 그들의 사상까지도 시각적으로 보여준다. 그래서 작가 왕쩡치(汪曾祺)는 "후통, 스허위엔은 베이징 시민의 주거양식이자 베이징 시민의 문화형태이다. 통상적으로 베이징 시민문화는 후통 문화를 가리킨다고 말한다. 후통 문화는 설혹 베이징 문화에서 가장 주요한 것은 아닐지라도 중요한 일부이다"[34]라고 말한다.

후통 문화에 관한 이런 언급은 도시문화부호의 기능을 정확하게 표현해준다. 도시문화 중 가장 현저하게 드러나는 문화부호는 단지 시민의 일상생활을 규범할 뿐만 아니라 그들의 사상까지도 구성해낸다. 이렇듯 문화부호는 베이징 도시문화 이미지를 선명하게 설명하고 광범위하게 전파한다.

1930년대 말 린위탕(林语堂)이 파리에 거주하면서 완성한 소설 『경화연운(京华烟云)』은 도시 베이징의 아름다움을 표현한다. 베이징의 스허위엔을 배경으로 한 소설은, 야오무란(姚木兰)을 통해 도시 베이징의 아름다움은 기후, 지리, 역사, 민속, 건축, 예술이 모두 구비된 집합적인 것이라고 서술한다. 그의 소설에서 도시는 기억에 의해 존재하는데, 도시를 오랫동안 기억 속에 남기는 것은 도시의 문화부호다. 도시는 때때로 일련의 현저한 문화부호를 통해 사람의 내면에 특별한 기억으로 남겨지고, 문화부호는 인간의 내면에서 그 도시를 다시 환기해낸다.

후통, 스허위엔이라는 베이징의 문화부호는 현실에선 어쩔 수 없이 소실되고 있지만 이 문화부호들은 문화매체를 통해 여전히 강하게 유지되면서 끈질긴 생명력을 자랑하고 있다. 예를 들면, TV드라마 〈수다쟁이 장따민의 행복한 생활(贫嘴张大民的幸福生活)〉(1998)은 류헝의

34 汪曾祺, 「胡同文化」, 『汪曾祺全集』(第6卷), 北京师范大学出版社, 1998, p.19.

동명 소설[35]을 바탕으로 후통 생활을 잘 반영한 작품이다. 이 TV드라마는 후통이 철거되고 아파트로 이주해가던 당시의 시대 상황을 재현함으로써, 아파트로 이주한 후 예전의 후통 생활에 대한 향수를 간직하고 있던 베이징 시민들로부터 많은 호응을 얻었다.

또한, 티에닝의 소설[36]을 동명의 TV드라마로 각색한 〈영원은 얼마나 먼가(永远有多远)〉(2001) 역시 점차 사라지는 후통과 후통의 정신을 주인공 여성을 통해 서술하고 있다. 비록 현실의 후통은 사라져가고 있지만 대중문화는 후통이라는 장소와 후통의 생활을 재현함으로써 후통을 베이징의 전통문화와 생활을 상징하는 문화부호로 존속, 발전시켰다.

다위엔(大院)을 베이징의 대표적인 문화부호로 성장시킨 것도 대중매체였다. 중화인민공화국 건립 이후 혁명 간부와 지식인이 베이징에 입주하면서 신베이징인이 탄생했는데, 이들이 거주하는 곳은 베이징의 전통 생활공간인 후통이 아니라 다위엔이었다. 다위엔의 생활을 재현한 영화 〈햇빛 쏟아지던 날들(阳光灿烂的日子)〉(1993)은 사회주의 시기 1970년대 초반의 베이징 풍경을 보여준다.

이 영화는 다위엔 출신의 작가 왕쑤오(王朔)의 소설 『사나운 짐승(动物凶猛)』을 원작으로 삼았는데, 소설은 1960, 70년대 베이징 창안제와 그 부근 후통의 지도를 그릴 수 있을 정도로 상세하게 그려냈다. 하지만 군부대 다위엔 출신의 영화감독인 지앙원(姜文)은 다위엔을 배경으로 1970년대 사회주의 일상과 자신의 성장기를 그려내는 데 영화의 초점을 맞추었다. 영화는 중국 사회주의 시기 공산당 간부들이 살았던 집안의 가구 배치까지 고증을 거쳐 보여주며, 일상생활이 대체로 비슷

35 刘恒, 「贫嘴张大民的幸福生活」, 『北京文学』, 1997年第10期.

36 铁凝, 「永远有多远」, 『十月』, 1999年第01期.

[그림 2-30] 정부정책으로 보수작업이 진행 중인 동쓰 후통(2018년 4월)

[그림 2-31] 난궈구샹, 정리된 후통의 모습(2018년 5월)

했던 당시 다위엔의 생활을 그려낸다. 담장으로 둘러싸여 나름 웅장했던 다위엔의 모습을 제대로 재현하지 못했다는 지적을 받기도 했지만 영화는 나름 사회주의 시기의 일상을 충실히 재현해냈다. 이 영화의 등장 이후 1970년대 말부터 1990년대 초까지의 다위엔 생활을 그리는 TV드라마들이 잇따라 방송되었다. 〈청춘과 관련된 날들(与青春有关的日子)〉(2006), 〈다위엔의 아들과 딸(大院子女)〉(2007) 등을 통해, 중국 사회주의 시기 다위엔의 일상은 대중문화에 빈번히 등장하는 하나의 콘텐츠가 되었다.

베이징 출신의 영화감독 닝잉(宁瀛)은 1990년대 베이징을 대상으로 〈즐거움을 찾아서(找乐)〉(1992), 〈순경 이야기(民警故事)〉(1995)와 〈나는 베이징을 사랑해(夏日暖洋洋)〉(2000) 등 세 편의 영화를 만들었다. 이 세 영화는 1990년대 베이징 도시의 변화, 생활의 변화, 가치관의 변화를 담고 있다.

영화 〈나는 베이징을 사랑해〉에서 주인공인 택시기사가 실연으로 흐느끼자 여승객은 "기사 양반, 당신 실연했어요?(师傅, 你失过恋吗?)"라고 묻는다. 닝잉은, 기사가 느끼는 실연의 감정을 통해 베이징의 익숙한 생활, 사람, 장소를 모두 잃어버린 감독 자신의 감정을 표현한다. 한편, 예광친의 동명의 소설[37]을 드라마로 만든 〈차이상즈〉는 베이징의 고건축물과 그 건물들을 지탱하고 있는 장소의 중요성에 대해 언급하면서, 장소의 역사기억을 표출하고 있는 고건축물을 무분별하게 철거하는 도시개발 정책을 비판한다.

이들 대중문화는 과거의 소비에 적합한 감정을 환기할 뿐이라고 비판할 수도 있다. 하지만 이 대중문화들은 급격하게 변하고 있는 베

37 叶广芩, 『采桑子』, 北京十月文艺出版社, 1999. 이를 바탕으로 한 TV드라마 〈采桑子之妻室儿女〉는 2009년에 방영되었다.

이징에서 라오베이징(老北京), 라오베이징의 도시문화부호를 재발견하고 그 가치 또한 재평가해야 한다고 주장한다. 그리고 세계도시를 지향하는 베이징은 마땅히 새로운 문화에 상응하는 일련의 부호들을 만들어내야 하지만, 이런 문화부호는 베이징의 특유한 지역성을 내장하고 있는 것이어야 한다는 점을 반복해서 강조한다.

5. 세계도시를 향한 베이징의 전략

새로운 세계 정치와 경제 상황하에서 베이징은 세계도시로 도약하려는 목표를 구현해가고 있다. 베이징이 건설하려는 세계도시의 성격과 이를 향한 발전 양상에 대한 연구는 중국의 굴기와 중국 도시들의 발전이 지닌 현실적 의미와 역사적 의의를 탐구한다는 의미를 지닌다.

베이징은 G2로 급부상한 국가의 수도로서 금융과 과학, 문화가 중심이 되는 새로운 도시발전을 도모하고 있다. 2008년 베이징올림픽의 성공적인 개최는 도시의 종합적인 경쟁력과 국제 영향력을 극대화하는 데 기여했다. 베이징은 "녹색 올림픽(绿色奥运), 과학기술 올림픽(科技奥运), 인문 올림픽(人文奥运)"이라는 베이징올림픽의 3대 이념을 녹색 베이징(绿色北京), 과학기술 베이징(科技北京), 인문 베이징(人文北京)의 3대 발전 전략으로 치환했다. 베이징은 2008년 올림픽의 정신을 세계도시 건설을 위한 기본적인 함의와 자산으로 활용하고 있다. 중국은 베이징올림픽이 베이징 발전의 신기원을 여는 결과를 낳았다고 평가하고 있다. 올림픽은 베이징의 세계도시 건설에 상당한 영향을 끼친 역사적 계기라는 것이다. 올림픽을 발판으로 한 베이징의 세계도시 건설을 세계로 향하는 통로를 여는 새로운 기점으로 삼겠다는 것이 중국의 전략인 셈이다. 여기에다, 2009년 베이징은 국제금융 위기의 충격에 비교적 성공적으로 대처하면서 경제발전에 있어 한 단계 더 비약하게 되었다.

이미 1993년 10월 6일 국무원(国务院)이 비준한 「베이징 도시 총체계획」에서, 베이징을 세계적 수준의 역사문화 도시, 현대 국제도시로 건설하겠다는 의지를 명확하게 드러냈다. 그리고 2005년 국무원은 「베이징 도시 총체계획(2004-2020)」[38]을 통과시키면서 베이징 도시발전의 목표를 국가 수도, 세계도시, 역사문화 도시와 주거에 적합한 도시로 명확하게 규정했다. 베이징과 세계도시 사이에는 여전히 격차가 존재하지만, 이런 격차는 부단히 줄어들고 있다고 믿는다.

여기서 격차 축소란 베이징이 세계도시로 도약하는 것은 단순한 시간의 문제일 뿐이라는 의미가 아니다. 베이징을 세계도시로 건설하는 것은 단지 세계도시로서의 일반적인 조건을 충족시킨다는 의미가 아니라 도시 베이징의 특색과 정체성을 구비해야 한다는 것을 의미한다. 베이징 역시 이를 더욱 분명하게 인식해가고 있다. 격차 축소의 의미 중 놓치지 말아야 할 것은 베이징의 이러한 자각과 노력이다.

베이징의 세계도시 건설은 중국의 급속한 굴기와 불가분의 관계에 있다. 중국은 정부 주도 경제와 시장경제가 공존하는 중국 특유의 경제적 환경과 수도 베이징의 특색, 독특한 정체성을 결합하는 새로운 발전 모델을 구축하려 하고 있다. 이를 토대로, 베이징은 미래 20-30년 사이 세계 정치교류 중심, 국제 경제관리 중심, 세계 창의도시, 세계 문화도시, 세계 저탄소도시로 성장하여 세계도시로 자리매김하겠다는 청사진을 펼쳐 보이고 있다.

38 北京市人民政府, 「北京城市总体规划(2004-2020)」, 『北京规划建设』, 2005年第02期.

제3장

시안,
문화고도에서
국제화 대도시로

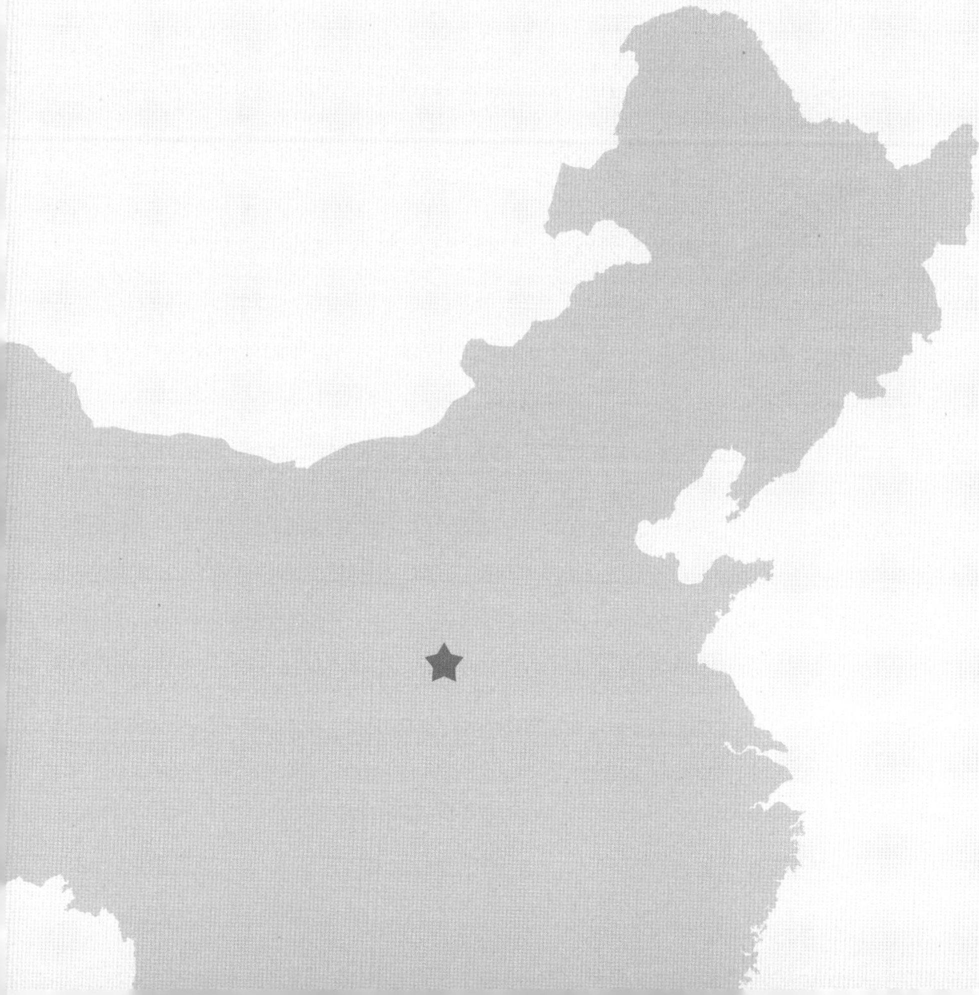

1. 일대일로 정책과 시안

2008년 국무원(国务院)은 「시안 도시 총체계획(2008-2020)」[1]을 통해 시안을 역사문화 특색을 가진 국제적 현대화 대도시로 건설한다고 선언했다. 이어서 2009년 6월 10일 국무원의 동의를 거쳐 국가발전과 개혁위원회(国家发展和改革委员会)는 「관중-톈수이 경제구 발전계획(关中-天水经济区发展规划)」[2]을 비준했다. 이 계획은 "시안과 셴양(咸阳) 일체화를 급속하게 추진하여 시안을 국제화 대도시로 건설하는 데 주력한다"고 천명했다.

국제화 대도시의 기초를 마련하기 위해 시안이 주목한 것은 자신이 지니고 있는 역사문화자원이었다. 시안은 아테네, 로마, 카이로 등과 함께 세계 4대 문명고도 중 하나로 "3,100여 년의 도시사와 1,100년의 도읍사를 가진 역사문화도시"이다.[3] 시안은 주(周), 진(秦), 한

1 西安规划局, 「《西安城市总体规划(2008-2020年)》概要」, 『建筑与文化』, 2008年第07期.

2 国务院, 「关中-天水经济区发展规划」, 『西部大开发』, 2009年第07期.

3 裴成荣, 「西安城市空间布局及国际化大都市发展战略研究」, 『人文杂志』, 陕西省社会科学院, 2011年第01期, p.186. "西安是一个拥有3100年建城史,

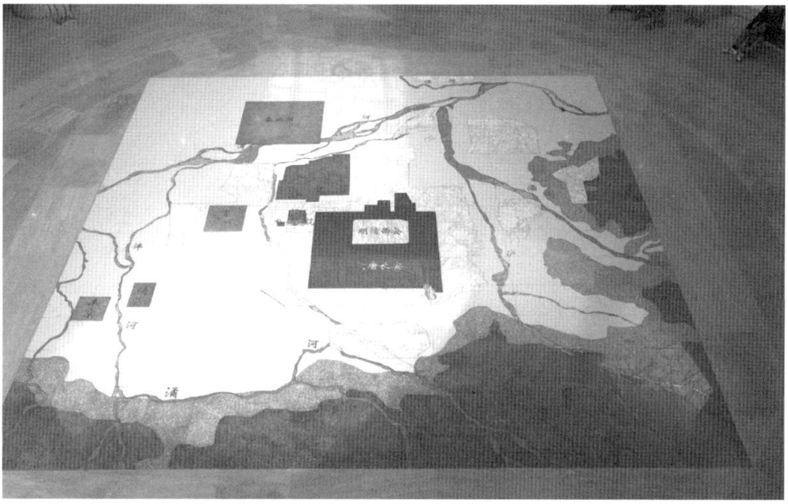

[그림 3-1] 시안 도읍 변천도(시안 박물원)

(汉), 당(唐) 등 중국에서 가장 강력했던 왕조들의 수도였으며, 천 년 이상 동안 도읍지였다. 이로 인해 시안은 지금도 보유한 역사문화자원이 풍부하고 보존상태 또한 양호한 편이다. 게다가 고고학의 부단한 발전으로 시안의 문화유산은 날로 더 많이 발굴되고 있는데, 이로 인해 시안은 중국의 문화전통을 상징하는 도시처럼 여겨졌다. 시안이 역사문화 유산을 국제화 대도시 건설과 도시 경쟁력 확보의 핵심으로 간주한 것은 당연한 도시 전략이기도 했다.

여기에 최근 중국 중앙정부의 국가건설 전략이 힘을 보탰다. 시진핑(习近平)의 '일대일로(一带一路)' 정책은 실크로드에 새로운 시대적 함의를 부여했는데, 이 정책은 단순한 구호나 선언에 그치지 않고 구체적인 성과로 이어졌다. 2014년 중국, 카자흐스탄, 키르기스스탄 등 3

1100年建都史的历史文化名城.”

국이 연합하여 신청한 '실크로드: 창안-텐산 도로망'[4]이 세계문화유산으로 선정되었다. 연이어 2015년 중국정부가 선포한 「실크로드 경제권과 21세기 해상 실크로드의 건설추진을 위한 전망과 행동(推动共建丝绸之路经济带和21世纪海上丝绸之路的愿景与行动)」은 "시안을 내륙형 개혁개방의 새로운 고지로 만들자(打造西安内陆型改革开放新高地)"고 확정한다. 고대 실크로드의 기점도시인 시안을 새로운 유라시아 대륙교량의 중요 도시로 조성하겠다는 것이었다. 이때 시안은 고대 실크로드의 기점에서 미래 실크로드 경제권의 기점으로 새롭게 재배치되었다.[5] '일대일로' 정책을 통해 시안은 고대 실크로드의 기점이라는 특유의 정체성을 회복하면서 재의미화되었는데, 실크로드 주변 국가와의 교류와 무역을 강화하고 실크로드 국제관광, 국제교육을 촉진하는 국제화 대도시의 지위를 복원한다는 것이 시안 재의미화의 내용이었다. '일대일로' 정책으로 인해 시안은 중국이라는 국가 내의 도시가 아니라 중앙아시아, 서아시아, 유럽, 그리고 중국 주변 국가와의 문화교류 무대에서 지정학적으로 중요한 위치를 점유한 도시로 격상될 기회를 맞이하고 있다. 시안은 단기간 내에 연해 대도시의 공업화·도시화 수준에 도달하기는 쉽지 않지만 국가의 '일대일로' 정책을 배경으로 삼아 도시의 문화자원과 문화산업을 강화함으로써 실크로드를 통한 국제화·개방화의 효과를 거둘 수 있다고 판단하고 있는 셈이다.

중국 내륙도시의 전통적인 폐쇄적 발전전략으로 인해 현재 시안의 국제화와 서비스 수준은 상대적으로 낙후된 편이다. 이에 시안은

4 武永明, 「"丝绸之路: 起始段和天山廊道的路网"申遗成功」, 『甘肃经济日报(兰州)』, 2014.06.23.

5 希轩·吴绍礼, 「西安主动融入"一带一路"大格局(丝路聚焦)」, 『人民日报海外版』, 2014.11.28.

'일대일로'라는 중앙정부의 개방발전 전략에서 내륙형 개혁개방의 새로운 고지(内陆型改革开放新高地)[6]를 점유하기 위해 도시의 역사문화 유산을 적극 활용하려 하고 있다. 시안은 일대일로 정책이 제공한 기회를 살려 '제13차 5개년(十三五: 2016-2020)' 기간 동안 실크로드 경제권의 신기점으로 재부상하여 국제화 대도시로 발전하겠다는 구상을 추진하고 있다. 특히 '하나의 고지, 여섯 개의 중심(一高地六中心)' 건설을 목표로 삼는데 '하나의 고지(一高地)'는 시안을 실크로드 경제권 개발과 개방의 고지로 만든다는 것이다. 그리고 '여섯 개의 중심(六中心)'이란 시안을 금융·상업·무역·물류센터(金融商贸物流中心), 기계제조업센터(机械制造业中心), 에너지·저장·운송센터(能源储运交易中心), 문화관광센터(文化旅游中心), 과학·기술·연구개발센터(科技研发中心), 고급인재 양성센터(高端人才培养中心)로 건설하겠다는 의미이다.

이처럼, 중국 중앙정부는 시안을 실크로드 경제권의 새로운 기점, 중국 서부지역의 새로운 개방 창구로서의 국제화 대도시로 정위시키려 하고 있다. 이를 위해 채택된 구체적인 실천 전략은 시안을 '풍부한 역사문화의 국제화 대도시'로 재위치시키는 것이라 할 수 있다. 시안은 국제적 측면에서는 성당(盛唐)의 문화를 특징으로 한 동양문화의 도시로 규정되는 한편, 국내(중국)적 측면에서는 서부 창조도시로 규정되었다. 이러한 동양문화의 고도, 서부 창조도시라는 도시 정체성을 통해 시안을 국제화 대도시로 성장시키겠다는 것이다.

여타의 중국 고도들과 마찬가지로 시안 역시 도시 정체성 구축을 위해 전통문화 복원 등 다양한 문화사업과 문화주도적 발전정책을 통한 도시재생을 기획, 실천하고 있다. 발굴되고 재현되는 역사문화 유

6 李琪·朱楠, 「"一带一路"战略下西安开放开发新高地规划建设策略」, 『规划师』, 2016年第02期, p.32.

산은 시안의 도시 정체성을 동양문화의 고도, 서부 창조도시로 규정하기 위한 물질적·정신적 토대로 기능하는 셈이다. 이에 이 장에서는 시안이 도시 재개발 과정에서 도시공간을 어떻게 재배치하며 이를 통해 도시 정체성을 어떻게 재구성하는지, 그리고 역사적 경관 복원사업을 통해 도시문화 경관이 어떻게 연출되는지를 살피고자 한다. 그리고 이를 문화텍스트에서 시안의 도시문화가 재현되는 양상과 연계하여 종합적으로 고찰하고자 한다.

2. 도시계획으로 본 시안의 정체성: 문화고도에서 국제화 대도시로

중국에 있어 시안을 국제화 대도시로 건설하는 작업은 중국의 국제 영향력 제고뿐만 아니라 중국 내 지역 간의 협력발전과 서부대개발을 위해서도 절실히 필요한 것이라 할 수 있다. 개혁개방 이후 중국 동남연해 일대의 각 도시들이 급성장한 반면 내륙의 도시들은 상대적으로 더디게 발전함에 따라 동서의 격차는 갈수록 벌어졌다. 서부지역의 발전을 촉진하여 동서의 격차를 해소하고 샤오캉(小康) 즉 중류층이 중심이 되는 사회건설을 보장하기 위해 중국은 20세기 말 서부대개발 전략을 실시했다. 이후 십여 년 동안 중국 서부는 상당한 발전을 이루었지만, 동부지역과 비교하면 여전히 현격히 낙후된 실정이었다. 서부지역은 중국의 중요한 에너지 공급지이자 소수민족의 밀집구역이기 때문에 중국은 경제발전을 안정적으로 지속시키기 위해서는 서부개발에 박차를 가해야 하는 상황이었다.

이런 상황에서 2009년 국무원(国务院)은 「관중-톈수이 경제구 발전계획」을 비준했다. 이 계획은 시안(셴양) 국제화 대도시 건설을 핵심으로 삼았다. 공간발전의 기본 구조는 "하나의 핵, 하나의 축, 3개의 방사(一核·一轴·三辐射)"였는데, 핵심도시, 부핵심도시, 3급도시, 중심 읍(镇)과 일반 읍 등 5개 조직으로 도시와 읍 체계를 구축한다"[7]는 것이었다. 그리고 2020년까지 시안을 인구 천만 명 이상의 국제화 대도시로 건설하고자 했다. 시안 국제 현대화 대도시 발전의 내용은, 이러한 국가전략에 의거해 국제 현대화 대도시 공간구조에 걸맞은 도시공간 배치를 가속화하는 것이었다.

시안의 도시공간은 중국 건국 이후 네 차례에 걸친 도시계획이 누적되어 형성된 것이었다. 그리고 도시의 발전전략과 도시경관 구성전략은 시안이라는 도시의 정체성에 대한 관심과 깊이 관련되어 있었다. 1953년, 시안은 공업화 건설 중점도시의 하나로 확정되었고 그래서 전(前) 소련 도시계획이론과 방법을 참고하여 첫 도시계획 「시안시 1953-1972년 도시 기본계획(西安市1953-1972年城市总体规划)」을 수립했다. 이 기본계획은 시안의 성격을 정밀기계 제조업과 방직공업의 도시로 정립했고 도시공간 구조는 구도심을 중심으로 고성의 중축선 대칭 양식을 계승했다. 구도심에는 행정과 상업지구가 배치되었고, 방직공장, 전자 지역(电子城), 교육지구, 물류단지가 동서남북의 교외에 각각 자리 잡았다. 이후 시안은 정밀기계 제조와 방직을 위주로 하는 공업도시로 발전해갔다. 여기서 주목해야 할 사실은 시안은 공업도시로 변모해갔지만 역사문화 유산을 희생시키지 않았다는 점이다. 도시 건설은 주·진·한·당시대의 4대 유적지역을 피하면서 추진되었고 당 창안성(唐长安城)의 바둑판 도로망과 중축선 대칭의 전체적인 구조, 그리

7 国务院, 「关中-天水经济区发展规划」, 『西部大开发』, 2009年第07期. "构筑一核, 一轴, 三辐射的空间发展框架体系, 建设由核心城市, 次核心城市, 三级城市, 重点镇和一般镇五级组成的城镇体系."

고 명 성벽 등과 같은 전통적인 도시공간 구조를 완전하게 보존, 유지하면서 전개되었다.

2차 도시계획은 1980년대 개혁개방 이래 새로운 경제건설 발전의 요구에 대응하기 위해 마련되었다. 「시안시 1980-2000년 도시 총체계획(西安市1980-2000年城市总体规划)」에서 시안은 고도의 경관을 유지하면서 방직, 기계공업 위주의 과학연구를 발전시킴으로써 문화와 교육, 관광산업이 발달한 현대적 도시를 건설하겠다는 목표를 설정했다. 그리고 폐쇄적인 내륙형 도시에서 개방형 도시로 변화하려는 움직임을 보였다. 도시공간 구조는 구도심을 중심으로 신개발지구가 발전하는 방향으로 기획되었다. 유적, 고건축 등 역사적 가치가 있는 관광명소들은 보존, 보호, 복원, 개축과 신축개발 등 각 단계별 대응전략과 결합하였는데, 특히 당 창안성과 명 시안성(明西安城) 등을 통해 고도로서의 전통적인 특색을 유지, 강화하고자 했다. 1991년에는 남쪽의 교외, 북쪽의 교외에 첨단과학 기술산업 개발구와 경제 기술 개발구를 건설했다.

제3차 도시계획은 1990년대 중반 국가의 서부대개발 전략 추진에 협력하기 위해 마련되었는데 구체적인 내용은 1996년의 「시안시 1995-2010년 총체계획(西安市1995-2010年总体规划)」에서 확인할 수 있다. 이 계획에서 시안은 자신을 세계적으로 유명한 역사도시, 중국의 중요한 과학연구, 고등교육 및 첨단과학기술 산업기지, 서부지역 최대의 도시로 규정하면서 현대화 국제대도시를 목표로 세운다.

제4차 도시계획의 특징은 "9궁 구조(九宫格局)"의 도시공간 구조를 명확하게 함으로써 역사문화 도시의 면모를 더욱 강화한 것이었다. 21세기 서부대개발로 말미암아 시안은 2008년 말 도시계획을 수정했다. 「시안시 총체계획(2008-2020)」[8]에서 시안은 자신의 정체성을 세계 역사문화 도시, 중국문명의 역사공원으로 세계 여행의 도시, 그리고 중국 서부의 가장 중요한 현대화 중심도시이자 서부지구 교통의 거점

도시로 규정했다. 도시공간 구조는 "9궁의 구조, 바둑판 도로망, 중축선이 부각되고 한 도시에 여러 중심이 있는(九宫格局, 棋盘路网, 轴线突出, 一城多心)" 양식을 확립했다. 도시 전체가 큰 범위의 9궁 구조로 짜여 고대문명과 현대문명이 서로 조화되고 구도심과 신시가지가 각자의 면모를 자랑하는 형태를 띠도록 기획되었고, 인문자원과 생태자원, 역사문화와 현대문명이 조화로운 대도시의 면모를 부각하고자 했다.

전체적으로 볼 때, 이러한 네 차례의 도시계획은 단중심→쌍중심→일체화(单中心→双中心→一体化)로 변화되었다. 그리고 이러한 도시계획의 변화는 국제화 대도시 건설의 중추전략으로 문화산업에 부가되는 역할이 점점 더 증가하는 과정이었다. 시안의 문화산업 개발은 비교적 늦은 시기인 1990년대 후반에 시작되었다. 이때서야 시안은 "서부 문화산업 중심도시(西部文化产业中心城市)"[9]로의 발전을 강조하면서 문화산업에 중점 투자하고 지주산업으로 발전시키기 시작했다. 최근 들어 시안의 문화산업은 급속도로 발전했고 현대화 문화설비의 중점사업이 본격적으로 전개되기 시작했다.

시안은 역사문화 유산을 적극 활용하는 문화산업을 성장시켜 중국의 역사와 문화를 대표하고 상징하는 도시로 성장하고자 한다. 이 계획의 궁극적인 지향점은 시안을 중국 안의 일개 도시가 아니라 중국문화를 대표하는 세계적인 역사문화 기지로 건설하는 데 있다. 이런 목적에 걸맞게 시안이 복원하고 재현하는 역사문화 역시 세계적 대도시의 면모를 강조한다.

시안이 도시의 국제 경쟁력을 강화하기 위해 선택하고 활용한 역

8 西安市规划局, 「西安城市总体规划(2008-2020年)概要」, 『建筑与文化』, 2008年第07期, pp.11-19.

9 张静, 「让文化产业为西安创建新的辉煌功业」, 『西安晚报』, 2005.01.18.

사문화는 성당문화(盛唐文化)다. 성당, 대당 태평성세와 활발한 국제교류의 역사를 복원하거나 재현함으로써 현재의 시안이 지향하는 도시 정체성을 과거에서 발굴하고자 한다. 다밍궁 국가유적공원, 대당부용원, 대당의 역사를 재구성한 가무극인 〈몽회대당(梦回大唐)〉, 당의 시인과 인물의 조각으로 구성된 거리인 대당불야성(大唐不夜城) 거리 등

[그림 3-2] 시안이 번화했던 당시대의 역사문화를 복원한 대당불야성 거리(위)
[그림 3-3] 시안이 가장 전성기였던 당대 개원 시기를 기념한 개원광장(아래)

이 이런 시도의 일환이다. 그리고 시안은 당 시대 문화를 주제로 삼은 시안 취장신구(西安曲江新区)를 건설하는데, 2002년 이후 우선 130여 억 위안(元)을 투자하여 취장신구에 6대 유적공원 즉 당대 츠언쓰(唐大慈恩寺), 당 성곽(唐城墻), 당 부용원(唐芙蓉园), 취장츠(曲江池), 취장한야오(曲江寒窑), 진이세릉(秦二世陵)을 연이어 개장한다.[10] 나아가 고성

[그림 3-4] 당의 황실정원을 복원한 대당부용원(위)
[그림 3-5] 성당의 예술문화를 재현한 대형가무극 〈몽회대당〉(대당부용원 봉명구천극장)(아래)

[그림 3-6] 당시대 실크로드 문화의 기점이었던 원래의 장소에 복원된 대당서시박물관

부흥 계획(古城复兴计划)을 추진하여 성내에 있었던 주(周)·진(秦)·한(汉)·당(唐)의 주요 건축물들을 복원하고 있다. 당(唐)시대의 츠언쓰 건축군을 중심으로 조성된 다옌타 남·북광장, 수·당의 부용원(芙蓉园) 유적지 위에 건설된 대당부용원, 대당불야성, 당시대 창안(长安)의 서시(西市)와 다밍궁 국가유적공원이 그것이다.

대당부용원과 다밍궁 국가유적공원의 예를 통해 시안이 국제화 대도시로서의 정체성을 확립하기 위해 대당(大唐)의 태평성세를 재현하여 활용하는 양상을 살펴보자.

1) 대당의 태평성세를 주제로 복원한 문화경관들

시안의 역사에서 성당(盛唐) 기상의 전형이자 대표, 성당문화와 예술

10 西安曲江新区管委会官网. http://qjxq.xa.gov.cn/(검색일: 2019.10.29.)

의 보고는 취장(曲江)이다. 취장은 성당 황실 정원을 일컫는데, 진·한(秦汉)에 시작되어 수·당(隋唐)에 번성한 천 년 이상의 고전적 정원을 집대성한 것이라 할 수 있다.

그러나 취장은 문화대혁명과 2차 산업 위주의 경제발전 전략으로 인해 파괴되고 망각되었다. 이후 개혁개방, 서부대개발 등을 배경으로 삼아 도시 정체성을 발굴하여 가시적인 경관으로 재구성하기 위한 노력이 시작되었을 때 시안은 다시 취장에 주목했다. 2002년 취장 관리위원회(曲江管委会)는 취장을 복원하기 위해 '창안부용원(长安芙蓉园)'을 건설하기로 결정한 후 8개월 동안 연구조사를 진행했다. 이후 2003년 4월 '대당부용원'으로 개칭하면서 성당 황실 정원을 복원한 문화주제공원의 건설을 추진하게 되었다. 세계 각지의 화교를 "탕런(唐人)"이라 하거나 화교가 결집되어 있는 지역을 탕런제(唐人街)라 하는 데서 알 수 있듯, 중국이 가장 자랑스러워하는 문화는 당(唐)시대의 문화이다. 따라서 시안이 대당부용원의 건설을 통해 당시대의 문화를 도시 정체성의 핵심으로 재배치하게 된 것은 단지 시안이라는 한 도시의 역사와 정체성만을 고려한 결과가 아니라 시안이라는 도시를 중국이라는 국가 전체의 역사와 민족 정체성의 상징 혹은 중심으로 재구성하려는 의도와 깊이 관련된다. 당시대는 중국문화가 부흥하던 중요한 시기이기에 중국민족의 문화 전성기를 상징하는 성당문화의 복원사업은 중국민족의 자신감을 재구성하는 중요한 작업이라는 의미를 갖기 때문이다.

2004년 들어 대당부용원은 시안의 중요한 건설 프로젝트이자 산시성(陕西省) 관광자원 개발의 핵심적인 사업으로 확정되었다. 당시대의 정원과 건축군을 복원하려는 이 사업은 당시대 건축의 보물이자 오늘날 시안의 상징이기도 한 다옌타(大雁塔)를 중심으로 진행되었으며, 중앙정부에서 비준한 시안 취장 일대 도시계획에 중요한 내용으로 포

[그림 3-7] 시안시의 황성부흥계획하에 복원된 취장츠 유적공원

[그림 3-8] 대당부용원의 자운루

함되었다. 1,300여 년을 넘게 자리를 지키고 있는 다옌타를 비롯해 당시대의 건축물들은 중국의 대표적인 동방건축의 정점, 세계가 공인하는 예술적 보배라고 칭송되었고, 이에 따라 성당 중심의 역사문화 복원사업과 도시계획은 정당성을 획득해갔다. 대당부용원은 주변의 여러 관련 건축물들 즉 다옌타광장, 대당불야성, 산시 민속대관원(陕西民俗大观园), 산시 희곡대관원(陕西戏曲大观园), 산시 문학예술대관원(陕西文学艺术大观园), 당 성곽 유적공원(唐城墙遗址公园), 실크로드 조각원("丝绸之路"雕塑园) 등과 결합되어 당시대 문화 관광지구를 구성했다.

[그림 3-9] 시안을 상징하는 다옌타

시안의 이런 적극적인 변화와 움직임은 국외적 요인에 자극받아 촉진된 것이기도 했다. 1994년, 일본 교토는 당시대의 창안을 모방하여 건설된 헤이안쿄 유적 일대를 세계 최대 규모의 당시대 양식의 건축군으로 수리, 재건하여 세계문화유산으로 등재시켰다. 일본 교토의 이런 선제적인 행위는 중국 시안에겐 하나의 도전이 되었고 이에 시안은 성당의 문화와 건축군을 복원하는 사업으로 대당부용원을 기획하게 되었다.

복원된 당시대 건축군 중 대당부용원 이외에 또 하나 눈여겨보아야 할 것은 다밍궁 국가유적공원이다. 시안의 계획에 의하면 다밍궁은

[그림 3-10] 당의 문화를 상징적으로 복원한 다옌타 남광장(위)
[그림 3-11] 음악 분수쇼가 이루어지는 다옌타 북광장(아래)

당 창안성 관광구역에 속한다. 당조는 당시 세계적인 대국이었고, 시안은 주·진·한·당 문명의 도읍지로 정치적 개방과 경제적 번영, 문화적인 다원화를 구가하던 세계적인 대도시였다. 그리고 다밍궁은 당 창안성 내 3개 궁전 중 하나로 대당제국의 정치적 중심이었다. 하지만 당

[그림 3-12] 과거에 급제하면 다옌타에 이름을 새기는 당(唐)대 풍속인 안탑제명(雁塔題名)을 재현하였다.(산시 민속대관원)

조의 멸망과 더불어 다밍궁은 쇠락의 내리막길에 접어들어 20세기 초반까지 1,300년 동안 폐허로 남게 되었다.

1935년 룽하이철도[11]가 개통되면서 다밍궁 유적지는 허난성(河南省) 이주민들이 자리잡게 되어 도시빈민이 거주하는 열악한 환경의 다오베이지구(道北地区)로 점차 변모했다. 1950년대에서야 비로소 다밍궁 유적지의 고고학적 발굴작업이 시작되었고 1979년에 다밍궁 관리소가 설치되었다. 본격적인 복원사업은 21세기 들어 시작되었다. 2005

11 룽하이철도(陇海铁路)는 간쑤성(甘肃省, 룽(陇)은 간쑤성의 약칭이다) 란저우(兰州)에서 장쑤성(江苏省) 롄윈샹(连云港, 옛 이름은 하이저우(海州)이며 약칭은 하이(海))까지 이어지는 철도다. 1905년에 철도 건설이 시작되어 40여 년간 부분적으로 건설되다가 1952년에 전체 노선이 완공되었고 1953년 8월부터 전 노선이 운행되었다. 이 노선은 쉬저우(徐州), 상치우(商丘), 카이펑(开封), 정저우(郑州), 뤄양(洛阳)과 시안 등을 경유한다.

[그림 3-13] 친치앙(秦腔) 〈오전파탐요(五典坡探窑)〉

년에 철거작업과 다밍궁 유적환경 정비가 실시되었고 2007년에는 전면적으로 다밍궁 국가유적공원 건설사업이 전개되었다. 2000년대 들어 급격하게 진행된 노력의 결과로 2010년 다밍궁 국가유적공원이 정식 개장하게 되었다. 이 과정을 요약하면, 황실의 궁전에서 폐허로 다시 지저분한 거주지역으로 그리고 현재 도시유적공원으로 변신한 다밍궁은 과거의 영예를 증명하고 환기하는 공간으로 기능하고 있다.

다밍궁 국가유적공원은 과거의 다밍궁을 있는 그대로 복원하는 데 치중하지 않았다. 오히려 공원을 설계하면서 다밍궁의 역사적 변천을 공간적으로 표현하고자 했다. 예를 들면, 과거 선정전(宣政殿)과 자신전(紫宸殿)을 복원하는 대신 이 건축물들이 있었던 빈 공간엔 나무를 심었다. 이 같은 결정은 "역사적 면모와 중요 문물 고적을 보호한다는 대전제하에 잠재적인 문화를 표출하여, 서적 속의 문화를 걸어나오고 살아 움직이게 하여 읽고 느끼고 소비할 수 있는 문화상품으로 만들고자 한다"[12]는 의도에서 비롯되었다.

[그림 3-14] 친치앙 단(旦: 여자 역)의 검보(脸谱: 중국 전통극 배우의 얼굴 분장)(위)
[그림 3-15] 망선대(다밍궁 국가유적공원)(아래)

뛰어난 자연환경을 구비한 시안시 취장 신구역의 성공적인 개발 방식과 자금 운영 방식은 다밍궁 복원에 참고할 만한 경험을 제공했

12 申丽娟,「大明宫历史文化资源转化为文化产业影响因素探析」,『丝绸之路』, 2010年第24期, p.107.

[그림 3-16] 복원된 단봉문(다밍궁 국가유적공원)(위)
[그림 3-17] 자신전 유적지(다밍궁 국가유적공원)(아래)

다. 그러나 다밍궁은 대당부용원 같은 역사보존 방식의 유적지와는 달랐고, 간단히 재건한 후 상업적으로 개발하는 방식도 취할 수 없었다. 다밍궁 복원 방식은 중국에서는 유례를 찾기 힘든 것이었다. 다밍궁을 다밍궁 국가유적공원의 형태로 복원할 때 시안이 유념한 것은, 실물 형태의 유물 전시만이 아니라 이에 부응하는 인문정신, 민속풍습, 의

례와 축제, 예술 등을 함께 표현하는 데 있었다.[13]

2) 시안 특유의 거리경관: 다탕통이팡

도시의 특유한 문화적 정체성과 생활습속은 유형의 물질문화 무형의 정신문화 등의 문화적 부호들 속에 내재해있다. 고도 시안 역시 시안 거리경관을 구성하면서 자신의 유구한 역사와 특유의 문화적 정체성을 강조하고자 한다. 이는 시안이 거리경관에 자신의 문화적 정체성을 각인시키고 있음을 의미할 뿐만 아니라 거리경관의 형성을 통해 시안의 역사와 문화를 도시의 문맥 안에서 계승하고자 한다는 것을 의미한다.

거리경관은 도시 정체성의 중요한 발현 매체 혹은 담지체라 할 수 있는데, 시안 역시 거리경관을 조성할 때 경관 조형양식과 도시문화의 일치성을 중요하게 고려했다. 시안은 거리경관 설계에서부터 우선 대량의 고대 조형물을 모형으로 만들어 설치함으로써 도시의 문화와 역사를 강조하고자 했다. 다탕통이팡(大唐通易坊)은 시안의 이런 노력이 집약되어 있는 거리인데, 청동기로 만들어진 화분, 가로등, 거리 양편에 늘어선 고대 건축 모방 건물들, 입구의 사패문 등을 통해 한(汉)·당(唐)대 문화의 분위기를 제공하고자 했다.

특히, 다탕통이팡은 조형, 색채, 재질 등의 방면에서 전통적 요소를 응용함으로써 시안의 역사·문화적 정체성을 가시화하려 한다. 시안이라는 도시의 정체성은 화려했던 과거를 전통이라는 이름으로 복원하려는 욕망과 긴밀히 관련되어 있다. 도시의 거리경관에 결박해놓

13 徐琴, 「高速城市化时期城市历史文化资源的保护与利用」, 『南京工业大学学报』(社会科学版), 2004年第03期, pp.39-40.

[그림 3-18] 고대 조형물을 모형으로 만들어 설치한 다탕퉁이팡 거리

은 전통이 도시 정체성의 건설과 문화에 어떻게 기여하고 있으며 도시 전체의 구성전략에 어떻게 활용되고 있는지를 살펴보자.

중국 13왕조의 도읍지였던 시안에는 역사건축이 많이 남아있는데 이 건축물들은 회색과 황갈색을 가장 많이 사용했다. 종러우, 구러우, 명·청시대의 민가, 고성벽의 주요 색은 회색과 황갈색이었다. 이 색채들은 시안 경관의 분위기에 적지 않은 영향을 미친다. 회색과 황갈색은 중후하고 평온한 느낌을 불러일으키고 고박한 분위기를 조성하면서 고도로서의 면모를 부각시킨다. "중국 전통문화에서 황갈색은 건축물에 장중하고 우아하고 선명한 이미지를 부여하고 경사, 부귀를 상징한다. 동시에 민간에서는 황색과 홍색을 숭상하는 가치관이 있기 때문에 색채의 사용에서 홍색, 황색, 회색은 특별한 의미를 갖는다."[14]

14 刘莹,「现代商品包装的色彩隐喻探析」,『包装工程』, 2009年第05期, p.142.

[그림 3-19] 구러우(위)
[그림 3-20] 종러우(아래)

거리경관의 색채는 도시 전체의 색채와의 조화를 고려하면서 선택된다. 시안의 다탕통이팡에 주로 사용된 색채는 황갈색 계열인데, 홍색과 황색을 결합시킴으로써 전통 고건축에 대한 존중을 드러내고자 했다. 이 색채는 시안의 농후한 역사문화 분위기를 표현하면서 '당 황성의 부흥(唐皇城的复兴)'과 연결된다. 이 색채는 대당의 화려한 도시경관을 부활시키려는 욕망, 자신의 도시에 대한 자존심에 부합하며 도시 이미지를 제고하려는 노력을 상징적으로 보여준다.

[그림 3-21] 샤오옌타(小雁塔)는 젠푸쓰(荐福寺) 경내에 있는 탑으로 다옌타와 같이 당대(707)에 만들어졌다. 원래 15층이었으나 지진으로 인해 현재는 13층만 남아있다.

다탕통이팡 입구의 문과 안내판의 색채는 모두 홍색과 황색 계열이고, 거리의 장식등과 가로등은 고색창연한 모습으로 재현되어 있다. 홍색은 성대했던 과거의 분위기를 호출하면서 기쁨을 표현하는 데 활용되고 있다. 또한 다탕통이팡 거리 입구의 표지판은 고대문자를 사용하고 있는데, 이를 통해 고대 역사문화를 효과적으로 전시하고 도시 정체성을 정립하고자 했다. 이 과정을 통해 도시 정체성은 단순히 과거로부터 전수받은 수동적인 것이 아니라 시민의 장소기억과 결합되어 도시와의 공감과 결속감, 소속감 등을 부여하는 생산적인 것으로 변모한다.

비단 다탕통이팡뿐만 아니라 시안 거리경관 전체가 전통적인 도형과 문자 및 풍속문화를 적극적으로 활용하고 있기에 시안의 거리경관 자체가 도시 정체성을 증명하고 적극적으로 표현하는 기제로 활용되고 있다. 이를 다탕통이팡과 연결된 다옌타 북광장(大雁塔北广场)과 다옌타 남광장(大雁塔南广场), 그리고 두 광장을 잇는 거리에서도 확인할 수 있다. 고박스러운 중국 특유의 서법과 조형들을 조각해 넣음으로써 거리와 광장은 고대 문화가 부활한 듯한 느낌을 부여하려 하며, 이 광장과 거리는 고대 건축양식의 특징을 부각한 주변의 건축물들과 자연스레 결합되어 시안의 고풍스런 경관을 조성하는 데 활용된다.

[그림 3-22] 홍색과 황색을 결합하여 전통 고건축의 미를 부각한 다탕통이팡 입구의 표지판

이러한 노력은 현재의 시안이 과거의 시안을 욕망하는 방식을 보여준다. 시안의 거리경관은 일종의 도시문화 메신저로 기능한다. 도시 전통이라는 이름으로 차용해온 과거의 색채와 문자, 도형 등은 무목적성의 현재 도시 정체성을 위한 것이 아니라, 화려하고 개방적인 동시에 중후하고 번성한 미래에 대한 도시 전체의 욕망에 봉사하는 동시에 유구한 역사, 문화와 건축물이라는 분명한 증거물을 통해 이 욕망에

정당성을 부여하는 데 기여하고 있다.

3. 대중문화 속의 시안 도시문화

중국의 여러 고도들은 과거의 문화, 풍속과 현대의 그것들의 충돌을 경험했고 각자의 방식으로 이 충돌을 타협시켜왔다. 베이징과 시안 역시 유구한 역사와 문화를 지닌 고도이지만 현대적 제도와 문화의 거역할 수 없는 도전에 직면하면서 큰 충격에 휩싸였다. 하지만 베이징은 1949년 이후 성벽이 철거되는 등 도시경관에 큰 변화가 발생한 반면 시안은 여전히 성벽을 보존하는 등 상대적으로 큰 변화 없이 고도의 면모를 유지했다는 점에서 두 고도는 차이를 보인다.

문학을 포함해 문화는 도시와 밀접하게 관련되어 있는데, 도시에 대한 문학적 상상과 문화적 기억은 개인과 도시의 관계뿐만 아니라 도시 정체성이나 도시경관에까지 영향을 끼치기 때문이다. 국가나 도시, 지역은 모두 특유의 문화부호를 지니고 있고 문학과 영상문화 등을 통해 지역 정체성과 이미지를 재현함으로써 지역문화를 부각하기도 한다. 이러한 지역문화는 예술가에게 직간접적인 영감을 제공하면서 지역 문화산업의 중요한 역할을 담당한다. "지역문화 특색은 어떤 예술작품에 있어서든 필수적이고 중요한 요소의 하나이며, 근원이고 핵심이고, 작중 인물들이 의존해서 살아가는 지역공간이며 물질세계이다. 그리고 작품 개성과 문화적 특징의 종합적 표현이며, 창작 주체의 타고난 문화적 유전자와 문화 정체성의 자연스런 표출이다."[15] 도시는 문학·문화적 재현을 통해 감성화되면서 도시에 대한 소속감을 강화하며, 이렇게 재편된 도시 정체성은 도시계획자의 기획을 통해 도시경관 재구성으로 환원된다. 이 과정에서 도시문화는 더욱 풍부해지고 경제

[그림 3-23] 중국 내 현존하는 규모가 가장 크고 보존상태가 완전한 시안의 성곽

적 효과로 이어지기도 한다. 이를 바탕으로, 시안의 대중문화가 도시의 역사문화경관을 소환하면서 고도 시안에 대한 문화상상과 역사기억을 환기하는 양상을 살펴보자.

먼저 소설 중 주목할 만한 텍스트는 자핑와의 작품 중 시안을 배경으로 삼은 첫 소설 『폐도』[16]이다. 산시성 남부 단펑현(丹凤县) 출신인 자핑와는 선진(先秦) 상저우(商州) 지역을 자신의 작품 대부분의 배경으로 삼으면서 중국 서북 농촌의 대변인으로 불렸다.[17] 그는 시안에 정착한 지 20여 년 만에야 소설 『폐도』, 산문 「시안이라는 도시」[18]를 통해 시안 정체성에 대한 감정을 토로했다. 자핑와는 「시안이라는 도시」

15 张阿利, 『陕派电视剧地域文化论』, 中国电影出版社, 2008, p.32.

16 贾平凹, 『废都』, 北京出版社, 1993.

17 王德威, 「废都里的秦腔: 贾平凹的小说」, 『西安: 都市想象与文化记忆』(都市想像与文化记忆丛书), 北京大学出版社, 2009, pp.279-280.

18 贾平凹, 「西安这座城」, 『北京文学』, 1992年第11期.

에서 고도 시안은 고대의 문물유적과 고풍스런 일상생활 방식 등에서 특유의 문화자원을 풍부하게 지니고 있는 "중국문화 영혼의 영원한 소재지"[19]라고 언급한다. 그러면서 그는 13왕조의 도읍지였고 한·당 시대의 국제도시였던 시안을 '폐도(废都)'라 칭한다. 여기서 폐도의 '폐(废)'는, 화려하고 번성했던 옛 시절은 이미 사라졌지만 동방의 신비를 상상하기 위해 현재에 계속해서 소환되는 것에서 느끼는 양가적 감정 즉 무력감, 열등감과 자존심을 담고 있다. 이 작품에서 시안은 부패한 전통의 도시로 형상화된다.

[그림 3-24] 소설『폐도』의 표지

반면, 동시대 산시 문단의 천중스는『백록원』[20]을 통해 잠자던 도시를 마침내 소생시킨다. 이 소설은 웨이허(渭河) 평원 50여 년의 역사를 아무런 과장도 없이 그려낸 웅대한 서사시로 불릴 만하다. 백록원의 지명도가 부상하면서 백록원 개발을 위한 초안[21]이 만들어지고 투자와 건설이 급속히 진행되면서 산시 백록원 문화지구 개발이 이루어졌는데, 소설『백록원』은 백록원 문화산업지구 설립에서 중요한 역할을 담당했다.

19 贾平凹,「西安这座城」, 白烨编,『四十岁说』, 三联书店, 2002, p.109. "永远是中国文化魂魄的所在地了."

20 陈忠实,『白鹿原』, 人民文学出版社, 1993.

21 于志启,「建设中国西安"白鹿原文化城"的可行性研究及建议书」. http://www.docin.com/p-59404092.html(검색일: 2016.11.07.)

시안을 배경으로 한 TV드라마 중, 중국 전체에서 비교적 큰 호응을 받았던 대표적인 작품은 〈대당부용원(大唐芙蓉园)〉(30집)(2007)과 〈대진제국(大秦帝国)〉의 제1부 〈대진제국의 분열(大秦帝国之裂变)〉(48집)(2009), 제2부 〈대진제국의 종횡(大秦帝国之纵横)〉(43집)(2013), 제3부 〈대진제국의 굴기(大秦帝国之崛起)〉(40집)(2017) 등이다. 시안을 배경으로 한 대부분의 영상물은 시안의 역사에서 가장 번성했던 시기인 당(唐)시대와 진(秦)시대를 적극적으로 소환한다. 〈대당부용원〉은 양귀비(杨玉环)를 중심으로 당의 태평성대 문화를 재구성하였고 〈대진제국〉은 시안 취장 지역의 문화전략이 대당문명(大唐文明)에서 대진문명(大秦文明)으로 전환되는 과정이 담겨 있다. 이는 역사문화콘텐츠를 문화산업에 활용한 것이라 할 수도 있지만, 번성했던 과거 역사를 지금 이 시대에 부활하고자 하는 욕망의 소산이기도 하다.

[그림 3-25] 소설 『백록원』의 표지

중국 역사에서 가장 번성했던 시기인 진·한·당시대를 배경으로 시안을 그린 TV드라마는 중국 전체에서 호응을 받았지만, 현대 시안을 그린 영상물은 그다지 주목을 받지 못했고 현대도시 시안의 정체성이나 이미지도 제대로 그려지지 못했다. 시안은 중국의 서부지역에서 가장 중요한 도시였지만, 과거 대부분의 영상물들은 시안을 서부지역의 시골 마을로 재현할 뿐 현대화된 도시의 모습에는 관심을 기울이지 않았다. 대부분의 관중(关中)시리즈 소재 영상물 중에서 가장 많이 등장하는 것은 황토, 언덕, 말이 끄는 마차 등 시골의 모습이다. 이는 현

[그림 3-26] 천중스 문학관

재 현실의 산시성 특히 현대의 시안과는 거리가 멀다. 현대도시 시안과 도시생활을 재현하는 영화는 적으며 현대 도시문화를 재현하는 방식 역시 세련되지 못한 편이다. 〈까오싱〉,[22] 〈양러우파오모·마라탕〉,[23] 〈생일〉,[24] 〈예심〉[25] 정도가 시안의 도시경관과 시안의 문화 정체성을 표현한 영화라 할 만하다. 이 작품들 대부분에 산시성 출신의 감독이나 시나리오 작가가 참여했다. 〈까오싱〉의 각본과 연출을 맡은 아간(阿甘), 〈생일〉과 〈예심〉의 감독 저우요차오(周友朝), 〈생일〉의 각본을 쓴 양정광(杨争光), 〈예심〉의 각본을 쓴 쑨이안(孙毅安) 등은 모두 산시성 출신으로 산시 지역과 시안에 깊은 이해와 관심 그리고 감정을 갖고

22 阿甘, 〈高兴〉, 2008.
23 蒲剑, 〈羊肉泡馍麻辣烫〉, 2008.
24 周友朝, 〈生日〉, 2009.
25 周友朝, 〈预审〉, 2010.

[그림 3-27] 시안의 한 서점에 진열된 산시성 작가의 작품들

있다.

이 중 〈까오싱〉, 〈양러우파오모·마라탕〉이 시안의 문화부호를 표현하기 위해 기울인 노력은 눈여겨볼 만하다. 〈까오싱〉은 자핑와의 동명소설을 영화로 각색한 작품이다. 이 작품은 주인공이 걷거나 자전거를 타는 장면을 통해 시안의 도시경관을 전시한다. 같은 해 개봉된 〈양러우파오모·마라탕〉 역시 〈까오싱〉과 마찬가지로 시안 지역문화를 주제로 한 영화다. 이 두 영화는 시안의 현실을 비교적 사실적으로 그렸다는 평가를 받는다. "두 영화는 영상의 다원화 기법을 이용한 시안 도시문화부호의 해석과 구성, 그리고 같은 유형의 영화 표현기법 및 시안 도시문화의 영상화 전파에서 중요한 의미를 갖는다."[26]

도시정신, 풍습, 행위규범 이외에 도시의 문화부호에서 가장 중요한 것은 도시의 고건축군, 조각, 광장, 도로 등 도시경관을 구성하는 시각적 부분이다. 〈까오싱〉, 〈양러우파오모·마라탕〉 등의 영화는 도시문화부호의 시각화를 위해 시안의 건축과 색채를 적지 않게 재현한다.

[그림 3-28] 영화 〈양러우파오모·마라탕〉의 포스터

[그림 3-29] 영화 〈까오싱〉의 포스터

시안은 도시계획을 통해 회색, 황토색, 황갈색을 시안의 전체적인 색채로 확정했는데, 〈까오싱〉, 〈양러우파오모·마라탕〉 등의 영화는 주인공이 걷거나 자전거를 타는 모습을 통해 회족 거리(回民街), 시안의 성벽, 종러우와 구러우, 다옌타광장 등 시안을 상징하는 공간과 색채를 두루 담았다.

영상 속의 고박한 건축, 오랜 역사를 지닌 상점 건축군은 천여 년 역사고도 시안의 문화경관을 가시적으로 대변하면서 문화부호 이미지를 부각한다. 이것은 "지리적 위치나 공간도 상품과 서비스처럼 브

26 朱晓彧, 「西安城市文化形象符号的影像化传播」, 『当代电影』, 2010年第03期, p.149.

랜드가 될 수 있다"[27]는 것을 보여준다. 〈까오싱〉, 〈양러우파오모·마라탕〉 등은 시안의 문화자원을 문화부호로 영상화하여 활용함으로써 "시안 도시 이미지를 광고하는 새로운 명함"[28]으로 작용했다.

〈까오싱〉에서 특히 주목할 점은 산시 지역어의 교묘한 사용 즉 시안 문화부호의 적극적 활용이다. 산시 지역어는 시안 지역민의 가장 자연스러운 언어로 산시 지역 정체성을 표현하는 대표적인 문화부호 중 하나다. 억세고 직설적인 산시 지역어는 산시의 지역적 특성과 산시인의 성격을 가장 잘 드러내는 것으로 일컬어진다. 〈까오싱〉은 이런 산시 지역어와 영화의 문화적 의미, 시안 도시 정체성 구축을 밀접하게 연결한다. 영화는 산시 지역어와 시안의 성벽, 종구러우, 친치앙(秦腔), 양러우파오모 등 시안의 다양한 표상체들을 결합하여 시안 특유의 지역문화 정체성을 적극적으로 드러낸다. 시안 출신 궈타오(郭涛)가 연기한 류까오싱(刘高兴)은 '사랑해(额爱你)'라는 시안 지역어를 거침없이 사용한다. 마치 산시 지역어를 사용해야만 13왕조의 고도인 시안의 면모를 나타낼 수 있다는 듯한 이런 적극적인 태도는 산시의 정체성을 강조하는 데 분명 효과적이다.

영화는 지역어뿐만 아니라 양러우파오모(羊肉泡馍),[29] 러우지아모

27 케빈 레인 켈러, 김준석 옮김, 『전략적 브랜드 관리』, 시그마프레스, 2015.

28 曾世湘, 「〈羊肉泡馍麻辣烫〉走红引热议, 陕西元素能让影视剧更好看」, 『西安晚报』, 2009.07.09. "宣传西安城市形象的一张新名片."

29 옛적에는 양겅(羊羹)으로 불렸다. 관중 지방 한족의 로컬음식으로, 근원지는 산시(陕西)성 웨이난(渭南)시 구스진(固市镇)이다. 수·당 시기에는 프라이팬이 없었고 볶기보다는 물로 삶거나, 찌거나, 불에 굽는 조리법 위주였다. 당시 주된 쌀 생산지는 강남 지역이었는데, 관중 사람들은 쌀이 아닌 밀로 만든 빙(饼)을 주식으로 삼았다. 빙을 먹는 방법은 탕빙(汤饼: 빙을 국에 잘라 넣어서 먹는 방법), 증빙(蒸饼), 샤오빙(烧饼)의 세 종류가 있었다. 그중 탕빙이 현재의 양러루파오모의 초기 양식이다. 그리고 당시에는 돼지를 사

(肉夹馍) 등과 같은 풍부하고 독특한 시안의 음식문화를 부각한다. 〈까오싱〉에는 "양러우파오모는 시안 최고의 전통이야(羊肉泡馍是咱西安的经典传统!)", "맛있게 먹으려면 아주 정성을 들여야 하고 모(馍, 만터우)는 자신이 잘라야 해(要想吃得好! 那可讲究的緈耸(zengsong)! 馍要自己掰…)"라는 대사가 등장할 뿐만 아니라, "삼천만 진(秦)나라 사람은 친치앙을 부르고 한 그릇의 양러우파오(羊肉泡, 양러우파오모의 약칭)에 기쁨이 넘친다(三千万秦人齐吼秦腔, 一碗羊肉泡喜气洋洋)며 매우 직접적으로 양러우파오모를 자랑하기까지 한다. 이는 시안 사람에 대한 적극적이고 생동감 있는 묘사라고 할 수 있는데, 왜냐하면 양러우파오모는 외지인이 시안의 정체성, 이미지를 미각적으로 경험할 수 있는 구체적인 매개물이기 때문이며 시안의 정체성, 이미지, 특성 등의 상징적 표상체로 간주되기 때문이다. 제목에서 알 수 있듯 영화 〈양러우파오모·마라탕〉은 양러우파오모 음식에 대해 더 부가할 것이 없을 정도로 자세히 설명한다. 이 영화는 양러우파오모로 시안 도시문화, 이미지, 부호를 표현하는 한편, 마라탕(麻辣烫)을 통해 매운 음식을 선호하는 쓰촨(四川)성 청두(成都)의 음식문화를 그린다.

또한, 〈까오싱〉에서 헤이사 밴드(黑撒乐队)는 노래 〈산시미식(陕西美食)〉을 통해 "팔백 리 친촨, 고도 시안(八百里秦川, 古城西安)"의 음식문화와 지명 등을 소개한다. 〈산시미식〉은 양러우파오, 량피(凉皮), 종러우의 떡(钟楼小奶糕), 빙펑(冰峰) 등 50여 종에 가까운 산시 음식을 통해 시안 사람의 식생활문화를 전시한다. 그리고 샤오자이(小寨), 창안

육하지 않았기에 양고기를 많이 먹었다. 현재는 빙을 손으로 아주 잘게 찢은 후 양고기와 함께 국에 넣어서 먹는다. 송대 초기 양러우파오모는 이미 관중 지역를 대표하는 미식이 되었다. 북송의 소식(苏轼)은 시 「次韵子由除日见寄」에서 "산시 음식 중 가장 좋아하는 것은 양겅(양러우파오모)(秦烹惟羊羹)"이라 언급한다.

로(长安路), 동다지에(东大街) 등 시안의 거리 이름을 노래 가사로 사용하여 시안에 대한 애정을 드러낼 뿐만 아니라 시안 시민들의 집단기억과 공동체 의식을 도모한다. 이렇듯 영화 〈까오싱〉은 도시문화를 산시 전통 지역어와 노래에 더함으로써 도시문화의 기억을 보존할 뿐만 아니라 새로운 지역 정체성을 생성하여 도시의 공동 가치관과 문화적 정

[그림 3-30] 시안 회족 거리(위)
[그림 3-31] 회족 거리의 청진사(아래)

체성을 구축하는 데 일조하려 한다.

그런데 영화 〈까오싱〉에 등장하는 헤이사 밴드에 대해 좀 더 깊이 살필 필요가 있다. 왜냐하면 이 락밴드는 단순히 상업적 목적을 위해 영화 〈까오싱〉에 출연한 것이 아니기 때문이다. 영화 〈까오싱〉은 헤이사 밴드의 5곡을 영화음악으로 사용했다. 〈산시미식〉, 〈닭보다 먼저 일어나(起得比鸡早)〉, 〈진시황의 말씨(秦始皇的口音)〉, 그리고 영화 〈까오싱〉을 위해 창작한 〈환희의 송가(欢乐颂)〉와 〈즐거운 폐품수집자(快乐的破烂王)〉 등이다. 산시 지역어 가사로 이루어진 헤이사 밴드의 락음악들은 산시 지역의 오랜 지역어 노래인 친치앙을 현대적으로 리메이크한 음악이거나 시안 현대 도시문화를 지역어로 연출한 음악이다. 헤이사 밴드의 음악은 그 독특한 가사와 예리한 시대의식으로 시안의 문화적 상징으로 인정받고 있다.

헤이사 밴드는 2007년에 결성되었는데 '헤이사(黑撒)'에는 두 가지 함의가 있다. 헤이사는 한편으론 친치앙 중의 화검(花脸: 용맹하고 강인한 남자 배역을 통칭)을 뜻한다. 헤이사 밴드가 내세운 것은 "진시황의 말씨를 더욱 발전시킨다(要把秦始皇的口音发扬光大)"는 것이었다. 진시황의 말씨란 진나라의 말(秦话)을 가리키며 진(秦)은 산시성을 의미한다. 춘추전국시대 진시황이 중국에서 처음으로 건립한 봉건시대 왕조가 진(秦)왕조이다. 이런 이유로 산시성 사람은 진나라 사람(秦人)으로, 산시성 사람이 하는 말은 친성(秦声)으로, 산시성의 오페라는 친치앙으로 일컬어진다. 중국음악계에서는 시안의 락음악 밴드가 형성된 것은 우연이 아닌 친치앙에 근거한다고 본다. 시안의 락음악의 근원을 추적하면 기실 시안의 전통음악인 친치앙에 이른다는 것이다. 한편으론, 헤이사의 '사'가 머리(头)의 산시 지역어인 사(撒)에서 유래됐다고 보아 헤이사를 검은 머리(黑头)로 해석한다.[30]

중국의 락음악은 노래제목, 가사를 통해 중국의 문화, 시대변화

및 사회경제 발전 등으로 인한 중국인의 사상변화를 담으면서 민족성과 시대성을 표현한다. 탕차오(唐朝) 밴드가 중국 고전시사(古典诗词) 기법을 활용하여 중국의 민족성과 역사의식을 담아내었다면, 헤이사 밴드는 구체적인 지역문화의 특성, 지역어와 락을 결합시켰다.

〈까오싱〉만이 헤이사 밴드의 음악을 통해 시안의 문화와 도시경관을 드러내고자 한 것은 아니었다. 영화 〈형의 전설〉[31]은 역사와 현대문화가 교차되는 시안의 전통거리인 샹쯔먀오 거리(湘子庙街)를 주요 배경으로 삼았다. 그리고 〈까오싱〉과 마찬가지로 고성벽, 회족 거리, 신시가지, 찬바(浐灞), 다옌타 북광장, 취장 등 시안의 도시경관을 중심으로 서사를 전개했다. 이 영화의 주요한 특징은 변화 중인 시안이 주인공이라는 점, 시안 출신 밴드인 헤이사의 음악을 통해 시안의 정서를 표현한다는 점이었다. 헤이사 밴드의 〈이 오래된 도시(这个古城)〉, 〈누가 너의 마음을 이해할까(谁会了解你的心)〉, 〈샤하오하오린에 눈물만 뚝뚝 떨구네(泪蛋蛋抛在沙蒿蒿林)〉, 〈나는 살아야 해(我要活)〉, 〈죽을 만큼 그리워하다(命犯相思)〉 등이 영화 시작부터 전체에 걸쳐 가로놓여 있다.

헤이사 밴드의 가사는 지역 정체성에 대한 귀속감을 표현할 뿐만 아니라 고도 시안의 현대화 진행에 대한 문화적 성찰을 표현하기도 한다. 헤이사 밴드는 〈시안사변〉에서 "베란다에서 다시는 종난산(终南山)을 보지 못하고", "종구러우(钟鼓楼) 아래에서는 종과 북이 울려 퍼지는 것을 듣지 못하고", "옌시앙로(雁翔路)에서는 기러기가 비상하는 것

30 蒋茜雯, 「本土化/地方化的求变之道-以摇滚乐队与音乐剧剧团为个案研究」, 上海师范大学 硕士学位论文, 音乐学, 2014, pp.10-11.

31 韩志, 〈哥的传说〉, 2010.

[그림 3-32] 샹쯔마오 거리의 샹쯔마오

을 보지 못한다"[32]고 노래한다. 그리고 〈시완로의 비〉[33]에서는 "나는 시완로에 서서 꽃과 같은 창안을 바라본다. 너의 깊은 두 눈으로 나의 오천 년의 슬픔을 간파한다"라는 가사를 통해 시안의 역사와 변화에 대한 쓸쓸한 슬픔을 드러낸다. 헤이사 밴드가 락의 비판정신을 계승하는 방식은 고도 시안의 유구한 역사문화와 도시 현대화의 충돌을 성찰하는 것이다. 이런 성찰의 노래 속에서 시안의 역사와 문화를 계승하고자 하는 헤이사 밴드의 정신을 감지할 수 있다.

시안의 역사와 시대적 분위기, 고전적인 전통문화와 새로운 트렌드의 충돌은 헤이사 밴드에 상상력과 창조력을 부여했다. 헤이사 밴드

32 黑撒乐队, 〈西安事变〉. "阳台上看不到终南山", "钟鼓楼下听不到钟鼓奏响", "雁翔路上看不见大雁飞翔."

33 黑撒乐队, 〈西万路上的雨〉. "我站在西万路边, 看着花一样的长安, 你用深沉的双眼, 将我五千年的忧伤看穿."

의 가사에는 이런 변화와 충돌 속에서 생활하고 있는 사람들의 감정과 지역문화 정서가 담겨 있다. 헤이사 밴드는 시안 역사 변화 와중에 있는 서민들의 감정 즉 도시인의 생활을 생생하게 표현함으로써 중국 락 정신의 핵심인 진실과 자유를 표현하고자 했다. 또한 고도 시안문화의 숨겨진 고통을 드러내고 생명에 대한 성찰과 역사를 거슬러 올라가는 문화기억과 사회적 책임을 담고자 했다. 이런 음악을 통해 서민의 일상생활이 다시 중시되고 주변화된 지역문화 역시 인정을 받게 되었다.

시안의 현대 도시문화를 대표하는 헤이사 밴드는 대중문화와 지역문화를 토양으로 삼아 산시 지역어의 생존과 발전을 시사했다는 점에서도 중요한 의미를 갖는다. 표준어에 동화되어 소멸해가는 산시 지역어를 사용하여 지역어에 대한 관심을 제고하는 것을 창작 원칙 중 하나로 삼았다. 이때 지역어는 역사문화와 지역문화 정체성의 직접적인 매개물로 한 개인이 사회집단에 소속되는 중요한 지표로 기능한다. 대중가요 역시 집단 정체성을 구성하고 응집할 수 있는 자원을 사회에 제공한다. 헤이사 밴드의 음악은 시안 시민이 자신들의 지역어에 대한 긍지를 지닐 뿐만 아니라 지역문화 정체성을 인지하고 소환하는 계기가 되는 동시에 외지에 거주하는 시안 사람들의 고향의식을 환기, 응집시켜 시안의 문화 정체성을 재구성하는 촉매제가 되었다.

4. 다큐멘터리 〈시안 2020〉

시안은 주·진·한·당 등 13조 고도로서 오랜 역사문화를 계승하여 축적해왔으며 일찍이 한·당 시기에는 중국의 정치, 경제, 문화와 대외교류의 중심이었다. 당시 시안은 세계 최초로 인구 백만 명이 넘는 국제적 대도시였다.

2008년 「시안 2020 도시 총체계획(西安2020城市总体规划)」은 시안을 역사문화 특색을 지닌 국제적 현대화 대도시로 건설한다고 선언한다. 이를 배경으로 현재와 미래 시안의 경제, 사회, 문화 발전전략 계획과 방향을 영상으로 만든 것이 다큐멘터리 〈시안 2020〉[34]이다. 〈시안 2020〉은 2012년의 시안에서 출발하여 시안의 찬란한 역사를 되짚어 봄으로써 중국 도시발전의 현대화 방안을 모색하고 2020년 중국 도시생활의 양상을 제시하고자 했다. 이것은 현재의 시안이 고도 시안의 역사를 반추적으로 회고하여 고대의 모습을 단순히 재현하는 데 중점을 두지 않음을 의미한다. 오히려 이 다큐멘터리는 미래 시안의 시각에서 도시의 역사, 현재와 미래를 유기적으로 고찰하는 독특한 방식의 기록영화다.[35] 다큐멘터리 〈시안 2020〉은 시안 도시계획전략의 기본적인 태도를 반영한 것이라 할 수 있다.

국제화 대도시라는 목표를 설정한 이후부터 시안은 이에 걸맞은 이미지 건설에 눈에 띄는 진전을 이루었다. 하지만 전체적인 상황을 보면 현재 시안은 여전히 국제화 대도시라는 목표에 크게 미치지 못한 면이 있다.[36] 국제화 대도시를 건설하기 위한 전면적인 추진 과정에서 고층 빌딩과 새로운 도시건축 등으로 인해 시안의 도시경관에는 큰 변화가 발생했다. 시안을 역사문화가 풍부하게 잠재해있는 도시로 이미지화하면서도, 도시를 급속하게 건설하는 와중에 규모화·간단화·비정

34 〈西安 2020)〉(2012)은 시안취장영시투자유한공사(西安曲江影视投资有限公司)가 만든 것으로 〈千年寻梦〉, 〈古都格局〉, 〈丝路新途〉, 〈筑基长安〉, 〈绿色家园〉, 〈明日之城〉 등 여섯 부분으로 구성되어 있다.

35 秦建英·谢波, 「相信未来: 《西安2020》视觉特效设计与制作」, 『中国电视(纪录)』, 2013年第01期, p.56.

36 梁红仙, 「国际化大都市背景下西安城市形象的定位与塑造: 从“文化自觉”的视角分析」, 『渭南师范学院学报』, 2015年第21期, p.25.

교화된 방식으로 구시가를 개조함으로써 도시의 경관은 시안만의 역사문화 특색을 구비한 인문경관으로 재구성되지 못하고 아무런 특색 없는 새로운 건축으로 대체되어 역사적·전통적 경관은 파괴되었을 뿐이라는 지적을 받기도 했다.[37] 역사문화를 보존하려는 노력에도 불구하고, 위와 같은 지적처럼 역사문화적 특성과 도시 정체성이 각인되어 있는 고건축군들은 시장경제 이익의 최대화라는 원칙 아래 도시의 기억에서 점차 사라져갔다. 더푸샹(德福巷)의 변화, 수위엔먼(书院门)의 고전 모방 건축 등 역사문화 유적은 원래의 모습을 보존하지 못했을 뿐만 아니라 오히려 문화유적을 보호한다는 미명 아래 도시개조와 도시발전의 움직임 속에서 소멸되고 있다.

이에 대한 반성을 바탕으로, 시안은 네 차례의 도시계획과 도시개발을 통해 국제화 대도시 건설을 위한 문화산업 발전에 새로운 활력을 주입하고 있다. 지금까지 살펴보았듯, 최근 들어 시안 문화산업의 발전이 급속도로 진행되면서 현대화 문화설비의 중점사업이 지속적으로 추진되었고 성당문화를 주제로 취장문화사업이 실시되었다. 시안은 성당을 주제문화로 만들어야만 비로소 시안만의 특징이 부각되어 국제화 대도시 경쟁에서 자기의 강점을 살릴 수 있다고 판단한 듯하다.

37 王学理, 「文化遗产上的"没文化"之举: 仅通过西安大雁塔北广场"书法地景"这一窗口看城市造景之谬误」, 『现代城市研究』, 2005年第10期, pp.16-20.

[그림 3-33] 수·당시대에는 황성에 속했던 지역이지만 1995년부터 카페거리로 조성된 더푸샹

[그림 3-34] 고건축물 양식을 복원한 더푸샹 카페거리

[그림 3-35] 수위엔먼 거리의 관중서원

[그림 3-36] 수위엔먼의 패루

제4장

뤄양,
신흥 중공업 도시에서
역사문화도시로

1. 도시 정체성에 기반을 둔 도시문화의 건설

중국의 도시화는 개혁개방 이후 급속히 진행되었다. 도시화 과정에서 상당수 도시와 지역들은 경제적 이익을 최우선으로 고려했다. 급격한 산업화와 현대문명에 대한 탐닉으로 인해 중국 대부분의 도시들은 자신들이 지닌 역사문화 유산을 보호하는 데 소홀했다.

하지만 도시 경쟁력, 도시 정체성과 이미지 등이 점차 강조되는 최근 들어 중국의 각 도시들은 특색 있는 도시문화를 건설하기 위해 역사문화 유산과 정신문화를 발굴, 복원하고, 이를 도시 정체성, 도시 경관으로 가시화하는 데 상당한 관심을 기울이기 시작했다. 도시 정체성에 기반을 둔 특징적인 도시문화의 건설은 한 도시의 영혼을 회복하는 것이며 도시의 종합적인 경쟁력을 증진시키고 도시를 전면적으로 발전시키는 데 기여한다는 점을 깨닫기 시작했다. 지금의 중국 도시들은 미래 도시의 경쟁력을 경제적인 측면에서뿐만 아니라 문화적 측면에서도 확보하려 하고 있다.

뤄양(洛阳) 역시 중국 여타 고도와 마찬가지로 이 같은 과정을 그대로 밟고 있다. 뤄양은 5천여 년의 문명사, 4천여 년의 도시사, 1천5백여 년의 도읍사를 가지고 있다.[1] "뤄양은 하(夏), 상(商), 서주(西周),

동주(东周), 동한(东汉), 조위(曹魏), 서진(西晋), 북위(北魏), 수(隋), 당(唐), 후량(后梁), 후당(后唐), 후진(后晋) 등 13개 왕조의 도읍지로서 도읍의 역사가 가장 긴 중국 최초의 도읍지이다."[2]

그러나 찬란한 역사를 가진 뤄양의 과거 영광과 고도로서의 이미지는 중화인민공화국 건국 이후 급격히 사라져갔다. 고도의 전형적인 성격을 구비하고 있던 뤄양은 정저우(郑州) 중심의 부중심 도시로 재배치되면서 경제적 부흥을 위해 중공업 도시로 장기간 발전해왔다. 뤄양은 중화인민공화국 건국 이후 신흥 중공업 도시로, 중국 1차 5개년 계획에서는 공업 중심도시의 하나로 집중 건설되었다. 특히 소련 원조의 156 중점 프로젝트 중 7개가 뤄양에 배정되면서 군수산업과 관련된 중공업이 발달하였는데, 뤄양 중공업은 지금도 여전히 중국에서 선두에 위치한다. 이처럼 뤄양의 도시발전은 오랜 기간 중공업 위주의 경제구조에 기반을 두고 진행되었기에 공업을 우선시하는 성향이 강했다. 그런 만큼 상업은 전반적으로 취약했고 역사문화에 대한 관심 역시 미미했다.

하지만 고도의 면모를 상실해온 뤄양은 최근 들어 자신의 역사문화 자원에 눈을 돌리면서 이를 부각하려는 노력을 기울이기 시작했다. 뤄양은 역사문화 자원의 재인식과 재평가를 통해 도시 정체성과 도시문화를 제고하고 도시의 정위를 새롭게 정립하고자 하고 있다. 현재 뤄양은 세계 불교의 성지, 중화문명의 발상지, 목단(牧丹)의 도시로 자신을 정위하면서 이미지화하고 있다. 물론 역사문화 자원을 경영하여

1 马立, 「行走古都洛阳」, 『道路交通管理』, 2016年第06期, p.82; 张占仓·唐金培, 「千年帝都洛阳人文地理环境变迁与洛阳学研究」, 『中州学刊』, 2016年12月, p.118.

2 王治涛, 「试论洛阳历史文化资源的特点与开发」, 『洛阳工业高等专科学校学报』, 2005年第03月, p.82.

[그림 4-1] 바이마쓰(위)
[그림 4-2] 룽먼석굴(아래)

도시 브랜드로 전환하는 데 익숙하지 못할 뿐만 아니라 공업도시 전략이 여전히 우세하여 도시발전에 있어 고도문화 발전전략이 중요한 위치를 차지하지 못한 상황이기에, 뤄양의 역사문화 자원 활용을 통한 도시 정체성의 재정립은 아직 충분치 못한 형편이다. 목단제(牡丹节), 허뤄문화제(河洛文化节),[3] 바이마쓰(白马寺), 룽먼석굴(龙门石窟) 등 현대도시 브랜드 개

[그림 4-3] 옌스 상성박물관

발과 전파 및 영향력은 아직까지 상승세를 타지 못하고 있다. 그럼에도 불구하고 도시 정체성 변신과 도시경관 변모를 위한 뤄양의 노력은 중화인민공화국 성립 이후 가장 드높다고 할 수 있다.

다른 고도와의 차별화 그리고 새로운 도시 정체성과 도시경관을 위해 뤄양이 무엇보다 강조하는 것은 자신이 허뤄(河洛)문화의 발상지였다는 점 즉 중국 최초의 도읍이었다는 점이다. 허뤄는 황허(黃河)와 뤄허(洛河)가 만나는 지점으로 오늘날 허난성(河南省) 뤄양 일대를 가리키는데, 허뤄문화는 중화문명과 중화민족의 발상지이자 근원이다. 얼리터우(二里头) 유적 발굴작업과 복원작업을 통해 전설로만 여겨져 왔던 하(夏)시대가 실제로 존재했음이 고증되기도 했다.

3 매년 중국 뤄양 허뤄 문화관광 축제(中国洛阳河洛文化旅游节)가 개최되고 있다. 이 축제의 주최 기관은 허난성 관광국(河南省旅游局), 허난 방송국(河南电视台), 뤄양시 인민정부(洛阳市人民政府)다.

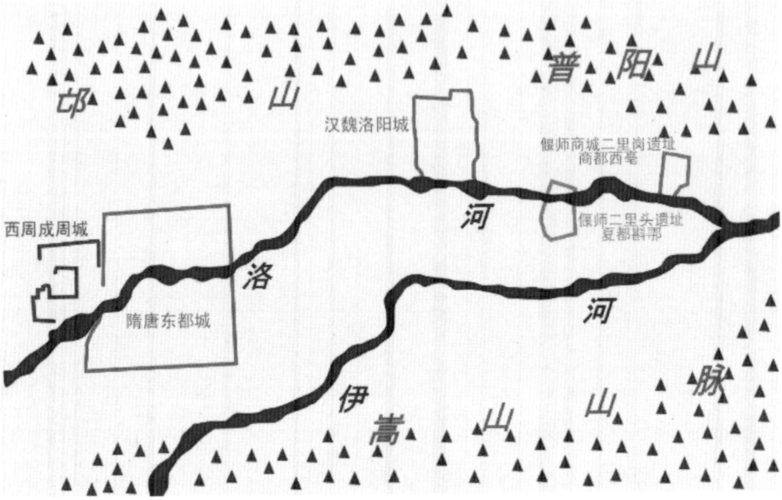

[그림 4-4] 오도관락이라 불리는 다섯 개의 도읍이 자리한 뤄양 고대도성 위치도

뤄양은 중화민족 전통문화의 발원지이자 핵심으로 최초로 '중국(中国)'으로 불린 허뤄문화의 중심지였다. 13개 왕조의 고도였던 뤄양에는 하왕조의 얼리터우(夏都二里头) 유적, 옌스의 상성(偃师商城) 유적, 동주왕성(东周王城) 유적, 한위고성(汉魏故城) 유적과 수당 뤄양성 유적(隋唐洛阳城遗址) 등 5개 도읍의 도성이 긴 역사를 아우르며 밀집되어 분포해있다. 이는 세계적으로도 드문 것이어서 특별히 '오도관락(五都贯洛)'이라 칭하기도 한다.[4]

허뤄문화와 더불어 뤄양이 자신을 중화민족 전통문화의 발원지로 자랑하는 또 하나의 중요한 근거이자 상징은 하도낙서(河图洛书)다. 뤄양은 중국 역사와 문화에서 아주 중요한 위치를 차지하고 있다. 룽먼석굴, 바이마쓰 및 지금도 개최되고 있는 허뤄문화제, 목단문화제 등

4 李煌, 「河洛文化研究: 以洛阳地名为切入点」, 辽宁师范大学 硕士学位论文, 2011, p.23.

의 역사문화 자원과 문화제는 뤄양이 중국 역사에서 얼마나 중요한 위치에 있는지를 잘 보여준다.

중공업 위주의 발전 전략으로 인해 풍부한 문화유산을 보유한 고도로서의 면모를 상실한 뤄양은 고도성장기를 거치면서 중국의 다른 고도들처럼 자신의 도시 정체성에 높은 관심을 갖기 시작했다. 역사문화 복원사업을 포함한 도시계획, 도시부호(랜드마크)와 문화산업의 재건 등을 통해 고도로서의 정체성을 발산하는 도시경관과 도시개발을 촉진하고 있는데, 이 장에서는 고도 뤄양의 이런 전략을 살펴본다.

2. 뤄양의 도시계획

중화인민공화국은 새로운 국가를 수립하면서 '중공업 우선' 경제발전 전략을 내세웠다. 당시 우호국이었던 소련이 중공업 우선 정책으로 공업화를 실현하게 되면서 소련의 원조를 받고 있던 중국 역시 국가 경제력을 강화하기 위한 목적으로 중공업을 우선시하는 정책을 실행하게 된다. 이러한 정책으로 말미암아 중국의 공업체계와 일군의 공업도시가 건설되었을 뿐만 아니라 중국 미래 사회구조와 경제 발전방향의 큰 틀이 결정되었다. 나아가 '중공업 우선 발전' 전략은 중화인민공화국 수립 초기 중국 도시계획의 발전 방향에도 중대한 영향을 끼쳤는데, 이 전략은 뤄양의 도시계획에도 결정적으로 작용했다.

13개 왕조의 도읍이었던 고도 뤄양의 동서 40km 이내에는 얼리터우(二里头) 유적지의 하대도성(夏代都城), 상대도성(商代都城), 한위도성(汉魏都城), 수당도성(隋唐都城), 동주왕성(东周王城) 등 수많은 유적들이 분포되어 있었다. 하지만 근대 이후 뤄양의 상업경제는 상대적으로 위축되었고 국가 정치 중심지가 이동함에 따라 뤄양 도시계획 발전도 상대적으로 움츠러들었다. 1950년대부터 중국의 공업화 전략으로 허난성에서는 뤄양이 최초로 국가중점 공업기지 건설도시로 선정되면서 역사문화의 고도였던 뤄양은 '신흥 공업도시(新兴的工业城市)'로 규정되었다. 뤄양이 신흥 공업도시로 선택된 데에는 156 프로젝트[5]의 전국적 배치를 고려한 것이 중요한 원인으로 작용했다. 연해지역에 중점적으로 건설된 기존 공업지구를 내륙지방으로 이전하면서 내륙의 공업과 공업도시 역시 발전하게 되었다. 제1차 5개년 계획에서 제기된 것처럼, 공업도시가 편중되게 배치되었던 이전의 상황을 개선하기 위해 새로운 공업기지가 건설되었던 것이다. 중앙정부의 이러한 정책 아래 중국 전 지역 특히 내륙에서 일군의 신흥 공업도시들이 건설되어 성장하기 시작했는데, 뤄양은 이 중에서도 중요한 신흥 공업도시, 즉 국가가 확정한 8개 중점 건설도시 중 하나였다. 뤄양 공업기지는 과거의 뤄양 경제발전 방식과는 달리 현대적인 공장의 중공업을 위주로 삼았다. 공업기지의 건설로 인해 뤄양에는 대규모의 공업 이민이 이루어졌다. 과거의 정치적 요소로 인한 도시 확장과는 달리 이 시기 뤄양의 급격한 발전은 공업화라는 경제적 요인에서 비롯된 것이었다. 공업의 발전으로 인해 뤄양은 인구, 면적 및 상업과 기타 서비스업에서 지속적인 확장과 발전을 이루게 되었다. 전국에 공업도시를 전체적으로 배치하려는 중앙정부와 소련 원조를 위한 156 프로젝트, 그리고 뤄양의 지리적 조건 등으로 인해 오랜 역사와 문화를 지닌 고도 뤄양은 신흥 공업도시로 탈바꿈되었고 역사문화와 고도로서의 정체성 훼손이라는 모순에 직면하게 되었다.

5 156 프로젝트(苏联援建的156个项目)는 중화인민공화국 제1차 5개년 계획 기간(1953-1957) 동안 소련이 중화인민공화국의 156개 공업 부문에 원조하는 사업이었다. 이 원조 프로젝트는 중국의 공업경제발전에 도움을 주어 중

중국이 공업도시를 건설하는 주요한 방식은 대략 세 가지로 나뉜다. 첫째는 구도심 개조식이다. 구도심을 중심으로 원래의 도시와 공업구를 기초로 하여 개조, 확장, 조정하여 새로운 공업구를 건설하는 방식이다. 베이징(北京), 선양(沈阳), 우한(武汉), 충칭(重庆) 등이 이런 예이다. 둘째는 완전히 새로운 도시를 건설하는 것이다. 비도시 구역에 국가 중점 프로젝트를 진행하는데, 도시 건설과 공업 건설을 동시에 진행하여 신흥 공업도시를 건설하는 방식이다. 핑딩산(平顶山), 바이인(白银), 주저우(株洲) 등의 도시가 이런 방식으로 건설되었다. 세 번째 방식은 '뤄양 모식(洛阳模式)'이다. 1953-1978년에 초기 단계의 '뤄양 모식'이 진행되었는데, 구도심은 그대로 두고 새로운 구역을 건설하는 도시계획 방식이었다. 이 방식의 특징은 역사문화 도시의 면모를 유지하면서 신흥 공업도시를 동시에 건설하는 데 있다. 즉, 이 방식은 계획경제체제하에서 고도의 정체성, 유적지 보호와 신흥 공업도시 건설이라는 모순을 해결하기 위해 당시에 새롭게 제기된 방식이었다.

건공부 도시계획국(建工部城市规划局), 뤄양시 도시계획조(洛阳市规划组), 뤄양시 건설위원회계획처(洛阳市城市建设委员会规划处) 등은 1954년 4월 공동으로 뤄양 도시계획을 설계한 후, 1954년 8월 수정과 토론을 거쳐 뤄양 신공업구의 도시계획을 완성했다. 뤄양의 제1기 도시계획 기간은 1956년부터 1976년까지였다.[6] 당시의 도시계획은 주로 소련을 모방했는데, 주된 내용은 중공업을 우선시하는 도시경제 발전 전략이었다. 이 시기 국가는 뤄양의 도시 성격을 신흥 사회주의 공

국 공업이 도약하는 발판을 마련해주었다.

6 阎宏斌,「现代城市规划演变的动力机制分析: 以洛阳为例」,『生产力研究』, 2011年第08期, p.120.

업도시(新兴的社会主义工业城市)로 규정했다.[7] 뤄양의 신흥 사회주의 공업도시 건설 계획 방안은 표면적으로는 동주왕성과 한위도성, 수당도성 등 3곳의 유적지와 뤄양 구도심(금·원·명·청 시기의 뤄양)을 피해 개발함으로써 역사문화 유산을 보존하고자 했다. 하지만 당시 도시계획 설계자의 의도와 각급 정부의 지도방침에는 역사문화 유산에 대한 보존의식이 그다지 분명히 들어 있지는 않았다. 따라서 이 시기엔 '뤄양 모식' 자체도 명확하지 않았다. 하지만 '뤄양 모식'의 전체적인 윤곽은 이 시기에 마련되었다고 보아야 한다. 공간의 배치에 있어, 시공(西工) 행정구를 중심으로 하고 구도심(老城) 주민 생활지역인 젠시(涧西) 공업구를 부중심으로 삼았다. 구도심을 중심으로 사방으로 확장하는 도시계획을 포기하고 구도심을 벗어나 신지구를 건설하여 확장 발전한다는 계획이었다. 그리고 뤄허의 북쪽에서 망산(邙山) 아래까지 동서로 15km 공간에 별도로 신공업기지를 건설하여 역사문화공간을 보호, 유지하고자 했다.[8]

제2기의 도시계획은 1979년에 시작되었는데 실행 기간은 1981년부터 2000년까지였다. 이 시기의 계획은 제1기 도시계획의 성과와 한계를 살핀 후 뤄양의 도시 성격을 '유구한 역사의 이름난 고도와 기계공업 위주의 발전된 공업도시(历史悠久的著名古都和发展以机械工业为主工业城市)'로 재규정했다. 제2기 도시계획상의 인구 규모와 부지 규모는 2000년에 목표를 달성한다는 것이 애초의 계획이었지만, 이 목표는 1991년에 달성되었다.

7 丁一平, 「1953-1966工业移民与洛阳城市的社会变迁」, 河北师范大学 博士学位论文, 2007, pp.30-47.

8 阎宏斌, 「洛阳近现代城市规划历史研究」, 武汉理工大学 博士学位论文, 2012, pp.90-93.

조기 목표달성으로 인해 뤄양의 제3기 도시계획(2001-2010)[9]은 1994년부터 시작되었다. 정부, 문화재청(文物界), 도시계획과가 공동으로 수립한 이 계획은 뤄양 도시발전의 중심구역을 초대형 면적의 역사문화유적 보호구역으로 지정했다. 이때서야 비로소 뤄양의 문화유산 보호에 대한 인식이 직접적으로 드러났다. 이 시기에 이르러 '뤄양 모식'은 역사문화 유산과 유적에 대한 보호의식과 방법론을 명확하고 구체적으로 밝혔다. 1994년에 시작된 제3기의 도시계획은 제1기와 제2기의 뤄양 도시계획과 비교할 때 전반적인 도시공간 구조와 도시 형태에서 근본적인 변화를 보였다. 신지구 개발과 구도심 개조의 병행을 강조했고 신도시 공간을 개발하여 구도심의 밀집 현상을 해소한다는 것이었다. 무엇보다 중요한 것은 역사문화 보호를 위해 도시발전 공간과 문물유적 공간을 분리하고 수·당 유적지와 망산 고묘박물관(邙山古墓博物馆) 등에는 새로운 건설을 피한다는 정책을 수립했다는 점이다. 뿐만 아니라 유적지는 영구녹지로 제한하고 문물 보호를 위해 양호한 환경을 조성한다는 점을 분명히 했다.[10]

2008년에 수립되어 시행된 뤄양 제4기 도시계획(2008-2020)[11]에서는 역사문화도시 보호 계획을 한층 더 강조했다. 그리고 뤄양의 도시성격을 국가급 역사문화도시, 허난성 부중심도시(河南省副中心城市),[12] 중국 선진 제조업도시, 국제관광도시로 규정했다. 제1기부터 제

9 「洛阳市城市总体规划获国务院批准」, 『城市规划通讯』, 2002年第22期, p.3.

10 丁一平, 「城市规划中的"洛阳模式"及其当代意义」, 『河南科技大学学报(社会科学版)』, 2011年第02期, pp.6-7.

11 苏原, 「洛阳市城市总体规划(2008-2020年)主要内容与技术特点」, 『城市规划通讯』, 2008年第14期, pp.14-15.

12 정저우(郑州)는 허난성의 성정부 소재지(省会)이다. 중화인민공화국 건국 후 제1차 5개년 계획 기간(1953-1957)에 뤄양과 정저우는 급속한 발전을 이루게 된다. 1953년 도시계획에서 정저우는 도시 성격을 경공업 중심의 도시

[그림 4-5] 수당 유적지(위)
[그림 4-6] 망산 고묘박물관(아래)

이자 허난성의 정치, 경제, 문화의 중심지로 규정하는데, 카이펑(开封)에 소재하고 있던 허난성 정부는 1954년 정저우로 이전하게 된다. 이는 정저우시 도시계획과 발전에서 중요한 계기가 되었는데, 정저우는 중원(中原) 지역의 공상업도시에서 허난성의 성정부 소재지로 그 지위가 변화하게 되었다.

4기까지 뤄양 도시계획의 변화 양상은, 신흥 사회주의 공업도시→유구한 역사를 가진 유명한 고도, 기계공업 위주의 신흥 공업도시→국가급 역사문화도시, 유명한 고도와 관광도시(著名古都和旅游城市), 중원서부교통허브 및 중심도시(中原西部交通枢纽和中心城市)로 전개되었다.

뤄양의 도시 성격, 기능의 조정은 뤄양 자신의 발전전략 변화와 경제체제 개혁, 중국 도시발전상의 보편적이고 시대적인 요구에 의한 것이었다. 국가의 정책이 계획경제에서 사회주의 시장경제로 전환됨에 따라, 국가경제 발전계획에 의거해 도시의 성격을 규정해왔던 도시계획의 토대에도 근본적인 전환이 발생하게 되었다. 오늘날 중국의 도시는 외연과 내면 모두에서 중대한 변화의 기로에 서 있다. 국가의 하부 공간단위로만 간주되었던 각 도시들은 이제 생존의 단위로 재인식되었다. 도시가 경쟁의 주체가 되면서, 각 도시들은 도시 규모나 경제적 측면보다는 도시의 이미지와 정체성, 생활환경과 질 등의 도시문화에서 우위를 확보하려 노력하게 되었다.

도시문화의 성격과 특징은 도시 정체성의 기초가 되어 도시발전의 방향을 결정하는 역할을 한다. 그래서 도시문화의 정위를 정확히 파악하는 작업은 도시발전과 도시계획 수립의 토대라고 할 수 있다. 이런 측면에서 뤄양은 「제12차 5개년(2011-2015) 발전계획 요강」에서 중원(中原)경제구의 구공업기지 진흥과 허뤄(河洛)문화의 계승을 목표로 제시했다. 뤄양은 5년간의 노력을 통해 국제문화 관광도시, 중원경제구의 중요경제 성장, 양호한 생태환경으로 거주에 적합한 산수도시, 특색이 뚜렷한 신형 공업도시와 허난성 제2의 중심도시 조성을 이루고자 했다.[13] 뤄양이 도시문화 발전을 위해 제시한 주요 전략은 역사문

13 「洛阳市"十二五"发展规划纲要」. http://www.docin.com/p-1629428808.html(검색일: 2017.04.08.)

화 도시의 보호와 유지를 통해서 국제관광 문화도시로 성장한다는 것이었다. 이런 전략은 제13차 5개년(2016-2020) 계획[14]에서 더욱 부각되었다. 이 계획에서 뤄양은 중앙정부의 '일대일로(一带一路)' 정책을 중요한 기회로 삼아 실크로드 경제권 주요 도시로서 역사문화 자원을 활용하여 문화산업과 관광산업을 발전시키겠다고 천명했다. 뤄양이 문화유산 보호에 중점을 두기 시작한 때는 제12차, 제13차 5개년 계획부터였다.[15]

문화산업은 도시 경쟁력 상승의 중요한 요소이고 도시발전에서 경제적·사회적 효과를 불러오며 도시문화의 경쟁력을 제고한다. 도시의 문화적 정체성은 단시간에 정립되는 것이 아니라 도시의 문화가 오랜 세월 축적되고 세대를 걸쳐 계승되면서 형성된다. 많은 왕조의 도읍이었던 뤄양은 역사문화 자원이 풍부한 도시이며, 중국 전통문화의 발상지였다는 점을 차별점으로 부각하면서 문화산업에 박차를 가하고 있다. 뤄양에 있어 문화산업은 도시경제의 새로운 동력으로 작동하면서 역사복원사업을 더욱 추동하고 있다.

3. 허뤄문화의 소환과 중화문명 발상지로서의 뤄양

중국 최초의 국가형태가 발생한 곳은 허뤄 지역으로, 초기 3개 왕조인 하(夏), 상(商), 주(周)는 이곳에 도읍을 세웠다. 허뤄 지역은 중국문

14 郭振华, 「洛阳市"十三五"规划纲要提出: 要在河南省率先全面建成小康社会」, 『中国经济周刊』, 2016年第13期, pp.68-69.

15 「洛阳市城市总体规划(2011-2020年)」. https://wenku.baidu.com/view/acf1da58804d2b160b4ec0e4.html(검색일: 2017.01.12.)

[그림 4-7] 뤄수이라고도 불리는 뤄허(위)
[그림 4-8] 뤄허 강변의 실크로드 공원(아래)

명의 발원지이자 형성과 발전에서 중요한 지역이다. 허뤄에서 허는 황허(黄河)를 가리키고 뤄(洛)는 뤄수이(洛水)를 의미한다. 허뤄 지역은 이 두 물길이 만나는 광대한 평원을 일컫는다. 『사기·봉선서(史记·封禅书)』는 "고대 하·상·주는 모두 허뤄에 위치한다(昔三代之居, 皆在河洛之

间)"고 언급한다.[16] 삼대(三代)가 가리키는 것은 하·상·주왕조로, 하우가 하조(夏朝)를 건립하였고 그 후 상탕(商汤)의 상조(商朝), 그리고 주 문왕(周文王), 주무왕(周武王)의 주조(周朝), 삼대가 모두 허뤄 지역을 중심으로 발전했음을 의미한다. 중국 초기의 문화는 허뤄 지역을 중심으로 번성하였는데 허뤄 지역은 지금 뤄양 지역을 가리킨다.

허뤄 지역인 뤄양이 중국의 6대 고도로서 자리 잡을 수 있었던 가장 중요한 원인은 이 도시가 "천하의 중심(天下之中)"[17]에 위치하고 있다고 믿어졌기 때문이다. '천하의 중심'이라는 위치를 뤄양에 부여한 이는 하(夏)의 군왕인 우(禹)였다. 하왕조는 오랫동안 역사적 실체를 인정받지 못하다가, 1959년 고고학자 쉬쉬성(徐旭生)이 허난성의 얼리터우에서 하왕조의 유적을 발견하게 되면서 그 역사적 존재가 증명되었고 이 왕조에 대한 연구 역시 시작되었다. "2001년 중국 고고학계에서는 중국 최초의 왕조인 하왕조의 탄생 시기를 얼리터우 유적보다 늦지 않은 기원전 2070년으로 파악하게 된다."[18]

우가 통치하던 시기는 나라를 9개의 주(州)로 나누었는데 예주(豫州)는 9개 주의 중간이었기에 중주(中州)나 중원(中原)으로 불렸다. 예주는 9주의 중심이었고 뤄양은 예주의 중간에 위치했다. 이는 당시 뤄양이 천하의 중심이라는 의미였다. 하우는 '천하의 중심'이라는 개념을 명확하게 언급한 적이 없었지만, 서주(西周) 시기의 주공단(周公旦)은 뤄양이 '천하의 중심'임을 명확하게 언급한다. 『사기·주본기(史记·

16 扈耕田, 「河洛寻根文化的起源与形成」, 『洛阳理工学院学报(社会科学版)』, 2008年12月, p.25.

17 李煌, 「河洛文化研究: 以洛阳地名为切入点」, 辽宁师范大学 硕士学位论文, 2011, p.24.

18 中央电视台『帝都泱泱』摄制组, 『帝都泱泱』, 上海科学技术文献出版社, 2013, p.14.

[그림 4-9] 주왕이 뤄양에 도읍을 정한 것을 기념하기 위한 주공묘(위)
[그림 4-10] 주대의 도읍이었음을 기념하기 위한 왕성공원(아래)

周本纪)』는 "이는 천하의 중심이고 사방의 조공이 들어오는 길이 균등하다(此天下之中, 四方入贡道里均)"라고 기록하고 있다.[19] 당시 제후국이었던 서주는 각 지방을 관리하고 조공을 받기에 유리한 위치 즉 천하의 중심지 뤄양을 도읍으로 정했다. 중앙이라는 위치는 천하의 중심으로 여러 제후국과 정보를 교류하고 지방의 조공을 받는 데 유리했고, 군사 정벌을 통제하기에 적합한 장소였다. 천하의 중심이라는 지리적 요인으로 인해 뤄양이 도읍으로 정해졌다. 이런 지리적인 의미의 중심이 점차 관념적인 의미의 중심으로 확장되었다. 허뤄 즉 뤄양은 천하의 중심이라는 관념은 깨트릴 수 없이 견고하여 뤄양은 동주(东周) 이후 진정한 전국적인 도읍지가 된다.

현재 뤄양에는 하, 상, 동주, 한위와 수·당시대 등 5개의 도성 유적이 남아있다. 서주시대의 성주(成周)성은 여기에 포함되지 않는데, 서주시대 주공단이 뤄양에 성주성을 세운 것을 기념하여 주공묘(周公庙)가 건립되어 있다. 주공묘의 벽화에는 주공단의 중요한 업적인 뤄이(洛邑, 현 뤄양)에 도성을 세워 새로운 도읍을 건설한 이야기가 담겨 있다.[20]

허뤄 지역은 천하의 중심에서 사방을 관리한다는 봉건왕조시대 통치이념의 영향에 힘입어 중국 고대 정치, 경제와 문화의 중심지 역할을 하게 된다. 이런 이유로 중국 하·상·주대의 문명은 허뤄 지역을 중심으로 발달하게 되었고 허뤄문화는 중화민족문화의 뿌리가 되었다.

뤄양의 이런 성격은 영상콘텐츠 등에서 적극적으로 강조되었다. 뤄양은 기록영화 〈천지 뤄양〉,[21] 〈심근: 동방 허뤄문화의 비밀을 밝히다〉,[22] 〈강대한 세력의 제국도시〉[23] 등을 통해 허뤄문화는 초기 중화문

19 胡阿祥,「"天下之中"及其正统意义」,『文史知识』, 2010年第11期, p.16.

20 2016년 4월 저자의 뤄양 현지 답사에서 이를 확인함.

21 〈天地洛阳〉(2011)은 CCTV에서 만든 다큐멘터리로 〈天造洛阳〉, 〈王者之地〉, 〈丝路千年〉, 〈白马东渐〉, 〈根系河洛〉, 〈山水龙门〉, 〈依水而就〉, 〈国色天香〉, 〈香甲山川〉, 〈再造洛阳〉 등 10집으로 구성되어 있다.

22 〈寻踉: 解密东方河洛文化〉(2006)는 〈河图洛书〉, 〈五大学派〉, 〈周易〉, 〈大迁徙〉, 〈根在河洛〉 등 5집으로 구성되었다.

23 〈帝都泱泱〉(2013)은 CCTV에서 만든 대형 인문다큐멘터리로, 국제적으로

[그림 4-11] 하준(중국 바오지 청동기박물원)

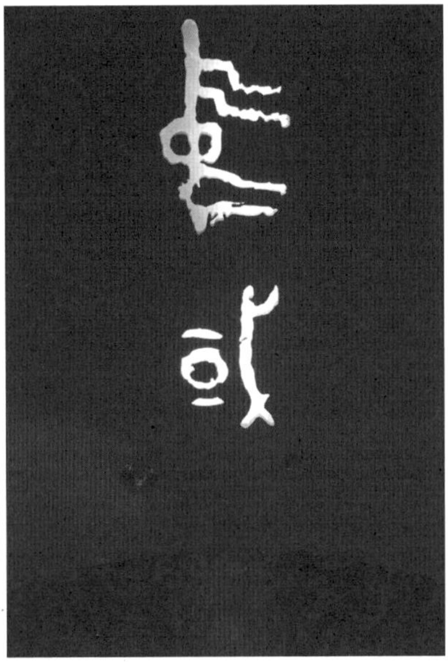

[그림 4-12] 하준에 새겨진 고문

명의 근원이며 중요한 위치를 차지하고 있다는 점을 강조한다.

'중국(中国)'이라는 두 글자가 처음 등장한 것은 현재 산시(陕西)성 바오지(宝鸡)시의 청동기(青铜器)박물원에 보존되고 있는 하준(何尊)이다. 하준에 새겨진 124개의 글자 중에 중국이라는 글자가 들어 있다. 하준이 만들어진 서주시대는 허뤄문화가 굴기하던 때였다. 중국 중앙 텔레비전 방송국(中央电视台, CCTV)이 만든 다큐멘터리 〈강대한 세력의 제국도시〉의 〈용흥중토(龙兴中土)〉 부분에서 다음과 같이 언급한다. "하준에 새겨진 국(國) 자는 현재의 국 자와는 전혀 다르고 그 형태

알려진 6대 도성 유적을 중심으로 전개된다. 이 다큐멘터리는 〈龙兴中土〉, 〈商都何处〉, 〈定鼎成周〉, 〈王城春秋〉, 〈汉魏故城〉, 〈缔造神都〉 등 6집으로 구성되어 있다.

는 현재의 '혹(或)' 자와 유사하다. 그러나 고문학자는 혹 자의 형상이 중국 고대인의 국가에 대한 인식을 반영하고 있다고 여긴다. 구(口)는 성지(城池)와 강토(疆土)를 상징하고 과(戈)는 병기이고 무력으로 지키는 국가를 가리킨다."[24] 여기서 눈여겨볼 것은 하준에 새겨진 중국이 현재의 뤄양을 가리킨다는 점이다. 다큐멘터리는 이러한 사실을 부각함으로써 뤄양의 문화적·역사적 위치 즉 중국문명의 시작지점, 천하의 중심지를 강조한다. 특히, 다큐멘터리 〈강대한 세력의 제국도시〉의 〈용흥중토〉, 〈상도하처(商都何处)〉, 〈정정성주(定鼎成周)〉, 〈왕성춘추(王城春秋)〉, 〈한위고성(汉魏故城)〉, 〈체조신도(缔造神都)〉 등에서는 하, 서주, 동주, 동한, 조위, 서진, 북위, 그 후 수 시기의 수양제, 당 시기의 무측천(武则天) 등이 뤄양에 도읍을 정한 역사적 사실과 당시의 문화적 성취, 그리고 허뤄문화가 초기 중국문명의 근원이자 중심지였다는 사실을 기록한다.

최근 중국문명의 근원으로 허뤄문화가 부각되면서 중국인의 뿌리찾기 장소로 뤄양이 부상하고 있다. 한족(汉族)은 세계에서 가장 인구가 많은 민족 중 하나인데 이 민족의 조상인 화하족(华夏族)이 몇천 년 전 굴기하던 시기 거주하던 지역이 바로 허뤄 지역이라는 것이다. 다큐멘터리 〈천지 뤄양〉의 시리즈물인 〈뿌리는 허뤄에 있다〉,[25] 〈심근: 동방 허뤄문화의 비밀을 밝히다〉(2006)의 〈뿌리는 허뤄에 있다〉[26] 등에서 허뤄인의 이주, 계승된 허뤄문화, 허뤄인의 뿌리찾기 등을 이야

24 中央电视台『帝都泱泱』摄制组, 『帝都泱泱』, 上海科学技术文献出版社, 2013, pp.2-3.

25 〈天地洛阳·根系河洛〉(第5集). http://video.tudou.com/v/XMjI2MDExMTEwOA==.html(검색일: 2017.07.03.)

26 〈寻跟: 解密东方河洛文化(第5集)·根在河洛〉. http://www.56.com/u29/v_MzA4NDkzODY.html(검색일: 2017.07.03.)

기한다. 나아가 허뤄인이나 객가인(客家人) 대다수의 뿌리는 허난(河南)성에 있고 타이완(台湾)의 100개 성씨 중 75개 성씨의 원류는 허난성이거나 대다수가 허뤄 지역에 그 뿌리를 둔다[27]는 연구가 계속 보고되고 있다.[28]

허뤄문화에 주목하는 다큐멘터리와 관련 연구는, 허뤄문화는 현재 중국문화의 근원이라는 점을 강조하면서 오랜 중국 역사와 번영한 중국 초기 문명을 부각하려는 의도를 보인다. 허뤄 지역은 하도낙서의 탄생지로서 허뤄문화는 "중화문명의 핵심"이며 허뤄문화 정신은 "중화민족 정신의 원천"이라는 것이다.[29] 허뤄문화와 사상에 대한 다큐멘터리 〈심근: 동방 허뤄문화의 비밀을 밝히다〉의 〈하도낙서(河图洛书)〉, 〈오대학파(五大学派)〉, 〈주역(周易)〉 등은 그 역사와 변천을 자세하게 다룬다. 허뤄 지역에서 시작된 고대의 갑골문은 하도낙서로 연결되고 이런 문화를 집대성한 『주역(周易)』은 허뤄 지역에서 탄생된 중요한 저서라는 것이다. 여기서 『주역』은 허뤄문화가 중국문화에 미친 영향을 짐작케 하는 상징이라 할 수 있다.

『주역』뿐만 아니라 『주례(周礼)』, 노자(老子)의 『도덕경(道德经)』

27 韩忠厚, 「客家民系"根在河洛"」, 『洛阳大学学报』, 第9卷第01期, 1994年第03月, pp.40-41.

28 杨祥麟, 「台湾文化与河洛文化」, 『中州学刊』, 2007年第03期; 安国楼, 「河洛文化与客家文化」, 『中州学刊』, 2007年第03期; 刘加洪, 「客家优良传统的根在河洛」, 『寻根』, 2010年第02期; 戎戒, 「根在河洛心归华夏: 河洛文化研究的回顾与前瞻」, 『统一论坛』, 2016年第06期 등.

29 蔡运章, 「河图洛书与古都洛阳」, 『河南科技大学学报(社会科学版)』, 第25卷第03期, 2007年6月, pp.22-23. 허뤄문화의 원류는 하도낙서(河图洛书)라는 흰 원과 검은 점으로 구성된 두 개의 도안에서 시작된다고 할 수 있다. 그것은 문자 해석도 없고 계승관계도 명확하지 않지만 중국의 전통문화는 두 개 도안의 숫자 배열이 우주 만물을 포함한다는 인식을 가지고 있다. 중국의 전통문화에서 그것은 고대의 갑골문으로 연결되고 『주역(周易)』으로 완성된다.

[그림 4-13] 주공단이 뤄양에 도읍을 건설하는 이야기를 그린 벽화(주공묘)

[그림 4-14] 뤄양 노자 기념관

[그림 4-15] 하도낙서(왕성공원)

[그림 4-16] 복희씨의 공적을 기리기 위해 세운 곳으로 중국 역학문화의 발원지인 용마부도사

등도 허뤄문화의 성취로 언급된다.[30] 공자(孔子)가 서주 주공의 사상을 정리한 유가의 정전이 『주례』이다. 주공이 예(礼)를 제정하고 악률을 만들어(制礼作乐) 국가의 제도를 정한 것이 중국의 사상적 기초가 되었다. 뤄양에는 공자가 노자에게 역대의 예악제도 문제에 대해 가르침을 청한 사실을 기념하기 위해 세운 공자입주문예비(孔子入周问礼碑)가 있다. 〈심근: 동방 허뤄문화의 비밀을 밝히다〉에서는 중국 사상의 기초 작업이 모두 허뤄 지역에서 이루어졌다는 점을 강조한다.

[그림 4-17] 공자입주문예비

위진남북조(魏晋南北朝) 시기 허뤄 지역에선 사상문화의 교류가 아주 광범하게 진행되었다. 불교사상, 불교문화도 중국에 전파되어 뤄양에는 중국 최초의 불교사원인 바이마쓰와 룽먼석굴이 건립되었다. 허뤄문화에서 중요한 부분인 불교문화는 다큐멘터리 〈천지 뤄양〉의

30 〈寻跟: 解密东方河洛文化〉(2集), 〈五大学派〉. https://v.qq.com/x/page/i0138ej4wsp.html(검색일: 2017.07.13.)

〈백마동점(白马东渐)〉과 〈산수용문(山水龙门)〉에서 집중적으로 다루었다.

뤄양과 관련된 영상콘텐츠들은, 지리적 조건으로 인해 뤄양이 도읍으로 결정되었고 뤄양은 도읍 기간 동안 중국 초기 문명을 꽃피우는 인문 중심지였다는 점을 강조한다. 뤄양 문화를 재조명하기 위한 다큐멘터리와 문화적 시도는 현재 뤄양 지역문화 정체성의 재현에 중점을 두는 것이 아니라 중국문명의 장구한 역사와 번영한 문화를 부각하고 있는 셈이다. 허뤄문화의 기원과 발전, 변천을 다룬 연구들에서도 허뤄문화를 단순한 지역 문화로 국한하지 않고 광의적인 의미의 초기 중화문명을 지칭하는 일종의 제유로 인식하며 접근한다. 역설적으로 이 같은 태도는 국가 정체성에 봉사하기 위해 뤄양에 도시 정체성의 희생을 강요하는 폐단 즉 현재 중국 역사문화 복원사업의 한계를 노정하기도 한다.

4. 뤄양의 역사복원사업과 도시 정체성의 형성

뤄양이 도시 정체성, 도시 브랜드를 위해 강조하는 것은 뤄양이 중국 역사상 가장 오랜 시간 동안 도읍지였다는 점, 풍부한 중화문화가 축적되어 있는 교과서라는 점이다. 중국문화가 최초로 탄생한 곳이 하왕조의 뤄양이라는 사실은 이미 고고학적 연구를 통해서도 증명되었다. 중국 전통문화인 유(儒), 불(佛), 도(道)의 탄생과 발전도 뤄양과 밀접하게 관련되어 있었다. 뤄양은 도학(道学)과 유학(儒学)의 근거지로서 경학(经学)이 성행했고 불학(佛学) 역시 중국에서는 뤄양에 가장 먼저 전해졌다. 뿐만 아니라 현학(玄学)도 이곳에서 형성되었고 이학(理学)도 뤄양을 근거지로 삼았다. 뤄양은 삼부(河图·洛书·八卦), 삼대(夏商周의

[그림 4-18] 근본을 찾아보니 그 뿌리는 허뤄에 있다는 문구를 담은 기념비(주공묘)

도성), 삼교(儒释道), 삼학(经学·玄学·理学) 등의 문화가 상당히 발달한 곳이었다. 또한, 이 도시는 중화 성(姓)씨의 주요 근원으로 민남(闽南)과 객가(客家)의 뿌리이기도 하다.[31] 뤄양의 주공묘에 '근본을 찾아보니 그 뿌리는 허뤄에 있다(追本溯源, 根在河洛)'는 기념비가 세워져 있는 데서 알 수 있듯, 뤄양은 중국의 고도 가운데서도 가장 풍부한 중국 전통문화가 발아, 발전하여 축적되어 있는 곳이다. 허뤄문화제가 강조하는 것 역시 중국 전통문화들의 근원, 뿌리로서의 뤄양이다.

하지만 뤄양은 풍부한 역사문화의 도시임에도 불구하고 도시문화 개발과 도시문화 자본, 전략의 측면에서 경쟁도시보다 우위에 있지 못하며 도시 브랜드 효과 역시 아직은 취약한 상태이다. 도시 정체성과 이미지는 지역성을 담지하고 있어야 하며 도시부호 즉 랜드마크는 그

31 韩忠厚, 「客家民系"根在河洛"」, 『洛阳大学学报』, 第9卷第01期, 1994年03月, pp.37-38.

도시만의 독특하고 차별적인 정체성과 이미지를 대표할 수 있어야 한다. 뤄양 역시 이런 점에 주목하여 도시 정체성과 이미지, 도시부호의 형성에 힘을 쏟고 있다. 허뤄문화제 역시 이런 노력의 일환이라 할 수 있다. 이 축제뿐만 아니라 영상매체와 역사복원 사업 등을 통해 뤄양은 중국 역사상 최초의 도읍지이자 가장 오랜 역사를 가진 역사 고도, 중화문명의 철학과 사상의 발상지라는 특성들을 부각함으로써 여타의 고도와 차별성 있는 도시 정체성과 이미지를 확립하려 하고 있다.

뤄양의 역사문화를 복원하여 재구성한 다큐멘터리 〈천지 뤄양〉, 〈심근: 동방 허뤄문화의 비밀을 밝히다〉, 〈강대한 세력의 제국도시〉 등도 이와 동일한 맥락에 놓여 있다. 이 기록영화들 역시 천년의 제국도시(千年帝都), 중국 4대 고도(中国四大古都), 13개 왕조의 고도, 신도(神都), 화도(花都), 시도(诗都), 사부지도(辞赋之都), 세계 문화도시(世界文化名城), 중화문명의 교과서, 중국 학술문화의 발원지, 중국의 불교도시, 목단의 도시 등으로 뤄양의 도시 정체성과 도시문화를 집약한다. 뤄양은 이들 핵심적인 도시부호를 중심으로 도시문화 이미지 전략을 재구성하고 도시문화 자원을 도시문화 자본으로 전환하여 도시 브랜드의 부흥과 문화산업 발전을 촉진하고자 한다.

뤄양은 영상매체뿐만 아니라 유적지 발굴과 복원 등을 통해 도시 정체성, 이미지에 구체적이고 가시적인 증거물과 볼거리를 제공하고 있다. 수당 뤄양성은 가장 번성했던 시기의 고대 뤄양을 가리키는데, 옛 건축을 복원하거나 모방한 수당 뤄양성 국가유적지공원(隋唐洛阳城国家遗址公园)을 통해 과거의 영광을 기억하고 재현하고자 한다. 2005년에 수립된 제11차 5개년 계획(2006-2010)에서 이 유적지공원이 중점보호 대유적 중 하나로 지정되면서 뤄양을 국제 문화관광도시로 만들기 위한 중요한 프로젝트가 진행되었다. 연이어 제12차 5개년 계획(2011-2015)에서도 이 유적지공원은 대유적 보호를 위한 중점 프로젝

[그림 4-19] 허뤄문명전, 당삼채(唐三彩) 전시가 특징인 뤄양박물관(위)
[그림 4-20] 동주시대 천자(天子) 6필의 수레 화석이 전시된 왕성광장의 천자가육박물관(아래)

트의 대상이었다.

뿐만 아니라 뤄양의 도시계획에 따르면, 무측천 시대의 천당(天堂) 유적지, 명당(明堂) 유적지, 응천문 유적(应天门遗址), 천진교 유적(天津桥遗址), 구주지(九州池), 사방관(四方馆), 정정문 유적박물관(定鼎门遗址博物馆) 등을 발굴, 복원함으로써 1,400여 년 전인 수·당시대 뤄양의 모습을 재현하겠다는 계획이다.[32] 뤄양은 자신이 가장 번성했고 찬란한 문화를 꽃피웠던 수·당 시기의 유적과 문화를 복원하고 재구성함으로써 현재 도시경관을 발전시키고 도시 정체성을 재정립한다. 이 중, 뤄양이 특히 중요하게 취급하는 복원사업은 천당과 명당의 복원사업이다. 천당 유적과 명당 유적 복원사업은 복원식 보호와 함께 성당(盛唐)의 풍모를 과시하는 상징적 건축물의 신축이라는 두 가지 방식의 병행을 통해 진행되었는데, 이는 뤄양의 새로운 상징으로 기획될 만큼 뤄양의 역사복원사업에서 가장 중요한 사업이었다.

중국 역사에서 유일한 여황제였던 무측천은 뤄양을 도읍으로 무주(武周) 정권을 수립하고 뤄양을 신도(神都)로 자신을 황제로 칭했다. 천당은 무측천 시기 황실의 예불당(礼佛堂)이었다. 뤄양은 이를 외부 5층 내부 9층의 건축물로 복원하여 '제왕의 존귀한 지위(九五之尊)'를 상징하고자 했다. 천당을 복원함으로써 성당 황실의 품격을 재구성한 이 유적지는 문화전시, 종교활동, 관광 등 다양한 기능을 복합적으로 수행하고 있다.

영화 〈적인걸: 측천무후의 비밀(狄仁杰之通天帝国)〉(2010)의 내용은 비록 허구이지만 실제의 역사적 장소에서 촬영이 진행됐다. 영화가 상영될 즈음, 1300여 년 전 무측천 시기의 절대왕권을 상징하다 역사 속

32 肖金亮, 「大型城市遗址的保护与展示: 以隋唐洛阳城的实践为例」, 『建筑学报』, 2012年第06期, pp.69-73.

으로 사라졌던 명당과 천당 유적의 복원작업이 한창 진행되고 있었다. 원래 수·당 왕성의 첫 번째 주인은 수양제였고 이를 건설한 이는 창안(长安)의 대흥성(大兴城)을 건설했던 당시 가장 유명한 도시 설계자인 우문개(宇文愷)였다. 우문개는 뤄양을 설계하면서 천인합일의 건축이

[그림 4-21] 복원된 안정문 유적박물관(위)
[그림 4-22] 복원된 무측천 시기 황실의 예불당이었던 천당(아래)

념을 뤄양의 산천지리 형세와 결합하여 구현하고자 했다. 수왕조가 멸망하고 40년 후 무측천은 수양제가 남긴 뤄양이라는 유산을 선택하게 된다. 영화 〈적인걸: 측천무후의 비밀〉이 재현한 무측천, 명당, 천당은 진행 중인 역사복원사업을 부각하는 효과와 뤄양의 역사문화를 선전, 광고하는 효과를 가져왔다.

[그림 4-23] 각국의 사신을 접견하는 무측천(천당)(위)
[그림 4-24] 무측천의 예불당(천당)(아래)

뤄양은 무측천과 관련된 유적을 현재의 도시 정체성뿐만 아니라 도시의 사회경제 발전으로 활용하고 있다. 룽먼석굴, 목단, 목단문화제 등 뤄양 문화관광업 발전의 대부분이 무측천에 의존하고 있기 때문이다. 뤄양은 중국에서 유일한 여황제였던 무측천 시대를 뤄양의 중요한 도시문화 브랜드로 삼고 이를 문화산업으로 연결시키고 있는 것이다.

[그림 4-25] 천당에 전시된 무측천의 초상화

지금 뤄양의 도시부호 즉 랜드마크도 무측천과 연관되어 있다. 각 도시들은 자신만의 도시부호를 통해 도시 정체성과 도시 브랜드를 창출하는데, 이때 도시부호는 도시정신과 도시문화의 매개물로 기능한다. 베이징의 고궁, 시안의 다옌타처럼 뤄양에서는 목단을 도시부호로 활용하여 도시 브랜드를 정립하고 있다. 매년 4월에 개최되는 목단문화제는 무측천과 관련된 전설을 통해 도시의 과거와 현재를 연결 짓고 화려했던 도시의 옛 영광을 현재에 재현한다. 중국에서 목단은 부귀와 길상을 뜻하고 중화민족의 번영과 행복을 상징한다. 그중에서도, "꽃이 피고 지는 20일, 한 도시의 사람 모두 미치는 것 같다(花开花落二十日, 一城之人皆若狂)"[33]는 시 구절이 있을 정도로 뤄양의 목단은 천하제일(甲天下)로 여겨진다.

33 당(唐)대 백거이(白居易)의 시 「牡丹芳」의 한 구절이다.

[그림 4-26] 뤄양의 목단

1983년에 시작된 뤄양의 목단문화제는 현재 국가급 무형문화유산으로 중국 4대 축제 중 하나이다. 2010년 11월, 국가문화부(国家文化部)는 목단문화제를 정식으로 국가급 축제로 승급하는 것을 비준하면서 명칭을 '중국 뤄양 목단문화제(中国洛阳牡丹文化节)'로 정하고 문화부와 허난성 인민정부가 공동으로 행사를 주최하도록 규정했다. 목단문화제는 중국 내외에 뤄양을 목단의 도시로 이름을 알리는 데 크게 공헌했다. 뤄양은 이 축제를 국가급 문화제로 발전시킴으로써 문화산업의 개발전략을 강화했다. 목단문화제는 도시부호를 문화산업으로 개발하여 성공한 사례라 할 수 있다. 이 문화제는 문화관광, 도시건설, 문화연출 등 다방면의 문화산업에서 성공하면서 도시경제 활성화에 중요한 역할을 담당하고 있다.

또한 뤄양은 수당대운하(隋唐大运河)의 중심도시였던 과거의 면모를 회복하려 하고 있다. 2011년 뤄양의 함가창 유적지(含嘉仓遗址), 회락창 유적지(回洛仓遗址)를 세계문화유산으로 신청하여 2014년 세계문

[그림 4-27] 뤄양 수당대운하박물관

화유산에 등재되었다.[34]

중국대운하는 세계에서 가장 길고 가장 오래된 인공운하다. 2,500년 역사를 가진 2,700km의 중국대운하는 수당대운하,[35] 경항대운하[36]

34 刘冕,「中国大运河及丝绸之路申遗成功」,『北京日报』, 第013版, 2014.06.23. 2014년 6월 22일 중국대운하는 세계문화유산 등재에 성공한다. 세계문화유산 위원회는 중국대운하는 세계에서 가장 길고 가장 오래된 인공수로이자, 규모가 가장 크고 범위가 가장 넓은 토목공사로 중국 남북의 물자 교류와 영토 관리를 가능하게 했다고 평가했다.

35 王伟,「洛阳与隋唐大运河」,『中原文物』, 2014年第05期, pp.63-64. 수당대운하 공사는 605년에 시작되었다. 백여만 명의 민공이 통제거(通济渠)를 파서 황허(黄河)와 화이허(淮河)를 연결하고, 같은 해 10여만 명의 민공이 고한구(古邗沟)를 개통하여 화이허와 창장(长江)을 연결하였다. 3년 후 허베이 민공 백여만 명이 영제거(永济渠)를 개통하여 베이징과 연결하였다. 2년 후 강남(江南)운하를 개통하여 항저우(余杭)까지 연결하였다. 5백여만 명의 민공이 6년의 시간을 들여 대운하의 전 노선을 관통하여 총길이 2,700km를 완성했다.

와 절동대운하[37]의 총칭이다.

뤄양을 중심으로 항저우와 베이징을 잇는 2,700km의 수당대운하는 수양제 시대인 605년에 대규모 토목공사로 착공되어 610년에 개통되었다. 수당대운하는 베이징, 톈진(天津), 허베이(河北), 산둥(山东), 허난, 안후이(安徽), 장수(江苏), 저장(浙江)의 8개 성(省)과 직할시를 관통하는 중국 고대 남북교통의 대동맥이다. 대운하가 개통되자 중국은 남북의 물자를 교류할 수 있었고 지방통치가 가능해져 통일국가를 유지할 수 있었다.

2014년 4월, 원래 구도심에 위치해있던 고건축 산산회관(山陕会馆)이 뤄양 수당대운하박물관(洛阳隋唐大运河博物馆)으로 개조되어 개방되었다. 그리고 주변의 송(宋)대 원펑타(文峰塔)와 금대(金代) 성벽유적지를 중심으로 명·청시대 건축을 복원하여 2017년 4월 뤄양 원펑타비유문화산업원구(洛阳文峰塔非遗文化产业园区)[38]를 만들어 개방했다.

이와 함께, 룽먼석굴 세계문화유산, 한위고성 국가고고유적공원

36 谭徐明·于冰·王英华·张念强,「京杭大运河遗产的特性与核心构成」,『水利学报』, 2009年第10期, pp.1219-1222. 경항대운하(京杭大运河)는 원대 시기 뤄양 중심이던 수당대운하를 당시의 수도 대도(베이징)를 중심으로 재건설한 것이다. 경항대운하는 뤄양으로 우회하지 않고 대도에서 남북을 가로질러 항저우에 이르는 운하로 현재에도 사용되고 있다. 길이 1,797km에 이르는 이 운하는 중국의 5대 수로인 하이허(海河), 황허(黄河), 화이허(淮河), 창장(长江), 첸탕장(钱塘江)을 연결한다. 경항대운하는 중국 남북의 경제, 문화발전과 교류 특히 연해지구의 농·공업 경제발전에 지대한 작용을 했다.

37 康新宇,「在用巨型线性文化遗产保护: 大运河浙江段五城市(杭州, 嘉兴, 湖州, 绍兴, 宁波)遗产保护规划」,『城市规划通讯』, 2010年第06期, pp.14-15. 절동대운하(浙东大运河)는 중국 저장성 경내의 운하다. 역사문화도시인 사오싱(绍兴)을 중심점으로 서쪽 샤오산시싱(萧山西兴)에서 시작해 차오어장(曹娥江)을 지나 사오싱시를 거쳐 동쪽 닝보융장(宁波甬江)에 이르기까지 전체 길이가 239km에 달한다. 절동대운하는 최초 춘추월국(春秋越国) 때 건축되었는데 지금까지 중국 저장성의 중요한 수상운송 통로 역할을 하고 있다.

(汉魏故城国家考古遗址公园), 바이마쓰 불교문화원구(白马寺佛教文化园区), 바이마쓰 주변개조 제고사업(白马寺周边改造提升工程), 뤄푸공원(洛浦公园) 기능 제고사업, 구도심 역사문화거리 보호이용사업, 젠시(涧西) 공업 문화유산 보호개발사업, 상칭궁 노자 및 도교문화원구(上清宫老子及道教文化园区), 실크로드 문화전시사업 등의 건설이 이루어졌다.

이러한 뤄양 역사문화 복원사업의 전체적인 기획 취지는 뤄양을 천년의 제국도시, 목단의 도시, 실크로드의 기점, 허뤄문화의 뿌리라는 도시 정체성과 특성, 이미지를 수립하는 것이며, 이를 통해 문화산업을 활성화하여 뤄양을 역사문화 관광도시로 개발하는 것이다.

5. 문화부호의 문화콘텐츠화

허난성은 각종 영상매체를 활용해 허난성의 이미지를 생동감 넘치고 역사가 깊은 지역으로 정립하고자 한다. 구창웨이(顾长卫)는 영화 〈공작(孔雀)〉(2005)을 통해 1970, 80년대의 안양(安阳)을 재구성했으며, 안양 출신인 시나리오 작가 리치앙(李檣)은 자신의 이야기를 통해 그 시절 안양의 생활을 재현했다. 카이펑(开封) 출신 천다밍(陈大明)은 〈계견불녕(鸡犬不宁)〉(2006)을 통해 고도 카이펑의 면모와 정체성을 드러냈다. 당시 많은 사람들이 고도 안양과 카이펑의 고박한 정취를 경험할 수 있었던 것은 영상매체 덕분이었다.

뤄양의 고도로서의 분위기와 문화적 특성 역시 대중매체를 통해 많이 전파되고 향유되었다. 중국 전국에서 상당한 호응을 얻었던 TV

38 李安, 「洛阳文峰塔非遗文化产业园开园」, 『新华社』, 2017.04.10.

[그림 4-28] 뤄양 구도심거리(위)
[그림 4-29] 뤄양의 문화가 번성하고 인재가 많이 나길 기원하며 건립된 원펑타. 송대에 세워지고 청대에 재건되었다.(아래 왼쪽)
[그림 4-30] 구러우 거리(아래 오른쪽)

드라마 〈명탐정 적인걸(神探狄仁杰)〉[39]과 적인걸(狄仁杰)을 주인공으로 한 영화들[40]은 모두 무측천이 뤄양으로 도읍을 옮긴(东都洛阳) 이후의 일을 중심으로 서사를 전개했다. 이 현대적인 영상콘텐츠들은 영상매체의 발생지인 고도 뤄양의 문화적 명예를 제고하는 데 기여했다.

무측천 시기의 뤄양을 다룬 또 하나의 영화 〈천하제일〉[41]은 뤄양의 문화부호인 목단을 중심 소재로 삼아 도시의 역사와 문화를 형상화했다. 뤄양 출신인 웨이다항(魏大航) 감독은 중국문명의 발생지인 뤄양이 자신의 풍부한 문화자산을 홀시하는 현실에 안타까움을 느껴 이 영화를 만들었다고 토로했다.[42] 영화에는 뤄양의 대표적인 역사적 인물인 여황 무측천과 초당사걸(初唐四杰)인 낙빈왕(骆宾王)이 등장한다. 그리고 뤄양의 문화부호인 목단과 관련된 목단화왕(牡丹花王), 목단석비(牡丹石碑), 핑러목단화(平乐牡丹画) 등을 소재로 삼아 시대를 뛰어넘는 뤄양의 목단문화를 자랑한다. 또한 뤄양 출신의 소설가 장위엔춘[43]의

39 〈神探狄仁杰〉은 〈武朝迷案〉, 〈神断狄仁杰〉, 〈情花金人案〉 등으로도 불리며, 중국 중앙 텔레비전 방송국(CCTV) 문예 중심 영상부와 동양룽쉬엔영상문화발전유한회사가 제작했다. 이 드라마는 무측천 시대의 유명한 재상인 적인걸을 주인공으로 한 추리극이다. 명탐정 적인걸 시리즈로는 〈神探狄仁杰1〉(2004), 〈神探狄仁杰2〉(2006), 〈神探狄仁杰3〉(2007), 〈神探狄仁杰前传〉(2010), 〈神断狄仁杰〉(2010), 〈神探狄仁杰4(神探狄仁杰之情花金人案)〉(2017) 등이 있다.

40 〈적인걸: 측천무후의 비밀(狄仁杰之通天帝国)〉(2010), 〈적인걸2: 신도해왕의 비밀(狄仁杰之神都龙王)〉(2013), 〈명탐정 적인걸(名侦探狄仁杰)〉(2015) 등이 있다.

41 魏大航, 〈甲天下〉, 2011.

42 〈新电影传奇·甲天下〉. http://www.iqiyi.com/jilupian/20111209/0314459f3acd224b.html(검색일: 2017.04.10.)

43 장위엔춘(张元纯, 1956-)은 뤄양 출신의 작가로 그의 작품 대부분이 뤄양을 배경으로 한다. 주요 작품으로는 『青春无悔』, 『洛阳旧事』, 『真不同』, 『春归何处』 등이 있다.

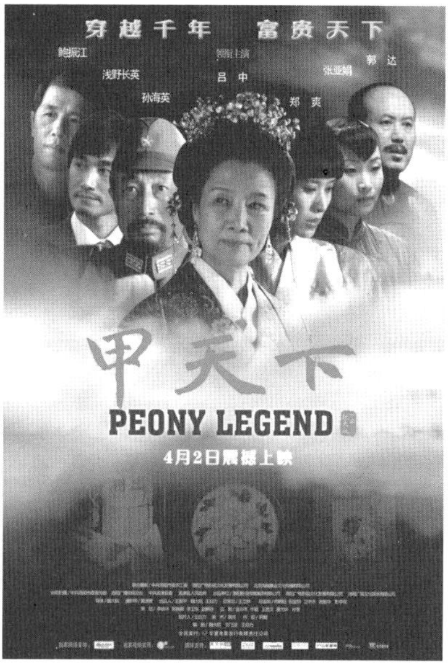

[그림 4-31] TV드라마 〈탐정 적인걸〉의 포스터 [그림 4-32] 영화 〈천하제일〉의 포스터

동명소설 『뤄양 수이시의 사람(洛阳水席人)』을 개작한 영화 〈뤄양 수이시〉[44]는 백 년이 넘는 전통을 가진 쩐부통반점(真不同饭店)을 배경으로 뤄양의 유명한 음식인 뤄양 수이시[45]를 다루었다.

그러나 영상매체를 통해 도시의 문화부호를 부각하여 도시문화와

44 韩万峰, 〈洛阳水席〉, 2012.

45 뤄양 수이시(洛阳水席)는 뤄양 일대의 전통 연회음식이다. 뤄양 수이시는 당(唐)대에 시작되어 천 년의 역사를 지닌, 중국에서 가장 오래된 연회음식 중 하나다. 이 음식의 특징은 첫째, 모두 뜨거운 음식으로 국이 있다는 것, 둘째, 한 세트가 24종의 음식으로 구성되어 음식이 물처럼 끝없이 나온다는 것이다. 뤄양 수이시는 뤄양의 기후와 밀접한 관계를 가진다. 뤄양은 산으로 둘러싸인 분지로 강수량이 적어서 기후는 건조하고 춥기에 뤄양 민간의 음식에는 국 종류가 많다. 뤄양 수이시는 성대한 연회를 열거나 귀한 손님을 접대할 때 가장 상석에 두는 음식이다.

[그림 4-33] 뤄양 특색 음식을 맛볼 수 있는 쩐부통반점

브랜드를 형성해가는 문화산업 전략의 측면에서, 뤄양은 중국의 여타 고도들에 비해 뒤떨어져 있는 것이 현실이다. 뤄양 문화부호를 콘텐츠화한 영화 〈천하제일〉과 〈뤄양 수이시〉 등은 그다지 주목을 받지 못했다. 뤄양은 각종 대중매체를 통해 자신이 5천 년 중화문명의 발상지임을 부각하고 자신을 국가의 문화적 기원 혹은 발상지로 자리매김하려 하지만, 이들 대중문화 생산물들은 뤄양의 도시문화와 정체성보다는 중국문화의 정체성에 더 중점을 두면서 오히려 뤄양의 도시문화를 외면하고 있다고 할 수 있다.

이에 대한 반성과 성찰이 도시 내부에서 제기되기도 했다. 뤄양의 작가 옌롄커(阎连科)는 "지역은 작가의 세계이고 작가의 출생지는 작가에게 아주 중요하다"고 하면서 지역을 상대적으로 중시하는 태도를 보였다. 국가의 정체성을 통해 지역의 정체성에 의미를 부여하고자 하는 뤄양과 국가의 전략에 그가 비판적인 태도를 지니고 있음은 『나와 아버지(我与父辈)』, 『연월일(年月日)』, 『토지를 찾아서(寻找土地)』, 『풍아

송(风雅颂)』, 『천궁도(天宫图)』, 『흐르는 세월(日光流年)』과 『작렬지(炸裂志)』 등의 작품에서도 잘 드러난다. 그는 거대역사(국가사)의 일방적인 우위를 거부하기도 했는데, 지방지의 형식을 취한 『작렬지』는 미시역사(지역사)의 관점에서 거대역사 특히 최근 30년 동안의 중국의 변화를 비판적으로 서술했다.

뤄양이 자신의 도시 정체성과 역사문화에 대한 깊이 있는 성찰을 전개하지 못한 이유 중 하나는 인문학적 접근을 진행할 만한 역량을 스스로 갖추지 못했다는 데 있다. 뤄양은 허난성의 경제요지로서 공업의 발달에 집중했기에 중점 종합대학이 자리하지 못했고 이로 인해 인문사회과학 연구기관과 전문인력을 충분히 배양하지 못했다. 2000년대 이후 역사문화 복원에 대한 필요성, 도시 정체성과 도시문화의 중요성을 절감하고 있음에도 불구하고 인식과 접근 방식을 가다듬을 소양을 스스로 갖추지 못한 한계가 드러나고 있는 셈이다. 현재 뤄양에서 전개되고 있는 다양한 역사문화 복원사업과 문화산업이 허난성의 안양, 정저우, 카이펑과 어떻게 차별화되면서 전개될지 그리고 각 도시의 역사문화 복원사업이 서로 조화를 이루어 어떤 시너지 효과를 낳게 될지 지켜볼 일이다.

제5장

난징, 민국문화의 소환과 도시상상

1. 고도 난징 문화의 중층성과 민국시대 문화의 소환

베이징의 고도문화는 명·청 고궁이 표현하는 기세 당당한 대국적 면모를 특징으로 한다. 반면 현재 난징 고도문화의 정수는 육조(六朝)시대의 석각과 명 성곽의 건축물을 통해 시대의 흥망과 무상함을 오롯이 드러냄으로써 슬픔과 탄식의 정서를 유발하는 데 있다고 할 수 있다.

난징은 중국 도시 중 베이징, 시안, 뤄양과 더불어 유구한 역사를 지닌 중국의 4대 고도(古都) 중 하나다. 난징은 삼국시대 오(吴)나라의 손권(孙权)에 의해 처음 도읍이 된 이후, 동오(东吴), 동진(东晋), 남송(南宋), 남제(南齐), 남양(南梁), 남진(南陈), 남당(南唐), 명(明)의 고도(故都)였고 청나라 말기 청에 반기를 든 태평천국의 수도였으며, 쑨원(孙文)을 수반으로 한 중화민국 임시정부의 수도였을 뿐만 아니라 장제스(蒋介石) 국민정부의 수도이기도 했다. 현재의 난징이 대략적인 윤곽을 잡은 것은 명나라 때인데 명대의 성벽은 지금도 남아있다. 또한 난징은 역사문화도시이기도 하지만 가슴 아픈 역사인 난징대학살의 현장이기도 하다. 1937년 중일전쟁 시기 일본군에 함락된 후 이 도시는 6주간에 걸쳐 철저히 유린당하고 파괴되었다. 이렇듯 난징은 수많은 왕조와 정부가 그리 길지 않은 시간 동안 수도로 삼았던 도시이며, 전쟁

과 학살의 상처를 고스란히 간직한 슬픈 도시이기도 하다.

난징은 역사의 부침이 심하여 중층적인 성격을 지닐 수밖에 없는 도시이지만, 현재 난징의 도시 이미지는 대체로 난징대학살에서 비롯된다. 난징대학살은 난징의 역사 중 현재와 가장 가까울 뿐만 아니라 그 충격이 워낙 큰 사건이었다. 이 사건은 지금도 중일 양국의 정치·사회적 이슈 중 하나

[그림 5-1] 기린(육조시대의 석수 조각)(위)
[그림 5-2] 중국 삼국시대 오나라의 도읍을 난징으로 정한 손권(동오대제 손권기념관)(아래)

인 탓에 중국 국내의 학계의 연구 또한 이 사건에 집중되었다. 1937년의 이 사건은 난징의 도시 이미지를 고통과 슬픔으로 고착화했다.

한편, 민국시대도 현재의 난징 도시공간 구조에 중요한 작용을 하고 있다. 민국(民国) 16년인 1927년 국민정부는 수도를 난징으로 이전하여 건설하기 위한 계획을 구상하게 된다. 1928년 북벌에 성공하면

[그림 5-3] 민국시대 국민정부 소재지(위)
[그림 5-4] 명 성곽(아래)

[그림 5-5] 평화의 대종(和平大钟)(난징대학살 기념관)

서 중국을 통일한 국민정부는 난징을 전국 도시의 모범으로 건설하기 위한 활동에 착수한다. 린이민(林逸民)을 주요 책임자로 임명하는 한편 당시 도시건설 계획 분야에서 국제적인 명성을 얻고 있던 헨리 머피(Henry Killam Murphy)와 굿리치(Ernest P. Goodrich)를 도시건설 고문으로 초청하여 수도설계를 책임지게 했다. 그 결과 1929년 12월 국민정부는 난징의 '수도계획(首都计划)'[1]을 정식으로 선포하게 된다. 그러나 정치적인 상황의 변화로 인해 '수도계획'을 실행한 시간은 채 10년이 되지 않았다.

민국시대 국민정부의 도시계획에서 가장 의미 있는 것은 명 성곽(明城墻)을 보호, 유지한 것이었다. 1928년 중앙육군군관학교(中央陆军军官学校) 교장이었던 장제스는 난징 신책문(神策门)부터 태평문(太平

1 南京国都设计技术专员办事处 编印, 『首都计划』, 1929, pp.1-184.

[그림 5-6] 민국시대 수도계획의 문건(1929)

门)까지의 성곽을 철거해야 한다고 주장했다. 학교 강당을 짓는데 성곽의 벽돌을 이용하자는 것이 주된 이유였다. 하지만 헨리 머피는 성곽을 허무는 것은 중국의 상징을 철거하는 것과 같은 큰 잘못이라고 맞서면서 성곽의 보호, 유지를 주장하는 대열에 합류했다. 급기야 헨리 머피와 쑨커(孙科)가 국민정부에 보고서를 올리자 난징 시정부는 성곽 철거를 중단하게 된다. 그러나 장제스는 자신의 주장을 굽히지 않고 시정부의 결정에 강력하게 반발했는데 이로 인해 정계와 문화계에서는 분쟁이 발생했다. 결국 국민정부가 난징 성곽을 보존하는 것으로 최종 결정하면서 명대 성곽 중 약 25km가 현존할 수 있게 되었다.

민국시대의 '수도계획' 중 명 성곽 보호 못지않게 난징의 미래에 큰 영향을 끼친 것은 Z자형의 중산대로(中山大道)를 도시의 중심으로 확정한 것이었다. 중산대로 건설은 쑨중산(孙中山)의 봉안의식을 위한 것일 뿐만 아니라 수도건설과 교통정리를 위한 것이기도 했다. 중산대로 건설은 난징시의 중심지를 청난(城南)[2]에서 신지에커우(新街口)로

2 라오청난(老城南)은 현재 난징시 친화이구(秦淮区)를 가리킨다. 청난은 주민이 가장 밀접했던 곳으로 지금까지 라오청난(老城南), 청난으로 불렸고, 창샹(仓巷), 핑스제(评事街), 난부팅(南捕厅), 니우스(牛市), 푸즈먀오(夫子

[그림 5-7] 닝하이로의 민국시대 건축군(위)
[그림 5-8] 이허로의 민국시대 건축군과 프랑스 오동나무(아래)

庙), 바이루저우(白鹭洲), 라오먼동(老门东) 등의 지역을 포함한다. 청난이란 명칭은 명대의 태조 주원장(朱元璋)이 난징을 도읍으로 정한 이후 서북방향은 군영(军营), 동쪽 방향은 황궁(皇宫), 남쪽은 거주지로 3등분한 것에 근거한다. 옛 성은 푸즈먀오를 중심으로 동서쪽은 명 성곽까지 남쪽은 중화먼(中华门)까지 그리고 북쪽은 바이시아로(白下路)까지를 포함한다.

옮겨놓는 등 난징 공간구조의 전폭적인 변화를 유발했다. 중산대로는 근대 중국 도시계획의 첫 작품이었으며 현대 난징의 도시공간 구조, 기능구분, 도로 시스템을 결정짓는 시금석이었다.

한편, 뤼옌즈(吕彦直), 판원짜오(范文照), 양팅바오(杨廷宝) 등 유럽과 미국에서 유학한 후 수도 난징으로 모여든 건축사들은 전통 건축양식과 융합된 신건축을 모색했다. 그 결과 현재 난징의 '민국스타일(民国风)'이 만들어졌다.

민국시대의 다양한 시도들이 명 성곽, 중산대로, 프랑스 오동나무 및 민국건축군 등 현재 난징에 가장 중요한 도시부호를 선물했다. 이런 이유로 중국에서 현대적 의미의 대규모 도시계획은 난징에서 시작되었다고 평가받는다.

최근 들어 난징 시정부는 도시 이미지를 제고하기 위해 노력하고 있는 듯하다. 시정부가 선택한 전략 중 하나는 문화산업을 이용하는 것인데, 특히 영상산업을 지원하여 중국 전체에 유포함으로써 난징의 도시 이미지를 새롭게 구축하려 하고 있다. 문화산업이 특히 중시되는 현대에서, 문화는 도시역사의 축적물이면서 도시정신의 결과물이고 도시발전의 동력, 원천이라 할 수 있다. 난징 시정부는 문화산업을 통해 도시 이미지를 개선할 뿐만 아니라 도시 경쟁력을 확보하려 하고 있다.[3]

난징 시정부의 지원 아래 난징을 배경으로 제작된 영화와 TV드라마는 중국 전역에서 주목을 받으면서 계속 증가하고 있는 추세라고 보도되고 있다.[4] 그중 대표적인 영화로는 〈난징의 그해 여름〉,[5] 〈신해혁

3 慈祥, 「南京影视现象分析与品牌化打造: 关于南京影视创作与传播情况的调研报告」, 『文化产业研究』, 2012年第05期, pp.97-98.

4 郑晋鸣·陆金玉, 「南京: 以文化重塑气质」, 『南京日报』, 2010.08.31.

5 虞军豪, 〈南京的那个夏天〉, 2009.

명〉,[6] 〈루산의 사랑 2010〉,[7] 〈별일 아니야〉[8] 등이 있고 TV드라마로는 〈예리한 검〉,[9] 〈난징의 결전〉,[10] 〈안마〉[11] 등을 꼽을 수 있다.

이 영화와 드라마들은 난징대학살을 새로이 조명하거나 난징의 다른 역사적 사건으로 대체함으로써 난징의 이미지를 제고하려 한다. 가령, 난징대학살의 참혹상을 기록하는 영화가 본격적으로 생산되는데, 〈진링의 13소녀〉,[12] 〈난징! 난징!〉,[13] 〈존 라베: 난징 대학살〉,[14] 〈동경심판〉[15] 등이 그것이다. 난징의 문화산업은 난징대학살의 상처를 적극적으로 드러냄으로써 난징을 애국주의 교육도시로 재편하려 한다.

〈난징의 그해 여름〉은 난징이 자신의 상처를 치유하는 방식과 정립하고자 하는 도시 이미지가 어떻게 호응하고 있는지를 보여준다. 이 영화의 감독 위쥔하오(虞军豪)는 영화 제목 안의 '여름(夏天)'은 2007년의 여름으로 난징대학살의 70주년을 의미한다고 말한다. 감독은 이 영화를 만든 의도는 그 사건을 기념하면서 고난의 역사도시 난징에 새로운 활력을 불어넣고 보통시민의 인문정신을 담아내는 데 있었다고 설명한다.[16] 이 영화는 난징 소시민의 따뜻한 인정과 난징의 여러 명승지를 보여줌으로써 난징의 아름다운 자연과 인문경관을 전시한다. 난

6 张黎·成龙, 〈辛亥革命〉, 2011.
7 张瑜, 〈庐山恋2010〉, 2010.
8 韩秋池, 〈多大事啊〉, 2009.
9 陈应岐·陈聚之, 〈利剑〉(32集), 2010.
10 沈悦·沈严, 〈决战南京〉(35集), 2010.
11 康洪雷, 〈推拿〉(30集), 2012.
12 张艺谋, 〈金陵十三钗〉, 2011.
13 陆川, 〈南京!南京!〉, 2009.
14 플로리안 갈렌베르거, 〈존 라베: 난징 대학살(拉贝日记)〉, 2009.
15 高群书, 〈东京审判〉, 2006.
16 贾儒, 「充满友爱的〈南京的那个夏天〉: 电影〈南京的那个夏天〉观摩研讨会记要」, 『中国电影报』, 2010.01.17.

징 출신의 배우가 난징 지역어를 사용하는 이 영화는 난징의 자연경관과 난징의 성곽을 주인공으로 삼은 난징 선전 영화라 할 수 있다. 고통과 슬픔을 난징의 도시 이미지로 고착시켰던 역사적 사건은 난징의 유구한 역사와 문화, 자연 등으로 인해 이미 치유된 듯 그려진다. 영화 〈별일 아니야〉 역시 난징 소시민의 생활을 소소하고 따뜻하게 그린 영화다. 제8회 마오뚠(茅盾) 문학상(2011)을 받은 비페위(毕飞宇)의 소설 『안마(推拿)』를 드라마로 만든 〈안마〉는 맹인 안마사를 중심으로 난징의 소시민 생활을 그린다.

난징을 배경으로 만든 TV드라마 대부분은 1945년 8월 15일 항전 승리 후 국·공 양당의 투쟁을 그린다. 당시 난징 공산당 지하당원이 국민당과의 투쟁에서 승리하여 난징을 접수한다는 내용이다. 이런 드라마로는 〈예리한 검〉, 〈난징의 결전〉 등이 있다.

그런데 이에 못지않게 주목되는 것은 민국시대를 적극적으로 소환하는 경향이다. 이허로(颐和路), 닝하이로(宁海路)와 장쑤로(江苏路), 총독부, 중산릉 등 민국시대 건축군이 지금도 주요 관광지로서 도시 곳곳에 산재해있을 뿐만 아니라, 이 시대는 고통의 역사를 치유할 수 있는 가장 가까운 영광의 시대라는 점, 타이완의 관광객에게 소비될 수 있는 장제스에 대한 기억을 공유하고 있다는 점 등이 민국시대를 적극적으로 소환하는 중요한 이유인 것으로 보인다. 항전 이후를 다룬 영상물들은 국가의 지배 이데올로기가 관통되고 있기에 난징에 대한 도시상상 또한 대단히 건조할 수밖에 없는 데 반해, 민국시대 난징에 대한 상상은 상대적으로 더욱 자유롭고 풍부하다. 난징이 상상하는 도시 이미지, 도시 정체성은 민국시대를 배경으로 한 작품들에서 더욱 자유롭게 제기된다. 따라서 난징 상상과 재현의 방식, 내용을 탐색하고자 하는 이 장은 민국시대의 난징을 배경으로 한 작품에 집중한다.

또한 이 장은 영상물보다는 문학작품이 상상하고 재현해내는 난

[그림 5-9] 민국시대 거리의 재현(난징 박물원)

[그림 5-10] 총독부

[그림 5-11] 쑨중산의 동상(총독부)

[그림 5-12] 쑨중산을 기념하는 중산릉

징의 이미지, 도시 정체성을 찾아볼 것이다. 왜냐하면 영상물은 수많은 사람이 참여하는 종합예술인 만큼 상상의 내용과 형상화 역시 많은 제약과 한계를 지닐 수밖에 없기 때문이다. 반면, 문학작품이 재현하는 도시상상과 재현은 시대의 총체성에 기반을 둔 작가 개인의 상상이며 구체적인 영상매체가 아니라 개념적인 언어매체를 통해 제공되기에 그만큼 자유롭고 제약이 덜하다고 할 수 있다. 영상물은 많은 정보를 제공하는 만큼 재현력이 뛰어나다고 할 수 있지만 동시에 재현력의 현실적 제약이 작가의 상상을 제한하기도 한다. 반면, 언어만으로 구성되는 문학작품은 영상물에 비해 상대적으로 재현력이나 정보 정밀도가 떨어지지만 오히려 이 점이 상상력의 확장과 수용자의 높은 참여를 보장하거나 요구하기도 하는 것이다. 고통의 도시로 이미지가 고착화된 난징에서 새로운 상상을 하기에는 문학작품이 좀 더 수월할 수 있다.

문학텍스트를 통한 도시 연구에서 중요한 것은, 작품이 도시를 얼마만큼 사실적으로 재현했는지를 살피는 것이 아니다. 오히려 도시와 작품의 상호 영향관계와 그 효과에 주목하는 것 즉 도시는 텍스트의 생산에 어떤 영향을 끼치며 작가의 상상력과 상상 방식은 도시의 재현 양상을 어떻게 규제하는지 그리고 작품으로 형상화된 도시상상은 실제 도시의 재구성에 어떻게 다시 개입하는지 등에 주목해야 한다. 이 장에서는 민국시대를 다룬 두 작가의 소설 즉 예짜오옌(叶兆言)의 『1937년의 사랑(一九三七年的爱情)』 등의 작품과 거량(葛亮)의 『주작(朱雀)』을 중심으로, 난징 정체성이 어떤 내용과 방식으로 상상되고 재현되는지, 난징과 작가의 관계는 어떠한지, 그리고 이 상상과 서사가 어떤 의미를 지니는지 등을 살펴본다.

2. 예짜오옌의 도시기억과 상상

난징의 문학은 오랜 전통을 갖고 있다. 중세기 좌사(左思)의 『오도부(吴都赋)』, 유신(庾信)의 『애강남부(哀江南赋)』, 공상임(孔尚任)의 『도화선(桃花扇)』 그리고 오경재(吴敬梓)의 『유림외사(儒林外史)』 등은 모두 난징을 배경으로 했다. 그리고 1920, 30년대 주쯔칭(朱自清), 위핑보(俞平伯) 등이 친화이강(秦淮河)[17]을 배경으로 각각 「희미한 등불 아래 노젓는 소리 들리는 친화이강(桨声灯影里的秦淮河)」[18]이라는 글을 쓰면서 중국 현대문학의 난징 상상은 시작되었다.

당대 중국의 난징 작가 중에서 난징 서사로 가장 이름이 높은 이는 예짜오옌[19]이다. 그는 난징에서 출생하고 성장했으며, 자신이 거주하고 있는 난징의 공간과 역사에 대해 깊은 애착을 갖고 있었다. 그는 일찍부터 자신의 다양한 도시상상, 도시서사를 허구적 서사 장르인 소설로 전개했는데, 그의 작품에 재현된 난징 상상은 크게 세 가지로 분류된다. 『화영』[20]과 『화살』[21] 등은 난징을 친화이강을 중심으로 한 풍

17 친화이강(秦淮河)은 양쯔강의 지류로 난징 시내를 흐르는 강이다. 당(唐)대 시인 두목(杜牧)이 「泊秦淮」를 지은 후 친화이강이라 불린다. 난징 역사문화는 이 강을 중심으로 발달하였다.

18 이 산문은 『东方杂志』(1924.01.25.)에 발표되었다.

19 예짜오옌(叶兆言)은 1957년 난징 출생의 저명한 작가이다. 난징대학 중문과 학사(1982), 석사(1986)학위를 취득하고, 진룽 직업대학(金陵职业大学) 교수와 장쑤문예출판사(江苏文艺出版社)의 편집인을 거쳐 지금은 장쑤성 작가협회의 전업작가이다. 1980년부터 작품을 발표하기 시작하여 중편소설집으로 『艳歌』, 『夜泊秦淮』, 『枣树的故事』가 있고, 장편소설로는 『一九三七年的爱情』, 『花影』, 『花煞』, 『别人的爱情』, 『没有玻璃的花房』, 『我们的心太顽固』 등이 있다. 그 외 산문집으로 『流浪之夜』, 『旧影秦淮』, 『叶兆言散文』, 『杂花生树』 등이 있다.

20 叶兆言, 『花影』, 南京出版社, 1994.

21 叶兆言, 『花煞』, 今日中国出版社, 1994.

[그림 5-13] 친화이강

류와 퇴폐의 중국 전통도시로 상상하며, 『1937년의 사랑』[22]에서는 1930년대의 난징을 번화하고 자유로운 현대도시로 기억한다. 그리고 『포착심도』[23] 등의 작품은 현재의 난징을 세속적이고 자질구레한 일상으로 가득 찬 도시로 재현한다.

『화영』, 『화살』 등의 도시서사는 외부 공간에 대한 흥미가 아닌 인간의 심리에 대한 관심에 뿌리를 두고 있다. 친화이강가의 유서 깊은 저택에 대한 작가의 특별한 감정은 그의 상상을 자극했는데, 그가 관심을 가진 것은 가족의 숭고한 역사가 아닌 가족의 야사였다. 그에게 있어 깊은 저택이라는 폐쇄된 공간과 그곳에서 발생하는 권력투쟁 등의 각종 사건들은 사실 인간 내면의 다양한 욕망들의 발현태였다. 그는 난징이라는 지리공간을 빌어 인간의 복잡다양한 내면세계를 상상하고 재현했다. 또한 『라오난징』[24]에서는 만청(晚淸), 민국시대부터 1949년 이후에 이르기까지 정치와 관련된 도시의 변천사 혹은 정치와 그다지 관련이 없는 일상생활을 서술하면서 난징의 역사를 재조명하

22 叶兆言, 『一九三七年的爱情』, 江苏文艺出版社, 1996.
23 叶兆言, 『捕捉心跳』, 人民文学出版社, 2006.
24 叶兆言, 『老南京』, 江苏美术出版社, 1998.

[그림 5-14] 소설『라오난징』의 표지

고 상상한다.

여기서 특히 주목할 작품군은 1930년대 민국시대를 배경으로 한 소설들이다. 예짜오옌이 민국시대의 난징을 상상하고 재현하는 방식은 민국풍을 강조하는 현재의 난징 도시계획의 의도 혹은 취지와 밀접하게 연결되기 때문이다. 그가 재현하는 민국시대 난징의 분위기는『야박진회(夜泊秦淮)』에서 잘 드러난다.

> 난징은 훌륭한 역사교과서이기에 이 도시를 통해 중국의 역사를 기억할 수 있다. 난징의 유적은 인문학적 색채가 농후하며 자연경관은 아름답다. 그래서 난징은 그 어떤 도시와 비교해도 부족함이 없다. 이 도시의 강점은 그 역사와 독특한 인문에 있다.[25]

"청난(城南)은 라오난징의 상징이다"[26]는 발언에서 알 수 있듯, 그는 청난[27]을 난징의 역사가 응축되어 있는 공간으로 해석했다. 산문

25 叶兆言,「南京, 历史和人文」. http://www.doc88.com/p-0022028923062.html(검색일: 2019.07.18)

26 叶兆言,「城南」,『南京人·续』, 南京大学出版社, 2011, p.59. "城南是老南京的象征."

27 난징의 청난(城南)은 오래전부터 난징의 상업과 문화의 중심지였다. 난징에는 구건축물이 많은데, 청베이(城北)에 민국 시기의 건축물이 많다면 청난에는 명·청시대의 건축물이 많다. 청난을 대표하는 곳은 친화이강 주변 일대와 푸즈먀오(夫子庙)다.

[그림 5-15] 푸즈먀오

「청난」에서 예쯔오옌은 자신이 전해 들은 옛이야기 즉 라오난징의 푸즈먀오(夫子庙)와 친화이강 주변에서 벌어진 일화들을 이야기한다. 이 산문은 예쯔오옌이 친화이(秦淮)문화를 이해하고 상상하는 방식을 보여준다. 그는 라오난징 시절의 강남(江南)[28] 생활을 체험하지 못했지만 강남은 그가 역사를 상상하는 데 있어 핵심적이고 거대한 정위공간(定位空間)[29]이 되고 있다. 강남을 중심으로 한 그의 상상과 서사는 그곳 시정생활의 각종 세태를 그리는 데 집중된다.

강남을 중심으로 한 예쯔오옌의 난징 상상과 서사가 자연히 강남 선비들의 풍류와 기개, 강남의 문화를 재현하고 긴밀히 연결되면서 그

28 여기서의 강남(江南)은 자연지리와 문화지리가 합해진 개념으로, 양쯔강 이남의 자연과 문화를 가리킨다.

29 정위공간은 의식의 중심점에 놓여 있는 공간 또는 의식의 발상근거가 되는 공간을 의미한다. 로만 인가르덴, 이동승 옮김, 『문학예술작품(*Das Literarische Kunstwerk*)』, 민음사, 1985, p.254, 262 참조.

의 소설들은 심미적이고 전설적인 경향을 띠게 되었다. 예짜오옌은 친화이문화의 공간과 성격을 라오난징의 상징적 기호로 상상하고, 도시 공간과 인물 성격, 운명의 교호 관계를 재현하는 데 관심을 쏟음으로써 자신의 독특한 작품세계를 구축해갔다. 그의 이런 특징이 두드러지게 발현된 소설은 "야박진회" 계열 소설[30]로 명명되었는데, 이 소설들의 특징은 지역 특색의 전시를 매우 중시했다는 것이다. 이 소설들은 주로 민국시대를 시간적 배경으로 삼아 육조고도(六朝古都)의 난징과 친화이강 주변의 일화 등을 묘사했다. 민간의 시선으로 강남과 친화이강의 역사를 재해석한 그의 소설은 지역적 특색을 농밀하게 담아냈고 오랜 문화적 운치를 재구성해냈다. 물론 이 문화적 운치는 친화이강 주변 문화풍습과 그 일화에 대한 예짜오옌의 친숙함과 애호에서 비롯되었다. 그가 강남의 운치를 작품 속에서 재현해내기 위해 주로 차용한 문화적 기호는 찻집, 술집, 기원(妓院), 놀잇배(画舫), 정원 등이었다. 이 기호들은 그가 과거의 친화이강을 상상할 수 있는 공간적 근거였다.

1930년대 난징의 서비스산업은 난징 인구의 절반 정도가 이 업종에 종사할 정도로 발달했다. 그리고 민국 시기 난징의 오락은 전통과 서구 즉 중·서가 융합된 것이었다. 당시 난징에는 영화관, 당구장, 무도장(舞厅) 등 서구식 오락공간이 보급되어 있었으며 난징의 전통적인 오락문화인 음주, 음차, 친화이강에서 놀잇배를 타는 것 역시 여전히 성행하고 있었다. 이 중 전통적인 찻집과 술집은 난징의 대로와 작은 골목에 퍼져 있어 난징 특유의 도시 풍경을 형성했다. 『수도지(首都志)』 통계에 의하면, 민국 시기 난징에는 음식점이 1,151곳, 찻집이

30 예짜오옌의 「状元镜」, 「十字铺」, 「半边营」, 「追月楼」 등이 여기에 속한다.

300곳 있었다.[31] 음주, 음차는 친화이강 고유의 생활문화로 민국 시기의 난징에 깊이 뿌리내리고 있었다.

[그림 5-16] 소설『1937년의 사랑』의 표지

이런 역사적 사실을 바탕으로 예짜오옌은, 항상 친화이강에 와서 놀잇배를 타고 각종 찻집을 출입하는 주인공을 통해 난징의 전통문화를 재현했다. 그의 소설에서 찻집은 결코 없어서는 안 되는 곳이다. 그곳은 사람들의 우연한 만남이 이루어지는 곳이며 각종 소문이 생산되고 유포되는 곳이다. 찻집은 사적인 교류가 진행되는 집과는 달리 일종의 공공문화, 오락공간이다. 찻집 등은 예짜오옌의 1930년대 난징 상상과 서사화 방식을 상징적으로 제시하는 공간이었다.

예짜오옌이 민국시대의 난징을 어떻게 상상하고 있는지는 1930년대를 배경으로 한 또 다른 소설『1937년의 사랑』에서 잘 드러난다. 이 소설은 현대 도시의 낭만을 극대화하여 재현했다. 소설의 제목에서 드러나듯 소설의 시간적 배경은 1937년이며 공간적 배경은 국민당 정부의 수도이고 중국 정치, 경제, 문화의 중심지라는 지정·지경학적 위치가 강조된 난징이다. 소설이 묘사한 1937년의 난징은 비록 전쟁과 국가 멸망을 눈앞에 두고 있고, 도처에서 항일구국의 구호가 들리지만

31 南京史志编辑部,『首都志』(下), 南京古舊书店南京史志编辑部, 1985, pp.1060-1061(이 책은 南京正中书局 1935年版을 南京市地方志编纂委员会辦公室에서 영인한 것임).

여전히 환락과 쾌락에 빠진 도시이다. 이 도시의 낭만은 국가의 멸망, 개인의 생사도 개의치 않을 정도다. 이 소설은 『수확(收获)』(1996年第4期)에 처음 발표되었으며 1997년에 출판된 단행본 『1937년의 사랑』의 머리말(前言)에서 작가는 난징에 대한 마음을 고백한다.

> 내가 고도 난징의 1937년을 응시한 것은 이미 오래전부터다. 고도 난징이라는 화려한 난파선은 일찍이 역사의 폐지더미 속으로 사라졌다. 상황도 변했고 오랜 세월이 지났다. 고도 난징은 마치 나이 들어 쇠락한 여인처럼 다시는 사람들의 흥미를 끌지 못한다. 이 오랜 도시는 민국 시기에 순식간에 번성했고 강렬한 풍파를 많이 겪었다. 사람들은 먼지처럼 쌓인 역사 속에 방치된 운명을 회상하며 슬퍼한다. 사람들은 난징을 사라진 중화민국의 살아있는 화석으로 기념한다. 난징은 다만 지난날의 표상일 뿐이다. 난징은 거대한 역사적 역량을 배태했던 그 옛날의 명칭일 뿐이다…….[32]

『1937년의 사랑』의 내용은 소설이라는 장르 성격이 규정하듯 허구다. 그러나 이 소설은 작품 전체에 걸쳐 매우 풍부한 역사적 사료를 인용하고 있다. 허구적 서사는 이 역사적 사료들과 맞물려 사실성과 진실성을 획득한다. 난징의 거리 풍경부터 당시 정부의 정책, 당대의

32 叶兆言, 『一九三七年的爱情·写在前面』, 江苏文艺出版社, 1997. "我的目光凝视着古都南京的一九三七年, 已经有许多年. 古都南京艘华丽的破船, 早就淹没在历史的故纸堆里. 事过境迁, 斗转星移, 作为故都的南京, 仿佛一个年老色衰的女人, 已不可能再引起人们的青睐. 这座古老城市在民国年间的瞬息繁华, 轰轰烈烈的大起大落, 注定只能放在落满尘埃的历史中, 让人感叹让人回味. 南京是逝去的中华民国的一块活化石, 人们留念的, 只能是那些已成为往事的标本. 南京的魅力只是那些孕育着巨大历史能量的古旧地理名称……."

실제 인물들까지 구체적으로 묘사하고 열거함으로써, 1937년의 난징을 그대로 재현하는 듯한 느낌을 불어넣는다.

작가는 이 소설의 집필과정에 대해 언급하면서, "난 매번 도서관에 가서 고서와 옛 신문, 옛 잡지들을 보았다. 오래된 사료들은 마치 내가 역사 속으로 들어가고 있는 듯한 착각을 불러일으켰다"[33]고 고백한다. 한편 소설의 후기에서는, "소설을 결국 이렇게 쓰게 되리라고는 처음에는 생각지도 못했다. 나는 본래 기실체(纪实体)의 소설을 쓸 생각이었고 고도 난징의 1937년 편년사를 쓰려고 했다. 그런데 결과는 전혀 뜻밖이었다"[34]고 애초의 창작 의도를 밝히기도 한다.

작가의 두 발언을 통해 볼 때, 예짜오옌의 원래 계획은 비록 소설 양식을 빌지만 난징에 관한 역사 자료, 문헌을 참고하여 사실에 근거한 역사서를 쓰는 것이었다. 그런데 그 결과는 정사(正史)가 아닌 개인의 상상력이 충만한 야사(野史)였다. 그런데 애초의 의도와 전혀 다른 결과에 이르게 된 것은 작가에게 있어 정말 의외였을까? 예짜오옌의 다음 발언은 이 질문에 대한 해답의 실마리를 제공한다.

> 1937년의 난징을 바라볼 때 복잡한 감정이 마구 솟아올랐다. 당시의 번화함을 재현하려는 과도한 바람 따위는 내게 없었지만, 이른바 민국이 흥성한 시대인 1937년은 그 자체로 수많은 허황된 이야기를 지니고 있었다. 1937년은 다만 눈앞에서 흩날리는 구름과 연기일 뿐이었다. 나

33 叶兆言, 『一九三七年的爱情·写在前面』, 江苏文艺出版社, 1997, p.343. "我一次次地去图书馆看旧书, 翻阅当年的旧报纸旧杂志, 那些陈旧的东西, 让人有一种走进历史的错觉."

34 叶兆言, 『一九三七年的爱情·写在前面』, 江苏文艺出版社, 1997, p.342. "小说最后写成这样, 始料未及, 我本想写一部纪实体小说, 写一部故都南京的1937年的编年史, 结果大大出乎以外."

의 시선은 과거의 특정한 시대를 배회했고 소설가인 나는 역사가들이 역사라고 부르는 그런 역사를 이해할 수가 없었다. 내가 본 것은 단지 소소한 단락과 대변혁 시대의 슬프고 변변치 못한 작은 이야기들뿐이었다.[35]

중국 사회주의 시기의 역사소설은 역사 발전 방향의 필연성을 예측하여 역사의 우연성을 제거하는 데 집중했다. 특정 시기의 역사적 진실과 성격은 거시적인 역사 발전의 필연성을 바탕으로 삼아 해석되었다. 그러나 기성 체제와 제도 속의 역사가 혹은 관방 역사가와는 접근방식과 감정이 달랐던 그에게 있어, 『1937년의 사랑』이라는 소설은 의외의 결과가 아니라 작가가 의도한 서술 전략의 필연적 결과물일 수밖에 없다. 예쯔오옌의 소설은 진실의 역사라는 것에 의문을 던지면서 거대역사가 은폐한 개인의 역사에 주목했다. 미시역사를 배제한 거대역사에 대한 작가의 자괴감은 그의 작품 『장원경(壮元镜)』, 「추월루(追月楼)」 등에서도 발견할 수 있다. 예쯔오옌의 "야박진회" 계열 소설에서 역사 발전을 결정하거나 이에 영향을 끼치는 것은 언제나 우연이다. 그는 중심의 거대역사 서사에 대항하여 이를 해체하는 글쓰기를 시도했다. 그의 소설은 역사의 진실성, 사회역사적 가치에 대한 성찰과 해체를 민간의 시선으로 진행했는데, 이 때문에 신역사소설(新历史小说)이라고 불렸다. 예쯔오옌의 신역사소설이 지닌 가치는 역사의 '진

35 叶兆言, 『一九三七年的爱情·写在前面』, 江苏文艺出版社, 1997. "我注视着一九三七年的南京的时候, 一种极其复杂的心情油然而起. 我没有再现当年繁华的奢望, 而且所谓民国盛世的一九三七年, 本身就有许多虚幻的地方. 一九三七年只是过眼烟云. 我的目光在这个过去的特定年代里徘徊, 作为小说家, 我看不太清楚那种被历史学家称为历史的历史. 我看到的只是一些零零碎碎的片段, 一些大时代中的伤感的没出息的小故事."

실'이라는 단단한 틀을 깨트리고 역사라는 종이 위에 다른 장면을 그렸다는 것이다. 그의 소설은 '진실'에 대한 의문을 제기한다는 데서 의의를 찾을 수 있다. 그가 표현하고자 하는 것은 바로 시대의 역사 속에 가려져 있는 개인사였다.[36] 그의 신역사소설은 기존의 "일체의 역사 모두를 계급투쟁의 역사"로 간주하는 거대사를 전복하고 "욕망의 역사", 미시사를 만들어냈다.[37]

그의 난징 상상과 서사에 있어 역사적 사실 자체는 그리 중요하지 않다. 예짜오옌은 문헌에 기록된 역사적 사실을 대량으로 사용하지만, 이 역사적 사실은 작가의 상상력에 의거하여 재배치되고 구성되어 마침내 새로운 난징 형상을 위한 자료로 활용된다. 역사적 사실은 난징의 낭만적 전설을 재현하기 위한 도구로 사용된다. 따라서 작가의 난징 상상과 서사가 역사적 사실과 얼마나 일치하는지에 주목하지 않고 작가의 난징 상상 방식과 의도에 집중할 때 작품과 공간의 영향 관계가 드러난다.

작가가 재현한 1930년대의 난징은 비록 위기에 처해있지만 번화하고 화려하며 분위기는 자유롭다. 난징에 대한 예짜오옌의 상상은 국가의 멸망과 개인의 생사는 고려하지 않은 채 과도한 화려함을 추구한다. 그런데 관방 역사는 1937년의 난징을 국민당 암흑통치하의 억압과 궁핍함만으로 성격을 제한하면서 재현했다. 따라서 작가의 이러한 난징 상상은 중화인민공화국 건국 후 관방의 거대역사가 난징을 형상화하는 방식에 대한 일종의 저항적 성격을 띠게 된다. 작가는 관방 역사가 재현한 난징의 모습에 대해 불만을 드러내는 데서 그치지 않고 자

36 黄强,「从民间视野反思历史: 读叶兆言的"夜泊秦淮"系列小说」,『时代文学』, 2010年第07期, p.57.

37 曹文轩,『20世纪中国文学现象研究』, 北京大学出版社, 2002, p.220.

신의 상상에 의거하여 자유롭고 화려한 민국시대 난징을 창조해냈다. 예짜오옌의 작품은 실제의 역사 위에 허구를 완벽하게 통합함으로써 거대역사의 난징 상상에 의문을 제기했다.

예짜오옌이 재현한 난징은 장아이링(张爱玲)이 묘사한 난징과 일정한 차이를 보인다. 장아이링의 『반생연』[38]은 당시의 수도 난징을 오

[그림 5-17] 조난자 추모탑(난징대학살 기념관)(위)
[그림 5-18] '가정은 파괴되고 가족을 잃다(家破人亡)'라는 조형물(난징대학살 기념관)(아래)

래되어 허름하고 우울하고 전통적인 곳으로 묘사한다. 그녀에게 있어 난징은 변화하기는커녕 황량한 도시다. 그러나 『1937년의 사랑』은 1937년의 역사적 사건이 아니라 남녀 간의 사랑을 통해 낭만적인 도시공간의 일상생활에 주목한다.

예짜오옌은 전쟁에 매몰된 역사 속에서 사랑에 눈 먼 띵원위(丁问渔)와 위위엔(雨媛)의 열정적인 사랑을 찾아낸다. 소설 속 마지막 시간은 1937년 12월 12일 오후다. 그날 석양이 질 때 띵원위는 일본군의 총탄에 죽고 소설은 끝난다. 그 다음날인 12월 13일은 실제 역사에서 일본군의 만행으로 온 도시가 피로 물드는 난징대학살이 감행되는 날이다. 띵원위의 사랑과 소설이 끝나는 시점은 난징대학살이 시작되는 그 시점이다. 작가는 띵원위의 개인사를 그리면서도 그것을 난징의 거대역사와 맞물려놓고 있다. 작가의 난징 상상은 무목적적인 퇴행성과 낭만성으로 점철된 것이 아니라, 거대역사에 대한 저항 그리고 거대역사의 무자비한 위력에 대한 고발 등을 내포한다. 신역사소설의 이런 양면성은 난징이라는 구체적인 도시를 상상하는 과정에 고스란히 담겨 있다.

> 예짜오옌의 신역사소설류가 묘사하는 애정에는 전통적인 것과 현대적인 것이 혼재되어 있다. 전통의 해체 속에는 기억이 내포되어 있으며, 청산과 건설이 교차되면서 마구 뒤얽혀 복잡한 양상을 띤다. 이런 심미적 경향은 신역사소설의 특징 즉 역사와 현실 사이에서 발생하는 모순적인 태도를 표현한다.[39]

38 이 책은 장아이링의 첫 번째 장편소설로 원제목은 『十八春』이다. 1951년에 초고를 탈고했으나 이후 장아이링이 미국에 거주하면서 정치적 색채가 농후한 결말부분을 수정하여 『半生缘』으로 제목을 바꾸어 출간하였다.

39 陈娇华, 「解构中蕴涵着怀旧: 从爱情书写角度考察叶兆言的新历史小说」, 『当代文坛』, 2008年第05期, p.96. "叶兆言新历史小说中的爱情描写是传统

예짜오옌은 1935년 전후의 난징 도시건설 운동에 대해 언급하면서 민국시대 난징에 대한 자신의 감정을 다음과 같이 표현했다. "난징의 녹화는 여전하고 고전적 의미와 낭만적 정서를 가지고 있어 사람을 즐겁게 한다. 마치 도시의 푸른 섬에 있는 동시에 현대화된 도시에 있는 듯한 느낌을 준다. 도로에 차가 끊임없이 오가고 매우 번화하지만, 질서정연하여 조금도 낙후된 흔적을 찾을 수 없다."[40] 1930년대 난징의 수도 건설은 장제스 정부를 위한 것이었지 도시 난징을 위한 것이 아니었다는 이유에서, 예짜오옌의 감상은 비판의 대상이 될 수도 있다. 그러나 과거와 현재의 난징에 대한 그의 태도는 작품 속의 난징을 거대역사와 외부인의 시선에 대한 저항의 공간 나아가 그의 상상과 거대역사, 외부인의 상상이 갈등하는 공간으로 생산하고 있다.

3. 경계인의 시선과 난징 상상의 중층성

난징의 숱한 역사 중에서 1930, 40년대 민국시대의 난징을 문학작품으로 재현한 또 다른 작가로는 장아이링과 장헌수이(张恨水) 등이 있다. 장아이링의 조부모는 난징에 거주하였고 부모는 난징 출생이었기에, 장아이링은 어릴 적부터 난징 문화의 영향을 적지 않게 받았다. 그

中掺杂现代, 解构中蕴涵怀旧, 呈现出消解与构筑相交织的错综复杂现象. 事实上, 这一审美趋向吻合了新历史小说的写作特征, 体现着新历史小说对历史与现实的矛盾统一态度."

40 叶兆言撰文, 『老南京』, 江苏美术出版社, 1998, pp.58-59. "南京城的绿化依旧, 看上去既带有古典意味和浪漫情调, 让人赏心悦目, 让人仿佛置身于一座城市的绿岛上, 又同时是一座现代化十分完善的城市, 车水马龙, 有条不紊, 一点也见不到落后的痕迹."

래서 장아이링의 작품에는 난징이 심심찮게 등장하는데, 그녀의 소설 『샤오아이』,[41] 「상견환」[42] 등은 난징에 관한 글이고 소설 『반생연』은 상하이와 난징을 공간적 배경으로 한다. 난징이 장아이링의 창작 시야에 들어오게 된 중요한 원인은 그녀의 난징 체험에 있는 것으로 보인다. 그녀가 난징에서 거주했다는 기록은 없지만 학계는 그녀의 난징 거주를 개연성 있는 추정으로 인정하고 있다. 무엇보다 장아이링은 상상보다는 직접적인 체험을 중요하게 여기는 작가라는 점이 그녀의 난징 생활 추정에 힘을 보탠다.[43]

장아이링은 상하이를 묘사하기 위해 다른 도시를 타자의 공간으로 소환하는 경향을 보이는데, 홍콩과 난징을 타자의 도시로 놓을 때 그녀가 두 도시를 대하는 태도는 사뭇 다르다. 장아이링은 상하이를 이해하고 묘사하기 위한 매개체적 공간으로 홍콩을 호출한다. 이때 홍콩은 뿌리를 제거당한 이주민의 공간으로 묘사되며 이 도시를 바라보는 그녀의 시선은 차갑다. 그러나 난징을 서술하는 장아이링의 시선은 이와 다르다. 『반생연』의 난징 또한 궁극적으로는 상하이를 묘사하기 위한 매개체적 공간으로 호출된 것이어서, 소박하고 고풍스럽고 보수적인 성격, 착실함과 진지함 등과 같은 난징의 성격은 상하이의 통속성과 융통성 등을 설명하기 위한 도구적 성격을 지닌다. 하지만 이러한 작품상의 전략에도 불구하고 난징은 개성이 뚜렷한 주체적인 도시로 묘사된다. 『반생연』이 요구하는 난징의 성격과 장아이링 개인이 감각하는 난징의 성격은 일치하지 않아서, 마침내 작품에서는 중층적 차

41 张爱玲, 『小艾』, 江苏文艺出版社, 1987. 이 소설은 1951년 11월 4일부터 다음 해 1월 14일까지 상하이 『亦报』에 연재되었다.

42 张爱玲, 「相见欢」, 『惘然记』, 花城出版社, 1997.

43 唐伟超·史丽君, 「揭秘张爱玲与南京的不了情缘」, 『现代快报』, 现代快报社, 2007.10.31.

원의 혼종적인 도시로 재현되는 결과가 빚어진다.

장헌수이는 일생을 도시서사에 집중한 작가다. 그는 베이징, 충칭, 톈진, 상하이 등의 도시에 대해 서술했고 베이징과 난징을 비교하기도 했다. 그는 1936년 상하이에서 난징으로 이사한 후 1937년 말까지 난징에서 거주하다 충칭으로 옮긴다. 그는 난징을 떠난 후 난징을 배경으로 한 소설 『친화이 명문가』[44]를 창작했다.

장헌수이의 작품이 재현하는 1930년대의 난징은 번화함과 소란을 피하여 머무르는 공간, 고풍스러움과 평안함의 공간이다. 어떤 의미에서 장헌수이가 난징을 묘사하는 태도는 장아이링과 유사하다고도 할 수 있는데, 왜냐하면 그 역시 상하이와의 대조라는 방식으로 난징을 설명하고 있기 때문이다. 그의 작품이 재현한 1930년대의 상하이는 물질적으로는 풍부하나 도덕적으로는 타락한 도시인 반면 난징은 아직 물질문명에 의해 타락하지 않았고 혁명적 주류담론이 시민의 의식을 완전히 개조하지 못하면서 조용한 생활이 유지되는 도시다. 그의 작품은 선량한 난징 여인이 상하이에 가면 병사하거나 타락하는 것으로 설정했으며 난징의 비극은 대부분 상하이에서 온 관료와 은행가에 의한 것이라고 설명한다. 근대화의 총아인 도시의 물질적 욕망, 전통 도덕, 윤리의 상실을 비판했던 장헌수이는 일상성, 향토성, 전통문화 등을 난징의 특징으로 부각함으로써 난징을 현대 물질문명과 대비되는 순수한 전통, 향수의 공간으로 재현한다.

장아이링과 장헌수이가 난징을 상상하고 재현하는 방식은 두 가지 면에서 유사하다. 하나는 동시대 상하이와의 비교를 통해 난징이 순수한 과거의 공간으로 성격 규정되고 있다는 것인데, 이는 두 작가

44 张恨水, 『秦淮世家』, 人民文学出版社, 2009. 이 책은 1939-1940년 상하이 『신문보(新闻报)』의 문화면 「다화(茶话)」에 연재되었다.

의 시선이 외부인의 그것임을 보여준다. 또 하나는 상하이와의 대조를 통해 발견된 난징의 성격이 작가 자신의 직접 경험을 무기로 삼아 난징의 핵심적인 지역성 혹은 난징 지역성의 전체인 양 유통될 수 있다는 점이다. 외부자의 시선이 내부자의 시선이라는 외피를 입는 순간 두 작가가 재현한 난징은 작가가 선택적으로 상상하고 재현한 난징이 아니라 실제 있는 그대로의 난징인 듯한 효과를 불러온다.

이런 점에서 2010년도에 발표된 거량[45]의 장편소설 『주작』[46]이 보여주는 난징 상상은 장아이링이나 장헌수이와는 전혀 다른 입각점에서 있다.

> 모두가 1937년에 발생한 일에 대해 알기 때문에 난징을 떠올리면 그때를 뛰어넘을 수가 없다. 나는 선배 작가들에게 말한다. 당신들이 우리보다 우세한 점은 바로 당신들은 역사의 목격자라는 것이다. 반면 우리는 역사에 대한 당신들 증언의 수용자일 수밖에 없다. 당신들이 역사를 쓸 땐 증언이 핵심어가 되겠지만 우리들은 다를 수밖에 없다. 우리의 핵심어는 상상이다.[47]

45 거량(葛亮)은 1978년 난징에서 출생했다. 현재 홍콩에 거주하면서 홍콩 침례대학(香港浸会大学) 중문과 교수로 재직 중이다. 작품으로는 『七声』, 『谜鸦』, 『相忘江湖的鱼』, 『绘色』 등이 있다. 장편소설 『주작(朱雀)』으로 '아시아 주간에서 주최하는 2009년 전 세계 10대 소설'상을 받았다.

46 葛亮, 『朱雀』, 作家出版社, 2010.

47 葛亮, 「2010香港书展葛亮精彩演讲」. http://nr.book.sohu.com/20100726/n273764583.shtml(검색일: 2019.07.18.). "因为大家都知道37年发生的事情, 想南京没有办法跳跃过去. 前辈作家朋友讲到, 其实你们对于我们的优势就是你们是一代历史的见证者, 而我们是被你们见证的这段历史的接纳者. 所以说对你们而言, 写作历史的关键词是在见证, 而对我们不一样, 我们是想象."

[그림 5-19] 소설 『주작』의 표지

소설 발표 당시 30대 초반이었던 거량은 옌롄커(阎连科)와 바이이예(白烨) 등과 함께 자신의 작품 『주작』을 논하면서, 자기 세대의 작가들은 윗세대 작가의 창작 시각과는 차이가 있을 수밖에 없다고 언급한다. 아버지 세대의 작가는 역사의 경험자와 증언자로서 역사를 직접 보고 느낄 수 있었다면 자기 세대는 상상이라는 더 큰 공간에 있다. 이런 상상의 공간에선 역사를 직접적으로 다루지 못할 수도 있지만 오히려 더욱 자유롭게 재현할 수 있다는 것이다.

『주작』은 난징에서 펼쳐진 중국 현대사의 정치동란을 배경으로 3세대에 걸친 여성들의 고난을 그려낸다. 각 시대의 난징을 살아가는 남녀 등장인물들은 자신들의 열정과 낭만으로 역사와 직면하고 심지어는 죽음까지도 불사한다. 고대신화에 등장하는 상상의 동물인 '주작'은 화염에도 살아남는다는 봉황의 화신이며 난징의 상징 중 하나다.[48] 거량은 '주작'을 소설의 제목으로 차용함으로써 난징의 기원 그

48 고대 중국신화에서 주작은 봉황의 화신으로 화염에도 멸하지 않는다. 중국 고대 동진(东晋) 시기 주작은 이미 난징의 상징물로 등장한다. 당시 친화이강에 24개의 배다리를 세웠는데 그중에서 가장 규모가 크고 장식이 화려한 곳이 주작항(朱雀航)이었다. 이후 주작항의 번화함은 사라졌지만 당(唐)대 시인 유우석(刘禹锡, 772-842)이 "주작교 주변으로 들꽃이 피어 있고, 오의항 어귀에 석양이 비춘다(朱雀桥边野草花, 乌衣巷口夕阳斜)"라는 유명한 시구를 남김으로써 주작은 난징을 상징하는 엠블럼(emblem)의 하나가 된다.

리고 고난의 역사 속에서도 이 도시는 불멸한다는 상징적 의미를 드러낸다.

『주작』은 새천년을 맞이하는 해에 스코틀랜드 출신의 화교 청년 쉬팅마이(许廷迈)가 아버지의 고향인 난징으로 유학 오면서 시작된다. 그는 친화이강의 푸즈먀오에서 골동품상을 운영하는 여자 청난(程囡)을 만나고, 3세대에 걸친 전설적인 운명의 서사가 전개된다. 1923년 여자아이 예위즈(叶毓芝)는 아버지를 따라 난징에 와서 가업을 잇는다. 1936년 예위즈와 일본인 아쿠타카와(芥川)는 서로 사랑하게 되고 전쟁이 시작되기 전에 그녀는 아쿠타카와의 딸을 낳는다. 예위즈가 난징대학살 중에 참혹하게 죽임을 당하자 기녀인 청윈허(程云和)는 예위즈의 딸을 기르게 되면서 청이추(程忆楚)라는 이름을 붙여준다. 1950년대 대학생이 된 청이추는 말레이시아 화교 루이웨이(陆一纬)와 사랑에 빠진다. 그러나 문화대혁명이 시작되면서 루이웨이는 우파로 비판을 받아 베이따황(北大荒)으로 떠나며, 청윈허는 비판에 몰린 나머지 자살하게 되고 청이추는 그녀를 겁탈한 노동자와 결혼한다. 문화대혁명이 끝나자 과부가 된 청이추는 과거의 연인 루이웨이와 만나지만 그는 이미 처자가 있는 사람이다. 이후 소설은 청이추와 루이웨이의 딸인 청난의 파란만장한 삶을 그린다. 『주작』은 중국현대사의 격동적 흐름 속을 살아간 3세대 여성, 예위즈(청윈허), 청이추, 청난의 반복되는 비극적 운명을 통해 난징을 그린다.

거량은 작품의 창작 방식과 관련해, "나는 책(『주작』-인용자 주)의 후기에서 이미 언급한 바 있다. 어떤 시각으로 성찰하느냐가 역사를 대하는 데 있어 실제 핵심이다"[49]라고 발언한다. 거량이 『주작』에

49 葛亮, 「2010香港书展葛亮精彩演讲」. http://nr.book.sohu.com/20100726/n273764583.shtml(검색일: 2019.07.18.). "实际上我在这本书的后记也有写,

서 이런 긴 폭의 역사를 재현할 때 맞게 된 가장 큰 문제는, 그의 발언대로 역사를 상상하는 입장을 결정하는 것이었다. 소설은 결국 쉬팅마이라는 화교를 주인공이자 초점화자로 선택함으로써 경계인의 시선을 통해 난징을 관찰하고 이해하고자 한다. 거량의 이런 서술전략은 내부자의 시선과 기억으로 자신의 도시를 일방적이고 주관적으로 고백하는 방식을 거부하려는 의도에서 비롯되었다. "나는 왜 이렇게 썼는가? 우리 세대는 반드시 자신 외의 다른 시각으로 자신을 성찰할 기회를 가져야 한다고 나는 생각했다. 난징은 나의 고향이기에 감정적인 요소들로 인해 은폐되어 있는 다른 많은 것들을 보지 못하게 될까 걱정되었다."[50]

외부인이면서도 내부인을 초점화자로 선택한 장아이링과 장헌수이와는 달리, 홍콩에 거주하고 있는 거량은 내부인이면서도 외부인의 시선을 견지하려 했고 그 결과 경계인이라는 시선을 획득한다. 경계인이라는 시선이 두 작가와 거량의 차이를 발생시키는 두 번째 원인이다. 경계인의 시선은 동시대 다른 도시와 난징의 비교로 향하는 대신 현재의 난징과 민국 시기의 난징을 교차함으로써 민국 시기 난징의 운명과 정신문화가 지금의 난징에도 여전히 지속되고 있음을 보여준다. 난징의 반복되는 비극적 운명, 그리고 이 도시의 남성과 여성이 운명에 대응하는 방식의 차이를 통해 변하지 않는 난징 정신문화의 양면성

就是你怎么样以一个什么样的身份去审视实际上成为你看待这段历史的关键."

50 钟明, 「葛亮: 小说『朱雀』摩挲南京记忆」, 2010.09.13. http://culture.china.com.cn/book/2010-09/13/content_20918189.htm(검색일: 2019.07.18.). "我为什么要这么写? 我觉得我们这一代人应该给自己另外一个视角去审视自己的机会, 南京是我的家城, 很大层面上我担心自己会被家城这种情感的元素所遮蔽, 很多事情看不见."

을 재현한다.

"『주작』을 집필할 때 작가는 쉬팅마이라는 외래자의 형상을 배치하고 낯선 시선으로 다시 '고향'으로 돌아오기를 희망했다"[51]는 평가처럼, 외부자인 쉬팅마이는 고도 난징을 낯선 시선으로 바라보면서 이 도시에서 오래 거주한 아버지를 상상한다. 그리고 긴 역사가 각인된 거리를 거닐면서 도시의 전통문화에 빠져들고 난징의 거리와 난징 지역어, 난징의 여자를 사랑하게 된다. 집의 이미지는 인간에게 안정의 근거와 그 환상을 제공하는 이미지들의 집적물이기에,[52] 초점화자 쉬팅마이의 감정은 고향으로 다시 돌아와 안정과 환상을 다시 체험하고 반추하는 작가 거량을 반영하고 있다. 거량은 "의식의 깊은 곳에서부터 난징은 내 창작의 중요한 귀착점이다. 나는 창작을 시작할 때부터 난징에 관한 소설을 쓰고자 했다. 난징에 대한 내 감정적인 부담을 덜고자 한 소망을 이제야 이룬 것 같다. 『주작』을 쓰고 나자 내 마음은 빚을 갚은 것 같았다", "나는 어떤 방식이 적당할지 계속 모색했는데 그 결과는 '귀가'의 방식이었다"[53]는 말로 난징에 대한 애착과 도시 관찰의 태도에 대해 설명한다. 그는 외부자가 자신의 뿌리를 찾아가는 과정을 그림으로써 경계인이라는 자신의 위치감각을 보여준다.

『주작』에서 거량의 경계인적·중층적 성격은 두 남성 쉬팅마이와 야커(雅可)를 통해 형상화된다. 쉬팅마이는 난징 혈통의 이국인이고 야커는 난징의 청년이다. 두 인물은 작가의 분신들로 볼 수 있는데, 전

51 刘莹, 「想象与记忆的重奏: 葛亮的南京书写: 以『朱雀』为例」, 『海南师范大学学报(社会科学版)』1, 海南师范大学, 2013, p.30. "因此在『朱雀』的叙事中, 作家设置了许廷迈这样一个外来者的形象, 期望以'陌生化'的视角, 重返'家城'."

52 가스통 바슐라르, 곽광수 옮김, 『공간의 시학』, 민음사, 1990, p.132.

53 葛亮·张昭兵, 「创作的可能」, 『青春』11, 南京市文联, 2009, pp.24-27.

자를 통해서는 외부에서 난징을 바라보는 태도를 후자를 통해서는 난징에서 자신을 빼낼 수 없는 숙명을 드러낸다.

작가는 난징의 화려함과 몰락을 직접 경험하지 않은 후세대이지만 어쩔 수 없는 난징 출신이기에 이 도시의 역사적 상처에서 벗어날 수 없다. 거량은 『주작』의 창작과정에서 중대한 역사적 사건들을 다루어야 할 경우가 많았다고 고백했다.

> 많은 일들은 회피할 수가 없었다. 특히 난징의 1937년, 그리고 반우파, 문혁을 쓸 때 나는 그에 대한 기억이 없었기에, 당신은 이를 다시 구성하는 것이 가능하겠지만, 젊은 사람인 나에게 그건 하나의 고통이었다. 당연히 나는 많은 자료를 수집했다. 그러나 가장 중요한 것은 어떻게 그 상황을 구성하느냐는 것이었다. 때로는 내가 그 속으로 깊숙이 개입해 들어갔고, 또 어떤 이야기들은 자연스럽게 그대로 전개됐다.[54]

경계인의 시선으로 난징의 과거와 현재를 교차시키는 자세를 취함으로써 자연히 이 텍스트가 재현한 난징의 형상은 다른 소설의 난징 형상과는 달라지게 되었다. 사실 긴 역사의 풍랑을 배경으로 하는 『주작』은 현대 중국 역사소설사에서 쉽게 볼 수 있는 서사전개 방식을 선보인다. 난징대학살, 국공내전, 반우파운동, 문화대혁명, 탕산대지진(唐山大地震), 마오쩌둥(毛澤東)의 죽음, 심지어 톈안먼(天安門)사건 등이

54 钟明, 「葛亮: 小说『朱雀』摩挲南京记忆」, 2010.09.13. http://culture.china.com.cn/book/2010-09/13/content_20918189.htm(검색일: 2019.07.18.). "很多事情是难以回避的, 特别写南京1937年那段, 包括反右, 包括文革, 我没有记忆, 所以这些东西你可能要重新建构, 这对年轻人来说真是一个考验. 当然我做了很多资料收集的工作, 其实最重要的是怎么建立一个情景, 让你自己进入到其中, 有些故事是自然而然衍发出来的."

소설의 먼 배경으로 등장한다. 그러나 여타의 중국 현당대 소설들과는 달리, 『주작』의 역사적 사건은 주인공 특히 여성인물의 개인사를 전개하는 배경으로 사용될 뿐이다. 이 텍스트에서 여성들의 삶은 거대역사를 전형적으로 형상화하기 위한 도구가 아니라 작품의 궁극적인 묘사 대상인 동시에 거대역사를 개인화함으로써 도시 난징을 묘사하기 위한 장치이다. 뿐만 아니라, 거량은 쉬팅마이라는 경계인의 신분으로 난징의 시간과 공간에 대한 상상을 전개하고 프루스트의 『잃어버린 시간을 찾아서』가 그랬듯이 난징의 특산품인 옌수이야(盐水鸭)의 미각을 통해 난징이라는 도시의 기억을 환기한다. 역사의 기억과 청춘의 상상 사이를 오가면서 거량은 개인적인 도시서사를 시도한다. 거량은 고향 난징의 운명을 혼란한 개인사와 함께 재구성해낸다. 『주작』은 신생활운동(新生活运动), 난징대학살, 반우파운동, 대약진(大跃进), 중·소분열(中苏决裂), 난징무투(南京武斗), 탕산대지진 등의 역사적 사건들을 정확히 설명한다. 그러나 그는 소소한 허구와 반복되는 개인들의 운명에 의도적으로 집중함으로써, 거대역사에 의문을 던지고 그 권위에 반항하면서 거대서사를 해체한다.

『주작』은 민국시대부터 2000년 초반까지의 난징을 다루는데, 소설은 현재의 난징에 대한 문제의식에서 출발한다. 쉬팅마이를 통해 본 현재의 난징은 현대와 고전이 융합된 도시다. 전지구화의 추세로 인해 이 도시의 전통은 갈수록 소멸되지만 난징은 여전히 고도의 존엄을 유지하고 있다. 그러나 외국 유학생, 순환되는 숙명의 굴레에서 벗어나지 못하는 여성, 퇴폐적인 주변인 예술가와 이국의 지식인 등 다양한 인생들이 서로 교차되면서, 현재의 난징은 초국적이면서도 탈출 불가능한 숙명이 혼합된 혼성적이고 중층적인 도시이다. 작가는 현재의 시각에서 과거의 역사를 재현하여 지금의 난징 문제를 부각한다.

거량에 따르면, 전지구화 현상에 노출되어버린 현재의 난징은 과거와 단절된 새로운 난징이 아니라 난징 고유의 역사를 여전히 반복하고 있는 난징이다. 작품은 각 세대를 대표하는 세 여성의 반복된 운명을 통해 이를 형상화한다. 여성들은 자신이 사랑하는 남성의 아이를 고통 속에서도 잉태하지만 야커가 대표하듯 남성들은 무기력하고 퇴폐적이다. 아비는 권위는 물론이고 제대로 된 존재감조차 지니지 못하는 반면, 복잡한 관계구도 속의 여성은 강인한 생명력을 보여주며 여자아이를 양육하게 된다. 소설의 주인공인 세 세대의 여성들은 구체적인 상황의 차이에도 불구하고 이 같은 삶을 동일하게 살아간다. 기녀 청원허는 중화인민공화국 건립 후 과거와 깨끗이 단절하고 주부와 엄마로서 그 맡은 바에 충실한 강한 의지의 여성이며 이추와 청난 역시 생활력이 강한 인물이다. 퇴폐적이거나 부재하는 남성, 아비를 여성, 어미가 대행하는 역사가 반복해서 전개되는 곳이 난징이라면, 전지구화 현상이 범람하고 있는 현재의 난징은 아비의 무기력, 부재의 또 다른 모습이며 그 와중에도 고고하게 유지되는 고도 난징의 품격은 부재하는 남성, 아비를 대신하는 여성, 어미의 강인함 때문이다.

난징의 양면성·중층성은 세 여성의 운명을 서술하는 과정에서뿐만 아니라 난징의 일상과 공간을 묘사하는 과정에서도 여실히 드러난다. 앞서 언급한 것처럼 『주작』의 난징 일상 묘사는 거대역사에 대한 문제제기라는 의의를 지닌다. 또한 소설에서 재현되는 일상은 숙명처럼 반복되는 난징의 양면성과 밀접하게 엮인다. 거량은 경계인이자 초점화자인 쉬팅마이를 통해, 난징인은 바보처럼 소박하고 축구에 열광하며 북적대고 시끄럽다고 설명한다. 또한 난징인 대부분은 진실하고 성실하게 생활하지만 미래에 대한 야망이 없기에 생활은 벽돌을 하나씩 쌓아올리는 것과 같다고 표현한다. 견실하고 소박한 일상 뒤에는 주체성을 상실한 인물들의 무기력과 향락 탐닉이 자리하고 있다. 일상은 반복에 의해 구축된다는 점을 상기할 때,[55] 『주작』의 일상 묘사는 세 여성이 상징하는 역사의 순환이라는 메인 플롯(main plot)과 긴밀히 연결된다고 할 수 있다. 중층적이고 양면적인 일상의 반복이 곧 개인의 역사라고 한다면 개인이 생활하는 공간 역시 중층성과 양면성의 공간일 터이다. 야커와 주변인물이 생활하는 친화이강 일대는 난징의 표면적인 화려함과 그 이면에 잠재된 어둠을 동시에 지닌 공간으로 묘사된다.

경계인이라는 관찰자의 위치, 거대역사에 대한 저항과 개인 일상의 부각, 부재하는 아비와 어미의 역할 대행 등이 순환 반복되면서 난징이라는 도시의 지역성을 형성한다. 따라서 거량의 소설에서 도시는 단순한 물리구조가 아니라 일종의 심리상태, 도덕질서, 태도이며 일련의 의식화된 행위이고 다양한 인간들의 연결망이며 습관과 전통 그 자체가 된다.

왕더웨이(王德威)는 『주작』과 관련해 "오랜 난징과 청춘의 난징 사이에서, 역사의 슬픔과 전설적 상상 사이에서, 거량은 자기 세대에 속한 난징의 서사를 쓰는 방법을 찾아냈다"[56]고 고평했다. 오랜 역사는 젊은 작가 거량에게 상상의 권리를 주었고 거량은 숙명적으로 난징을 재현해야 했다. 『주작』이 재현한 난징의 중층성·혼종성은 경계인이라는 거량의 태도가 발견한 성격이며, 세계 안의 한구석인 집으로 회귀하는 전략을 통해 몽상을 예술적으로 성취해냈다고 할 수 있다.[57]

55 앙리 르페브르, 박정자 옮김, 『현대세계의 일상성』, 주류, 1990, p.35 참조.

56 王德威, 「归去未见朱雀航: 葛亮的『朱雀』」, 『当代作家评论』, 2010年第06期, p.149. "在古老的南京和青春的南京之间, 在历史忧伤和传奇想象之间, 葛亮寻寻觅觅, 写下属于他这一时代的南京叙事."

57 가스통 바슐라르, 곽광수 옮김, 『공간의 시학』, 민음사, 1990, p.108 참조.

4. 문화적 상상과 현실적 구성의 교호관계

문학이 재현한 난징 공간은 여타의 대중매체를 통해 확산되면서 현실의 난징 도시상상과 기획에 영향을 끼쳤다. 그리고 현실의 난징이 재현한 이런 상상은 또다시 문화적 상상에 영향을 끼치면서, 문학(문화)과 현실의 난징 도시는 상호영향관계를 형성해나갔다.

이 장이 주목한 민국시대의 난징에 대한 상상 역시 마찬가지다. 문학작품, 영상이 재현한 민국시대 문화가 중국 전역에서 큰 호응을 얻게 되자 난징시는 민국시대 문화유산 개발에 더욱 힘을 쏟게 된다. 주쯔칭(朱自清)이 1925년에 쓴 산문 「아버지의 뒷모습(背影)」은 푸커우 기차역(浦口火车站)을 주요한 공간적 배경으로 삼았는데, 이후 이 역은 영화 〈쑨중산(孙中山)〉, 〈국가(国歌)〉와 TV드라마 〈안개비연가(情深深雨蒙蒙)〉, 〈금분세가(金粉世家)〉, 〈베이핑 아가씨(北平小姐)〉 등에서 중요한 공간 중 하나로 등장하여 주목을 받았다. 그러자 난징시 도시계획부(南京市规划局)는 2010년 8월에 이 역을 보존하기 위한 「푸커우 기차역 역사면모 보호계획(浦口火车站历史风貌区保护规划)」을 선언하고 실행했다.[58]

난징의 명물거리인 '난징 1912'도 이와 동일한 맥락에서 재생된 공간이다. 이 거리는 이전부터 존재했지만 그다지 주목을 받지 못한 채 사장되고 있었다. 그러나 민국문화가 주목을 받게 되자 2004년 12월에 17채의 민국풍 건축군으로 이루어진 '난징 1912'가 재생되었다.[59]

58 宣婷·李晓倩·吴立伟, 『浦口火车站历史风貌区保护规划研究』, 『四川建筑』, 2012年第01期, pp.10-12.

59 刘云, 「当代中国文化休闲街区规模发展的模式探索: 以"南京1912"文化街区为例」, 『艺术百家』, 2011年第03期, pp.90-93.

주로 상흔의 도시로 환기되었던 난징은, 문학작품과 영상물 등이 상상하고 재현한 민국시대의 화려한 문화를 실제 현실 공간에서 다시 재현함으로써 즉 쇠퇴한 채 방치되어 있던 거리를 정비한 후 쑨원이 난징을 중화민국의 수도로 선포한 1912년 1월 1일을 환기시키는 '난징 1912'로 이 거리를 명명함으로써 기존의 도시 이미지, 정체성을 재구

[그림 5-20] 난징 1912 거리의 민국시대 건축군 1(위)
[그림 5-21] 난징 1912 거리의 민국시대 건축군 2(아래)

성하려 한다.

난징시는 이 같은 방향의 도시 재구성을 본격적으로 전개하고 있는 것으로 보인다. 그 상징적인 예는 푸즈먀오 강남공원(江南贡院) 부근에서 18년 동안 성업했던 맥도날드 점포가 폐점하게 된 사건이다.[60] 이곳은 1995년 난징에서 처음으로 개점한 맥도날드 점포였는데, 개점일 판매실적이 타 도시 맥도날드 점포의 매상액을 훌쩍 뛰어넘어 당시 중국에서 신기록을 세웠다. 이후 18년 동안 엄청난 판매고를 올리던 이 점포는 난징의 전통 명물거리인 푸즈먀오의 분위기에 어울리지 않는다는 이유로 다른 곳으로 이전하게 되었다. 푸즈먀오 공간의 정체성을 재인식하게 되면서 맥도날드라는 초국적 공간의 위치에 대한 문제가 제기되었다. 당시 언론은 국영기업인 치팡거(奇芳阁)가 이곳을 난징의 전통음식인 친화이분식(秦淮小吃)집으로 변경하여 2014년에 개업할 예정이라고 보도했다. 2019년 현재 치팡거는 2014년에 개업한 난징 전통음식 분식점을 계속해서 운영하고 있다. 전지구화의 물결이 거세고 중국 역시 맥도날드가 성행하는 국가라는 점을 상기할 때, 이 같은 변화는 난징의 지역문화를 재조명하려는 난징시의 의지와 난징의 문화변동 양상을 상징적으로 보여준다. 문학(문화)의 도시상상은 이러한 문화변동의 근원적인 원인 중 하나로 작동하고 있다.

문학(문화) 텍스트는 공유하지 못했거나 표피적으로 제공될 뿐인 특정 도시에 대한 이미지, 감각을 수정할 뿐만 아니라, 도시 내부 깊숙이 침투하여 놀라움과 기쁨, 슬픔 등의 감각을 주체적으로 체험하고 공감하도록 안내한다. 그리고 이미 고착되어버린 기존의 도시지도와 현상계의 소소한 체험을 연결함으로써 기존의 도시지도를 수정하고

60 薛玲, 「南京首家麦当劳将搬离夫子庙曾创内地消费纪录」, 『扬子晚报』, 2013.10.08. http://news.sohu.com/20131008/(검색일: 2018.09.22.)

[그림 5-22] 난징의 전통분식점 치팡거

성찰해야 한다는 긴장감을 공급하며, 현실의 도시를 새로이 상상하고 재구성할 수 있는 기회를 풍부하게 제공한다.

제6장

카이펑, 장소기억과 문화산업의 공간화

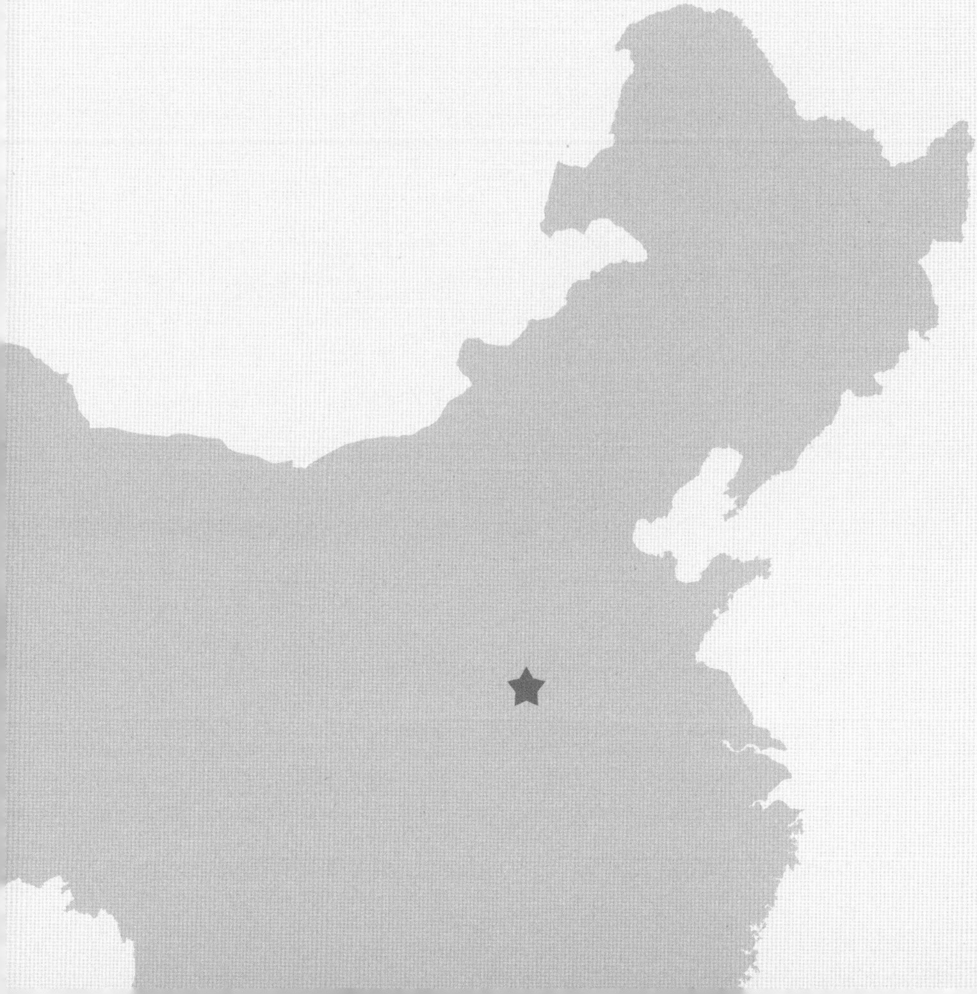

1. 북송문화의 소환

현재 중국의 각 도시들, 특히 8대 고도[1]들은 도시별 전통문화를 자원으로 삼아 문화산업을 발전시키고자 한다. 그리고 각 고도가 지닌 도시 정체성을 재구성하고 강화하여 새로운 대중문화를 창조하고자 한다. 베이징의 경우, 공간배치와 역사경관 복원을 통해 베이징 도시 정체성의 변화를 도모하고자 한다. 특히, 2008년 베이징올림픽을 전후하여 베이징이 요·금·원·명·청 등 다섯 왕조의 수도임을 부각하는 역사유적 복원사업을 추진했다. 요·금 성벽박물관(辽金城垣博物馆), 베이징 명 성곽 유적공원(北京明城墙遗址公园), 황성근 유적공원(皇城根遗址公园), 원 대도 유적공원(元大都遗址公园) 등 베이징이 고도였던 시기의 궁궐, 유적, 성벽 등을 복원하려는 노력이 있었다. 이런 유적 복원사업은 베이징이 오랜 역사와 찬란한 문화를 지닌 제국의 수도임을 강조하고 이를 집단기억으로 제공하기 위한 것이었다. 대중매체 또한 이 같은 목적에 봉사하기 위한 수단으로 적극 활용되었다. 대표적으로 청황

1 중국의 8대 고도는 베이징(北京), 시안(西安), 난징(南京), 항저우(杭州), 뤄양(洛阳), 카이펑(开封), 안양(安阳), 정저우(郑州)이다.

실 TV드라마 〈강희왕조(康熙王朝)〉, 〈옹정왕조(雍正王朝)〉, 〈건륭왕조(乾隆王朝)〉, 〈대청풍운(大清风云)〉 등은 베이징이 황성의 도시임을 집중적으로 부각했다.

시안(西安)의 경우엔 베이징을 정치 중심의 도시로 상하이를 금융 중심의 도시로 지정한 후, 자신은 문화 중심의 도시, 중화문명 역사문화의 국제대도시로 자리매김하고자 한다. 이런 계획을 완성하기 위해 시안시는 대당불야성(大唐不夜城), 대당부용원(大唐芙蓉园), 다밍궁 국가유적공원(大明宫国家遗址公园), 취장츠 유적공원(曲江池遗址公园), 시안 대당서시(西安大唐西市) 등의 역사복원을 통해 문화고도로서의 위상을 부각하고자 한다. 그리고 관중텐수이경제권(关中天水经济圈)의 중심지로 경제적 발전에 주력한다는 계획이다. 대대적인 역사복원의 최종목적은 이제 시안은 역사적으로 세 번째의 국제대도시로 발돋움하고 있다는 선언에서 찾을 수 있다. 한(漢)왕조와 당(唐)왕조의 창안성(長安城) 시대가 이전 두 번의 국제대도시의 시기였다면, 지금의 시안은 다시금 국제대도시로 발전할 수 있는 도시, 중국 내 도시 중 국제화 행보의 선두주자라는 것이다. 이런 선언에 부응하여 역사문화 복원사업과 당시의 문화를 재현한 영화 〈다밍궁〉, TV드라마 〈다밍궁츠(大明宫词)〉, 〈대당부용원〉[2] 등 문화텍스트가 활발히 만들어졌다. 이처럼 고도들은 도시의 공간적 기획과 대중문화를 결합함으로써 도시 정체성을 재구성하고 이를 문화상품화하고 있다.

이 장에서 살펴볼 도시 카이펑(开封)은 중국 8대 고도(古都) 중 하나로 국무원(国务院)이 선언한 역사문화 도시 중 하나이자 "4천여 년

2 金铁木, 〈大明宫〉(2009); 李少红·曾念平, 〈大明宫词〉(40集)(2000); 周晓文, 〈大唐芙蓉园〉(30集)(2007).

의 역사"[3]를 지닌 8조 고도[4]다. "고도학계의 연구에 의하면, 카이펑은 중원(中原)지구 화하(华夏)문명의 중요한 발상지로 중국 최초의 세습왕조 하(夏)의 중요한 수도였다. 이 도시는 하왕조부터 장기간 중원지구의 정치, 경제, 문화 중심지로 독특한 역사적 기능을 수행했다. 카이펑이 8조의 고도로 그 영향이 깊은 역사문화 도시임을 충분한 근거로 증명할 수 있다."[5] 특히 북송시기, 카이펑은 당시 세계에서 가장 크고 번화한 도시였고 오랫동안 허난성(河南省) 정치, 경제, 문화의 중심지였다. 그러나 근대 이후 수운교통의 퇴락과 철도교통의 발달로 인해 1954년 허난성의 성도(省都)가 정저우(郑州)로 이전되면서, 정저우는 발전하게 된 반면 카이펑은 쇠락의 길을 걷게 되었다. 여전히 성직할시(省辖市)의 하나였던 카이펑은 중화인민공화국 성립 후 대규모 건설투자를 유치하면서 나름의 발전을 추진했지만, 개혁개방 이후 카이펑의 상황은 더욱 악화되었다. 중국의 전 도시가 서로 경쟁하는 구조하에서 카이펑의 발전은 갈수록 정체되었고 발전을 거듭하는 다른 신흥도시와의 격차는 더욱 심화되었다. 중국 국가발전계획의 불평등한 발전전략으로 인해 동남연해가 먼저 개발되고 카이펑 같은 내륙의 도시는 상대적으로 제한을 받게 된 것도 그 이유 중 하나였다. 카이펑은 대규모 산업투자를 유치하지 못했고 자본의 결핍으로 인해 발전에 제약

3 郭书学, 「关于古都开封历史地位问题的再认识」, 『中国古都研究』, 2013年 第10輯, p.19.

4 카이펑은 전국(战国) 시기의 위(魏), 오대(五代) 시기의 후량(后梁), 후진(后晋), 후한(后汉), 후주(后周), 그리고 북송(北宋) 및 금(金)의 도읍과 함께 7조(七朝) 고도로 불렸다. 그러나 최근 역사학계에서는 하조(夏朝) 시기의 노구(老丘)까지 포함하여 8조 고도라고 명명한다.

5 郭书学, 「关于古都开封历史地位问题的再认识」, 『中国古都研究』, 2013年 第10輯, p.19.

을 받게 되었다.[6] 어떤 연구자는 고도 뤄양(洛阳)과 카이펑을 비교하면서, 뤄양과 카이펑 사이에 "발전 속도의 차이가 발생한 주요 원인은 경제성장에 대한 두 도시의 고정자본 투자 유치 능력의 차이에 있다"[7]고 분석하기도 했다.

카이펑은 역사문화 도시였음에도 불구하고 산업전환기를 맞아 문화자원의 잠재적 가치를 인식하지 못했다. 카이펑은 여전히 2차 산업을 중심으로 한 근대적 개념의 발전관에 얽매여 이를 위한 각종 요소를 추구했을 뿐 새로운 차원의 발전 개념을 도입하지 못했다. 오랜 침체기를 거친 후 카이펑은 문화산업과 도시재생, 관광활성화라는 전략으로 도시계획과 도시정책을 전환하게 되면서 지역의 역사문화를 매개로 한 도시성장을 추진하기 시작했다. 기존의 지역 문화산업 정책의 한계, 지역 축제의 문제, 지역 브랜드 개발 등이 갖고 있는 한계는 지역의 고유성과 정체성 결여 등에서 비롯되었다는 지적도 이와 같은 맥락에서 제기되었다. 카이펑은 도시재생을 위한 문화 주도적 발전정책에 지역 정체성을 포함하게 된다. 도시의 문화산업전략에서 중요한 것은 지역의 역사와 문화, 그리고 이들을 아우르는 경관이다. 카이펑은 역사문화 경관과 역사적 장소들을 복원하여 도시 정체성을 재구성함으로써 경쟁력 있는 도시로 만들고자 한다. 최근 들어 카이펑은 자신의 도시 정체성을 활용한 발전에 관심을 기울이는 인식적 전환을 보이고 있다.

고도 카이펑 도시문화에 대한 최근의 대표적 연구저서는 『카이펑:

6 王新涛·王发曾, 「历史文化名城开封与洛阳的当代发展轨迹及启示」, 『地域研究与开发』, 2008年第02期, pp.52-53.

7 王新涛·王发曾, 「历史文化名城开封与洛阳的当代发展轨迹及启示」, 『地域研究与开发』, 2008年第02期, p.53.

[그림 6-1] 카이펑 성곽(위)
[그림 6-2] 중국 도교사에서 중요한 도교 사원으로 원대에 세워진 옌칭관(아래)

도시상상과 문화기억』[8]과 『고도 카이펑과 항저우』[9]다. 『카이펑: 도시상상과 문화기억』은 천핑위엔(陈平原) 등의 "도시상상과 문화기억 총

8 陈平原·王德威·关爱和 编, 『开封: 都市想象与文化记忆』, 北京大学出版社, 2013.
9 李路珂, 『古都开封与杭州』(中国古都五书), 清华大学出版社, 2012.

서(都市想像与文化记忆丛书)"[10] 중 하나로 이 책에 수록된 대부분의 글은 고금(古今)의 문학 속에 재현된 문화기억의 양상을 살피는 데 머물렀다. 천핑위엔의 「차마 소멸되지 못한 실전된 소리: 장창궁, 장이궁 부자의 '카이펑 서사'」[11]는 현재 카이펑에는 남아있는 고도문화가 거의 없다면서, 고도의 역사문화를 보존하기 위해서 오직 소리로만 남아있는 고도의 역사문화인 희곡문화를 연구한 학자에 대해 고찰하는 것으로 고도 카이펑의 문화를 논했다. 다시 말해 이 책은 전통문화의 학문적 복원에 중점을 두었다. 그리고 『고도 카이펑과 항저우』는 칭화대학(清华大学) 건축학과 연구자들이 주도하여 출판한 '중국 고도 5서(中国古都五书)'[12] 총서 중의 하나다. 이 총서는 고건축을 보호하고 고건축 문화를 계승해야 한다는 당면한 요구에 의해 기획되었다. 이런 기획하에 저술된 『고도 카이펑과 항저우』는 고도 도성의 건축사, 궁전의 공간배치, 고건축, 원림(园林), 민간거주지(民居) 등을 고찰한다. 이 저서는 고도 카이펑의 문화에 대한 전체적이고 전반적인 연구라기보다는 역사경관과 고건축군에 대한 연구에 해당한다. 고도 카이펑 문화에 대한 선행연구에서는 지금 여기의 시점에서 고도의 역사복원과 고도문화 정체성의 재구성 작업이 갖는 의미를 분석하는 작업은 이루어지지 않았다.

이 장에서는 과거의 발굴과 복원이 카이펑의 도시 정체성 재구성에 어떻게 개입하면서 기여하는지를 살펴본다. 그리고 현재의 카이펑이 지향하는 도시 정체성을 구축하기 위해 현재의 각종 대중문화들이

10 이 총서에 대해서는 이 책의 19쪽 참조.

11 陈平原, 「不忍远去成绝响: 张长弓, 张一弓父子的"开封书写"」, 陈平原·王德威 编, 『开封: 都市想象与文化记忆』, 北京大学出版社, 2013, pp.387-416.

12 이 총서에 대해서는 이 책의 20쪽 참조.

[그림 6-3] 카이펑 박물관(위)
[그림 6-4] 북송대에 세워진 번탑(아래 왼쪽)
[그림 6-5] 북송대에 세워진 철탑(아래 오른쪽)

과거 고도의 성격을 어떻게 재구성해나가고 있는지를 알아볼 것이다. 카이펑이 상대적으로 뒤늦게 인식하게 된 것은, 사회적·역사적 및 문화적 공간인 도시의 다채로운 대중문화는 도시의 자기 이미지를 문화적으로 드러냄으로써 시민들의 집단적 기억 변화의 적극적인 계기를 마련해주고 도시 정체성의 구조적 전환과 이미지 쇄신을 촉진하는 역할을 해내는 장치로 기능한다는 사실이다.

2. 역사문화를 통한 도시 정체성 재구성

카이펑은 여타 6대 고도에 비해 남아있는 유형 문화유적이 거의 없는 편에 속한다. 중세 이후의 중국사에서 중원은 더는 국가의 중심지가 되지 못했고 개혁개방 시기에도 경제발전의 혜택을 받지 못했다. 다른 여타의 고도들에 비해 상대적으로 뒤늦게 고도 재생을 통한 도시 정체성 구축에 나선 카이펑의 경우, 문화산업의 공간화로 요약할 수 있는 전략들을 전격적으로 추진하기 시작했다.

문화유산을 활용한 도시 정체성 재구성에 대한 카이펑의 인식적 전환은 위로부터 요청되었다. 중국은 '제11차 5개년(十一五) 계획'[13]에서 처음으로 '문화산업'이라는 용어를 사용하면서 이를 적극적으로 추

13 「十一五规划纲要」. http://news.xinhuanet.com/ziliao/content_4057926.htm(검색일: 2016.01.16.). 중화인민공화국은 1950년대부터 국민경제와 사회발전의 진행을 위해 '5개년 계획'을 세우고 실행한다. 2006년부터 '5개년 계획(五年计划)'은 '제11차 5개년 계획(十一五规划五年规划)'으로 개칭된다. 5년을 단위로 국가계획을 세운다지만 실제로는 대부분 장기간의 발전계획이다. 제1차 5개년 계획은 1953년에서 1957년까지 실행되었고 '一五计划'이라 간칭한다. '제11차 5개년 계획(十一五规划)'(2006)은 2006년부터 2010년까지 실행되는 계획을 가리킨다.

[그림 6-6] 청명상하원의 수심사(위)
[그림 6-7] 〈대송 · 동경몽화〉의 실경공연 장소(청명상하원)(아래)

진한다. 2006년 허난성 정부는 "문화자원이 풍부한 도시에서 문화가 강한 도시로 빠르게 건너뛰자(加快文化资源大省向文化强省跨越)"[14]를 표

14 中共河南省委·河南省人民政府, 「关于加快文化资源大省向文化强省跨越的若干意见」, 『河南日报』, 2007.12.26.

방하면서 허난성의 문화자원으로 문화산업을 발전시키기 위한 전략을 추진한다. 또한 2009년 국가는 「문화산업진흥계획(文化产业振兴规划)」에서 "문화산업은 시장경제 조건하에서 사회주의 문화가 번영 발전하는 중요한 장치로서, 인민군중의 다양하고 다층적인 정신문화가 추구하는 중요한 방법을 충족시킬 뿐만 아니라 경제구조 조정의 추진과 경제발전 방식의 전환에 중요하게 작동하는 힘이다"[15]라고 표명함으로써 지역의 문화산업을 적극 장려하고 추진한다. 2011년 카이펑시 제13회 인민대표대회 제3차 회의에서 승인된 「카이펑시 국민경제와 사회발전 제12차 5개년 계획 개요」[16]는 「중공 카이펑 시위원회의 전체시 국민경제와 사회발전 제12차 5개년 계획 제정에 관한 건의(中共开封市委关于制定全市国民经济和社会发展第十二个五年规划的建议)」에 호응하여 수립된 것이다. 이 「개요」에서 카이펑은, '十二五(2011-2015)' 기간 동안 청명상하원과 〈대송·동경몽화(大宋·东京梦华)〉[17]를 야간관광 전략과 긴밀히 연계시키는 동시에 청명문화제와 국화제 등의 축제를 지속적으로 개최하여 문화산업의 발전에 박차를 가한다는 정책을 발표하였다.

이런 정책을 바탕으로 카이펑은 각종 문화텍스트를 통해 도시 정체성과 도시의 문화기억을 재구성, 확산하고 이를 공간화·가시화하는 노력을 진행했다. 그 결과 영화 〈안양의 고아〉,[18] 〈공작〉,[19] 〈계견불

15 中华人民共和国文化部, 「关于加快文化产业发展的指导意见」, 『中国文化报』, 2009.09.28.

16 开封市人民政府, 「开封市国民经济和社会发展第十二个五年规划纲要」. http://www.henan.gov.cn(검색일: 2015.04.27.). 이하 「개요」로 약칭함.

17 〈대송·동경몽화〉 실경공연. https://www.youtube.com/watch?v=aP8Anrft9aA(검색일: 2019.02.19.)

18 王超, 〈安阳婴儿〉, 2001.

19 顾长卫, 〈孔雀〉, 2005.

[그림 6-8] 북송대의 관아인 카이펑부(위)
[그림 6-9] 북송대의 영웅 양업 가문을 기념하기 위한 천파양부(아래)

녕〉,[20] TV드라마 〈상부춘추〉[21]와 연극 〈선화화원〉[22] 등 카이펑을 공간

20 陈大明, 〈鸡犬不宁〉, 2006.

21 王大鹏, 〈祥符春秋〉(18集), 2002. http://www.tudou.com/programs/view/t08wsiVcIqc(검색일: 2015.12.10.)

22 李利宏, 〈宣和画院〉, 河南省话剧院, 2010.

[그림 6-10] 포청천을 기념하기 세운 포공사(위)
[그림 6-11] 포공사의 포청천 초상화(아래)

배경으로 삼은 대중문화가 창작되었다.

북송의 명판관 포청천, 외적에 대항한 영웅 양업(杨业)과 관련된 건축물들 즉 카이펑부(开封府), 포공사(包公祠), 천파양부(天波杨府) 등이 카이펑을 대표하는 랜드마크로 주목받았다. 포청천(包青天, 包拯)과 양가장(杨家将) 등은 랜드마크, 정신문화 유산의 근원으로 각광받기 전

[그림 6-12] 다른 고도와는 달리 새롭게 복원된 구러우

부터 다양한 대중문화로 창작되어[23] 중국 내외에서 대성공을 거두며 큰 반향을 불러일으킨 바 있다. 이런 경험 아래 이 건축물들은 카이펑 역사유적복원 사업의 본격적인 실시와 도시 정체성, 문화경관 재구축에 일정한 영향을 끼쳤다.

대중문화들은 카이펑의 경관을 중요한 공간적 배경으로 삼아 제작되었다. 왕차오의 〈안양의 고아〉는 카이펑의 성곽과 대상국사(大相国寺) 거리 등 오래되고 낙후된 고도의 면모를 전시했으며, 영화 〈공작〉

23 포청천을 제재로 한 영화로는 〈九品芝麻官〉, 〈老鼠爱上猫〉, 〈七侠五义〉 등이 있고, TV드라마로는 〈包青天之碧血丹心〉, 〈包公判阴阳〉, 〈包三姑外传〉, 〈包青天〉, 〈剑临天下〉, 〈七侠五义人间道〉, 〈少年包青天〉, 〈新神探联盟之包大人来了〉, 〈七侠五义〉, 〈包青天之七侠五义〉, 〈包青天之开封奇案〉 등이 있다. 소설로는 『三侠五义』, 『包公案』, 『小五义』, 『万花楼』 등이 있다. 그리고 양가장(杨家将)을 제재로 한 TV드라마로 〈穆桂英挂帥〉, 〈杨家将〉, 〈一門英烈穆桂英〉, 〈少年杨家将〉, 〈巾帼英雄穆桂英〉, 〈杨门女将〉, 〈杨门虎将〉, 〈碧血青天杨家将〉 등이 있고, 영화로는 〈忠烈杨家将〉 등이 있다.

은 1930년대 천주교 신학대학이었던 허난총수원(河南总修院)[24]을 주요한 일상공간으로 삼았다.

TV드라마 〈상부춘추〉는 카이펑의 예극단(豫剧团)을 중심으로 전개된다. 〈상부춘추〉의 상부(祥符)[25]는 카이펑을 가리키고, 예극은 카이펑의 대표적인 지방문화다.[26]

[그림 6-13] 대상국사

고도문화 발굴과 재구성에 있어 카이펑이 무엇보다도 중시한 역사문화는 북송시대의 문화다. 카이펑은 4천 년의 도시사를 가진 오랜 역사의 고도이자 북송시대의 수도로 동경(东京)이라 불리는 세계적인 대도시였고, 168년의 역사를 가진 북송문화는 이때 전성기를 이루었다. 카이펑은 이 북송

24 허난총수원(河南总修院)은 1930년에 세워진 천주교 신학대학이다. 로마 교황청이 중국 천주교 신부를 배양하기 위해 출자하여 건립되었는데 총 4대 학장 중 1, 2, 3대 학장은 이탈리아 신부가 맡았다. 이 신학대학은 1958년 폐교될 때까지 28년 동안 운영되었고 졸업생은 중국 천주교에서 중요한 역할을 하였다. 건축양식은 중국 전통식과 서구식이 결합한 형태로 지금은 텅 빈 채 관리자만 거주하고 있다.

25 상부(祥符)는 북송 진종(真宗)의 연호이다.

26 〈祥符春秋(爱你真难)〉는 11집에서 극중 인물인 예극단의 마단장(马团长)의 입을 빌어 상부(祥符)의 역사를 설명하고 상부의 예극 즉 상부조(祥符调)가 예극의 원류이자 주류임을 강조한다. 카이펑의 역사와 문화에 대한 자긍심을 엿볼 수 있는 대목이다. http://www.tudou.com/programs/view/t08wsiVcIqc(검색일: 2015.12.10.)

[그림 6-14] 허난총수원 건물(위)
[그림 6-15] 허난총수원 전경(아래)

문화를 지역문화 브랜드로 내세우면서 역사문화 경관을 보존, 복원하여 도시 정체성 형성에 중요하게 활용하고 있다. 가령 〈선화화원(宣和画院)〉[27]은 북송 휘종의 연호인 선화(宣和)[28]를 빌어 서법(书法)예술이

27 리리훙(李利宏)이 카이펑 지역어로 각색하고 허난성 화극원이 공연한 이 연

[그림 6-16] 카이펑의 전통극인 예극 단원의 모습

극은 중국의 현대화 과정에서 전통문화를 어떻게 계승해야 하는지 그리고 그 변화의 가능성은 어떠한지를 모색한 작품이다. 카이펑 지역작가 왕샤오화(王少华)의 동명소설을 "8년의 시간을 들여 개작한"(李红艳, 「八年蒸的那个馍: 评李利宏和他的方言话剧《宣和画院》」, 『戏剧文学』, 总第322期, 戏剧文学杂志社, 2010, pp.48-51) 시나리오 작가이자 연출자인 리리훙은 예술윤리를 지키려는 서예가의 영혼을 통해 당대 카이펑 서법문화의 현실을 보여준다. 연극은 카이펑의 고유문화인 북을 두드리면서 시작하고 진귀한 서도의 족자들과 오래된 성곽을 무대장치로 활용한다. 룽팅(龙亭) 호숫가에서 권법을 연마하거나 예극(豫剧)을 연습하는 모습을 재현하기도 하며 카이펑 지역어를 대사로 사용하는 등 카이펑의 지역 특색을 적극적으로 부각하여 중국의 유명한 서도도시(中国书法名城)로서의 면모와 문화적 분위기를 표현하고자 했다. 이 작품은 "田汉戏剧奖剧本一等奖", 河南省第十一届戏剧大赛"文华大奖"剧目(暨大赛金奖), "第六届全国话剧优秀剧目展演", "参演剧目奖" 등 9개의 상을 획득했다. 陈鹏, 「首呼尾应, 妙韵无穷: 浅谈话剧《宣和画院》《郭双印连他乡党》的创作」, 『大家』, 第4期, 大家杂志社, 2011, p.16. 연극 공연은 다음을 참고했다. 话剧〈宣和画院〉, 河南省话剧院(吴广林, 沈保平主演). http://www.tudou.com/programs/view/FXNDsmYRs3I(검색일: 2015.10.06.)

번성했던 북송의 기억을 소환하여 서법예술이 유명한 카이펑의 현재와 연결한다. 이들 대중문화들은 급격하는 시대변화에 적응하지 못하여 낙후되어 궁핍하고 혼란스러운 현재의 카이펑을 그리기도 하지만 카이펑의 역사문화에 대한 자긍심을 적극적으로 드러낸다. 예를 들어 영화 〈계견불녕〉은 지금은 그 모든 영광이 지하에 묻혔지만, 카이펑은 북송의 수도로서 당시 발달한 경제와 교통 그리고 번영한 문화로 전 세계 무역과 문화의 중심지 역할을 했음을 강조한다.[29] 카이펑 출신의 감독 천다밍(陈大明)은 자신이 성장한 카이펑의 오래되고 낙후된 거리를 영화에 담으면서 이 거리와 고건축물에는 기억이 담겨 있고 생명이 숨쉬고 있다고 말한다.[30]

이와 관련해 특히 주목할 공간은 문화테마공원이다. 청명상하원, 천파양부와 카이펑부, 포공사, 룽팅공원 등의 문화테마공원은 북송의 문화를 기초로 건립된 것으로 북송시대에 대한 카이펑의 역사적 기억을 상징적으로 재현한다. 테마공원이라는 역사문화적 경관은 이를 구축하는 과정에서 반영된 건축적 상징을 통해 특정 사건을 기억하고 이해하는 매개물이 된다.

28 선화(宣和)는 북송의 제8대 황제 휘종(徽宗)의 연호다. 휘종은 서화예술을 중시하여 그의 재임기간 동안 예술이 아주 번성했다. 현재 카이펑 카이펑부 앞의 사패루에는 이 연호가 새겨져 있다.

29 陈大明, 〈鸡犬不宁〉, 2006. "大梁是六朝的古都, 又称东京汴梁, 大梁是个多民族的城市, 有回族, 满足, 还有12世纪中叶搬迁到大梁的古犹太人." "这兵变以后呢 建立了北宋首都就在咱这儿. 那时候那咱这儿经济发达文化繁荣, 交通是四通发达, 那是全世界的文化贸易中心." "……, 咱这城市过去厉害的很. …… 咱那些荣誉都在地底下埋着呢."

30 陈大明·任斯璐, 「陈大明反崇高称《鸡犬不宁》描述普通人的尴尬」, 2006. 11.15. http://ent.sina.com.cn/m/2006-11-15/ba1329168.shtml(검색일: 2015.11.15.)

[그림 6-17] 서점만이 있는 서점거리(위)
[그림 6-18] 송대의 연호 '선화'가 적힌 패루(아래)

특히 청명상하원은 송대의 저명한 화가 장택단(张择端)의 대표작 〈청명상하도(清明上河图)〉[31]를 복원한 대형 역사문화 테마공원으로, 중

31 〈清明上河图〉. http://www.360doc.com/content/10/1029/11/384354_64952689.shtml(검색일: 2015.10.29.). 〈청명상하도〉는 장택단(张择端)이 북

[그림 6-19] 송도어가(위)
[그림 6-20] 송대 황궁을 복원한 룽팅공원(아래)

송시기 동경(东京, 지금의 카이펑)을 그린 그림으로 청명절 무렵의 변경(汴京) 및 변하(汴河) 양안의 상업과 무역활동, 민간풍습과 일상생활, 그리고 자연풍경을 담았다. 이 그림의 내용은 변경 교외의 봄 경치, 변하의 모습, 성내 거리 세 부분으로 나뉘는데, 이 그림을 통해 북송시기의 경제활동, 도시의 면모와 당시 각 계층의 생활면모를 이해할 수 있다. 원본은 베이징 고궁박물관(北京故宫博物院)이 소장하고 있다.

국 중원지방 최대의 송대 건축군으로 북송시대 도읍이었던 카이펑의 생활풍습과 문화경관을 재현하고 있다. 천여 년 전에 번성했던 송대의 대도시 카이펑은 이미 역사의 먼지 속에 사라졌지만 이 도시의 가장 영광스러웠던 시간은 〈청명상하도〉와 『동경몽화록』[32]에 기록, 보존되어 있었고 청명상하원은 이를 토대로 건설되었다.

1998년 10월 28일 송문화 테마공원으로 개원한 후, 청명상하원[33]은 2010년 12월 9일 문화부에 의해 '국가 문화산업 시범기지(国家文化产业示范基地)'로 지정되고 2011년 1월 14일에는 국가 5A급 여행풍경구로 승격된다. 카이펑의 문화브랜드인 북송문화를 청명상하원에 재현할 때 송대의 정교한 건축이 그 중심이 되었다. 이 공원은 〈청명상하도〉의 대표적인 건축인 상선문(上善门), 홍교(虹桥), 수심사(水心榭), 불운각(拂云阁), 북원(北苑), 임수대전(临水大殿), 구룡교(九龙桥), 쌍정교

32 孟元老, 王永宽 译, 『东京梦华录』, 中州古籍出版社, 2010(번역본: 맹원로, 김민호 옮김, 『동경몽화록』, 소명출판, 2010). 『동경몽화록』은 송대 맹원로(孟元老)가 북송 흠종(钦宗) 시기인 1127년에 창작한 것으로 당시 북송의 도읍지인 동경 카이펑의 시정풍속을 그리고 있다. 그 내용은 대부분 북송 휘종의 숭녕(崇宁, 1102-1106)부터 선화(1119-1125) 시기 동경 카이펑의 고관대작부터 서민들의 일상생활에 이르기까지 두루 다루고 있다. 황궁의 건축, 관청의 처소, 성내의 거리 및 일상생활, 결혼풍습 등 거의 모든 내용을 포함하기에 북송의 도시 사회생활, 경제, 문화를 연구하는 데 중요한 역사적 자료로 활용되고 있다. 高晓芳, 「『东京梦华录』生活习俗的特征」, 『怀化学院学报』, 2009年第12期 참조.

33 1990년대 카이펑은 관광업을 지역경제의 지주산업으로 발전시키고자 했지만 각종 여건의 제약으로 인해 성과는 미미했다. 1992년 카이펑 시정부는 청명상하원 건설을 추진했지만 자본의 부족 때문에 건설이 중지되었다. 그러다가 1998년 3월 카이펑 시정부와 하이난즈디(海南置地) 그룹은 청명상하원의 개발건설에 합의한다. 하이난즈디 그룹과 카이펑 관광국이 공동으로 출자하여 청명상하원 주식회사를 설립하게 되면서 본격적으로 개발이 시작된다. 1998년 송문화 테마공원으로 개장하고 2009년 4월 주주제로 체제가 개편되면서 민영의 주주제 기업이 공원을 운영하게 된다.

[그림 6-21] 룽팅공원의 공연 1. 중국사에 이름을 남긴 송태조(太祖) 조광윤(赵匡胤), 포청천(包青天), 왕안석(王安石), 소식(苏轼) 등이 북송의 황궁을 복원한 룽팅공원 앞에 매일 아침 등장하여 자신의 업적을 소개하는 공연이 열린다.(위)
[그림 6-22] 룽팅공원의 공연 2(아래)

(双亭桥) 등을 선택하여 복원했다.[34]

그 외에 송대의 다양한 문화를 테마공원의 건설과 운영에 도입했다. 공원은 송대의 오락문화, 송대 궁정 오락생활과 시정의 생활 및 오

[그림 6-23] 송나라 시대 복장을 입은 인력거꾼

락문화를 재현하고 있다. 나아가 송대의 대표적인 역사를 소재로 스토리를 재구성하여 연출하는데, 〈변하대전(汴河大战)〉, 〈호한겁수거(好汉劫囚车)〉, 〈왕원외초친(王员外招亲)〉, 〈양지매도(杨志卖刀)〉 등이 그것이다.[35] 2008년 4월, 청명상하원은 대형 수상 실경공연(实景演出)인 〈대송·동경몽화〉를 선보인다. 이 공연은 북송 전성기의 번영을 재현한 것으로 경제가 낙후된 현재의 카이펑에 화려하고 활발한 경관을 보태면서 큰 성공을 거둔다. "〈대송·동경몽화〉 실경 연출의 추진은 카이펑 문화산업의 혁명으로 카이펑의 소프트파워를 강화하고 고도 카이펑 문화 부흥의 서광을 보게 했다. 그것은 중후한 중원문화를 높은 입지에 위치지우고 더 멀리 바라보도록 했고, 허난문화 관광의 번영과 발전을 촉진하는 데에 인도, 시범, 본보기가 되어 가속화하는 작용을 했

34 中国·开封清明上河园. http://www.qingmings.com(검색일: 2016.09.06.)

35 中国·开封清明上河园. http://www.qingmings.com(검색일: 2016.09.06.)

[그림 6-24] 청명상하도(부분)

다"[36]고 고평되었다.

청명상하원이라는 문화경관의 형성과 이로 인한 문화산업의 성공으로 카이펑은 〈청명상하도〉를 근거로 삼아 "북방의 수변도시(北方水城)"[37] 계획을 실행하기에 이른다. 카이펑은 "2006년부터 수로사업을 건설하기 시작하여 천 년 전 북송시대의 수로 경관을 복원"[38]하고 있다. 카이펑의 호수 포공호(包公湖), 반양호(潘杨湖), 철탑호(铁塔湖), 양광호(阳光湖) 등을 연결하는 수변도로를 건설, 확장하여 카이펑을 중국 북방의 수변도시로 만든다는 도시계획은 이미 부분적으로 완공되어 주변으로 더욱 확장되고 있다.

청명상하원 건설로 인해 형성된 문화브랜드의 영향력과 응집력은 카이펑의 도시문화와 경쟁력을 상승시키는 효과를 가져왔다고 평가

36 吕桓宇, 「解密清明上河园: 《大宋·东京梦华》实景演出篇(五)」, 『河南日报』, 2011.07.26.

37 李亚卿, 「开封北方水城地脉的历史变迁与水城建设定位」, 『开封大学学报』, 2008年第03期, p.23.

38 阮海峰, 「开封投资5亿元打造北方水城欲恢复千年前奇观」, 2014.12.05. http://hn.ifeng.com/hnzhuanti/henanshengzhiguanxianshi/caijing/detail_2014_12/05/3249113_0.shtml(검색일: 2019.10.29.)

[그림 6-25] 중화예술궁에서 재현한 청명상하도 1(위)
[그림 6-26] 중화예술궁에서 재현한 청명상하도 2(아래)

된다. 가령, 허우신동(侯新东)은 카이펑의 청명상하원은 역사문화 도시 경제발전을 촉진하고 카이펑의 이미지를 제고하는 동시에 도시의 문화유산 보호에 대한 관심을 끌어냈다고 평가했다.[39] 나아가, 청명상하원 테마공원의 복원 건설을 계기로 관광자원 개발과 이용에 있어 원시적 차원의 고답적인 방식에서 탈피하게 되었다.[40] 카이펑은 역사문화

39 侯新冬·楼嘉军, 「主题公园与历史文化名城互动发展研究: 以开封市清明上河园为例」, 『桂林旅游高等专科学校学报』, 2006年第06期, pp.358-359.
40 侯新冬·楼嘉军, 「主题公园与历史文化名城互动发展研究: 以开封市清明上河园为例」, 『桂林旅游高等专科学校学报』, 2006年第06期, p.356.

[그림 6-27] 청명상하원의 구룡교(위)
[그림 6-28] 청명상하원의 불운각(아래)

테마공원 건립이라는 지역 정체성을 살린 문화원형 개발을 통해 지역 경제발전과 문화도시 관련 정책들을 적극적으로 추진함으로써 침체한 도시를 문화관광 도시로 변모시키고 지역경제를 활성화하는 데 일정 정도 성과를 거두고 있는 것으로 보인다.

역사적 경관이나 장소를 보전 또는 복원하고자 하는 이유는, 이들

[그림 6-29] 북송의 송사로 장식한 카이펑의 거리 풍경(위)
[그림 6-30] 송대예술연구소(허난대학)(아래)

이 과거에 생명을 불어넣어 현재를 존속케 하는 힘을 갖고 있고, 이를 통해 사회적 기억을 재생산하는 데 기여하기 때문이다.[41] 따라서 중요한 것은, 천파양부, 포공사, 카이펑부와 청명상하원 등 송대 건축을 복원, 재현한 것으로 간주되는 건축군들이 과거 역사에서 실재했는지 여

부보다는 도시의 현재와 미래의 요구에 어느 정도 부합하는가 하는 데 있다. 이로 볼 때, 도시에 대한 기억의 재구성과 도시 기획의 변화는 현재의 카이펑을 재구성하려는 의지에서 비롯되었다고 할 수 있다.

3. 〈대송·동경몽화〉와 카이펑의 북송 문화브랜드

최근 중국의 지역발전에서 지역의 문화, 경제와 정치가 융복합된 문화산업이 중요한 역할을 하고 있다. 이런 추세에 부응하여 카이펑 시위원회(市委)와 시정부는 "카이펑의 정태적인 역사문물과 역사유적을 어떻게 하면 독창적이고 선명하고 생동력 있는 문화브랜드로 만들 수 있을까?"[42]라는 문제를 제기하면서 이를 돌파하기 위한 구체적인 전략을 수립했다. 앞서 살핀 것처럼, 카이펑 시정부는 8대 고도라는 도시문화 자원에서 북송문화를 중심으로 역사문화 자원을 개발함으로써 카이펑을 문화도시로 발전시키는 전략을 기획하여 추진하고 있다.

카이펑은 북송문화를 가시적으로 재현하기 위한 가장 유용한 방법을 찾았는데 그중 핵심은 대형 수상 실경공연 〈대송·동경몽화〉였다. 카이펑은 과거 동경 변량(汴梁)으로 불리며 8조의 고도, 북송문화의 중심지였던 점에 주목했다. 그리고 "북송 정치문화와 민속문화가 결합된 8백 년 전의 북송시대는 흥미로운 역사시대였다. 전란이 계속되던 시대적 특징과 흥성에서 쇠퇴로 변화되는 역사적 변천은 역대 예술가와 문학가의 창작에서 중심이 되었고 농경, 수로 교통의 발달, 수공업,

41 전종한, 「도시 뒷골목의 '장소기억': 종로 피맛골의 사례」, 『대한지리학회지』 제44권 제6호, 대한지리학회, 2009, p.780.

42 河南省政协主席 王全书, 「品《大宋·东京梦华》」, 『人民日报』, 2009.04.20.

상공업, 항해 등 산업의 비약적인 발전은 눈부신 경제적 성과를 이루었다"[43]고 회고했다. 북송문화에 대한 이런 인식하에 카이펑 시위원회와 시정부는 2007년 1억 3천5백 위안을 투자하여 〈대송·동경몽화〉를 제작하게 된다. 〈대송·동경몽화〉는 카이펑의 문화자원 개발, 여행산업 발전과 긴밀하게 결합되어 도시 관광과 문화에 활기를 가져오면서, 문화산업의 새로운 형식으로서 "역사문화의 계승과 창신에 성공한 작품이라고 평가받는다".[44] 이 공연은 인기는 많지만 수익은 낮은 난처한 상황을 해결하기 위해 카이펑 시위원회와 시정부가 채택한 '야간 관광 전략'의 산물로 "문화자원개발과 관광산업 발전의 긴밀한 결합으로 송문화가 현대 관광산업에서 상승세를 타게 했다".[45] 야간 공연으로 말미암아 관광객이 카이펑에 머무는 시간이 늘어나면서 카이펑의 전체적인 수입은 증대했고 문화산업은 발전의 입지를 굳히게 되었다. 이제 이 공연을 중심으로 대중문화를 통한 도시문화 브랜드, 도시 정체성 기획에 대해 좀 더 구체적으로 살펴보자.

〈대송·동경몽화〉 제작의 배경에는, 2003년에 시작되어 대흥행을 거두면서 중국 각지에 실경공연의 붐을 일으킨 〈인상·유삼저(印象·刘三姐)〉의 성공이 자리하고 있다. 중국 각지에서 제작된 실경공연은 각 도시로 많은 관광객을 끌어들여 문화창출 효과에 기여하고 있었다.

〈대송·동경몽화〉는 허난성이 〈선종소림·음악대전(禅宗少林·音乐大典)〉 이후 추진한 또 하나의 대형 실경공연으로, 메이솨이위엔(梅帅元)이 기획하고 장런성(张仁胜)이 연출했다. 700여 명의 출연진이 참가

43 汪振军·孔维卓, 「《大宋·东京梦华》的传播特色分析」, 『中原文化研究』, 2013年第05期, p.107.

44 汪振军·孔维卓, 「《大宋·东京梦华》的传播特色分析」, 『中原文化研究』, 2013年第05期, p.105.

45 河南省政协主席 王全书, 「品《大宋·东京梦华》」, 『人民日报』, 2009.04.20.

하는 이 공연은 매년 3월부터 11월까지 200여 회 공연을 하는데, 공연 시간은 70여 분이다. 공연은 서막 '우미인(虞美人)', 제1장 '취동풍(醉东风)', 제2장 '접련화(蝶恋花)', 제3장 '제천락(齐天乐)', 제4장 '만강홍(满江红)', 6막 '수조가두(水调歌头)' 등 총 6막 4장으로 구성되어 있다. 〈대송·동경몽화〉는 장택단의 〈청명상하도〉와 맹원로의 『동경몽화록』을 결합하여 설계된 송문화 테마공원 청명상하원을 무대로 하여 펼쳐진다. 이 공연은 청명상하원 내의 경룡호(景龙湖)에서 누각과 수로를 잇는 다리를 이용하여 전개되는데, 각 장절은 각기 다른 세트, 음향, 의상, 조명, 색채 등을 활용한다.

이 공연이 재현하는 내용은 독특한 북송문화 그리고 북송시대의 흥망성쇠 즉 동경 변량(汴梁)의 번화함과 화려함, 외적 침입과 멸망, 전쟁의 호방함과 비장함 등이다. 그러나 항저우의 테마공원 송성(宋成)의 〈송성천고정(宋成千古情)〉, 시안 대당부용원의 〈몽회대당(梦回大唐)〉 등과 비교할 때 항저우와 시안의 공연은 실내공연인 데 비해 청명상하원의 〈대송·동경몽화〉는 실외공연이라는 점 그리고 송사(宋词)를 적극 활용한다는 점에서 여타 테마공원의 공연과 뚜렷한 차이를 보인다.

특히 주목할 점은 송사의 활용이다. "〈대송·동경몽화〉의 가장 독창적인 구상은 바로 북송의 문인문화를 발굴한 것으로, 송사를 주제로 하고 지극히 풍부한 낭만주의 문학형식의 전개를 통해 천년의 역사 화폭을 직접 경험하게 하여 '천년의 꿈'을 자유로이 상상하고 이에 도취하게 만드는 것이다."[46] 이러한 상상과 환상을 용이하게 제공하기 위해 공연은 이미 잘 알려진 송사를 활용한다. 이욱(李煜)의 "그대에 묻노니 얼마나 많은 수심 품고 있는가 / 온 강의 봄물이 동쪽으로 흐르

46 汪振军·孔维卓, 「《大宋·东京梦华》的传播特色分析」, 『中原文化研究』, 2013年第05期, p.107.

는 것 같네",[47] 신기질(辛弃疾)의 "동풍은 밤사이 천 그루의 나무에 꽃을 피웠네 / 바람에 불리는 등불은 비 오듯 별을 떨어뜨렸네", "언뜻 머리 돌려보니 / 그 사람은 오히려 등불 희미한 그곳에 있네",[48] 그리고 소식(苏轼)의 "가지 위의 버들개지는 바람에 날려 더욱 적고 / 하늘 끝인 이곳에 방초가 가득하네",[49] 유영(柳永)의 "수양버들 무성한 언덕, 새벽바람에 새벽달 기울겠지"[50] 혹은 신기질의 "취중에 등불 돋우고 칼을 들여다보다 / 꿈인 듯 들리는 군영의 호각소리",[51] 소식의 "사람에겐 슬픔과 기쁨, 이별과 상봉이 있고 / 달에겐 흐림과 맑음, 둥그러짐과 이지러짐이 있는 법 / 이 일은 예로부터 온전하기 어려웠네"[52] 등은 모든 중국인에게 두고두고 회자되는 명구들이다. 공연은 당시 사회풍속을 생동감 있게 묘사하고 시에 비해 상대적으로 자유로운 율격으로 송인(宋人)의 구속되지 않는 자유로운 정신의 심오한 경지를 담고 있다고 여겨지는 송사를 활용했다. 송사의 이런 명성은 북송시대 수도였던 카이펑의 찬란함 즉 지역적 독특성에 대한 인식으로 연결되

47 陈友康, 「最绝望而不朽的诗篇: 李煜《虞美人》解读」, 『名作欣赏』, 2006年第07期, pp.74-77. "问君能有几多愁, 恰似一江春水向东流."(李煜, 「虞美人·春花秋月何时了」)

48 주조모, 이동향 역주, 『송사삼백수』, 문학과지성사, 2011, p.394. "东风夜放花千树, 更吹落, 星如雨", "蓦然回首, 那人却在, 灯火阑珊处."(辛弃疾, 「青玉案·東風夜放花千樹」)

49 소식, 류종목 역해, 『소동파사』, 서울대학교출판문화원, 2011, p.273. "枝上柳绵吹又少, 天涯何处无芳草."(苏轼, 「蝶恋花·花褪残红青杏小」)

50 주조모, 이동향 역주, 『송사삼백수』, 문학과지성사, 2011, p.71. "杨柳岸, 晓风残月."(柳永, 「雨霖铃·寒蝉凄切」)

51 张娟, 「细读《破阵子·醉里挑灯看剑》」, 『文学教育(上)』, 2008年第06期, pp.80-81. "醉里挑灯看剑, 梦回吹角连营."(辛弃疾, 「破阵子·醉里挑灯看剑」)

52 소식, 류종목 역해, 『소동파사』, 서울대학교출판문화원, 2011, p.190. "人有悲欢离合, 月有阴晴圆缺, 此事古难全."(苏轼, 「水调歌头·明月几时有」)

었다. 나아가 이 찬란함은 외부인에게는 카이펑에 대한 감탄을 내부인에게는 도시에 대한 자긍심을 불러온다.

또한 중국인들에게 이미 잘 알려져 있는 송사는 관객들에게 각 장의 주제와 특징적인 장면을 명확하게 전달하는 데 있어 효과적이다. 가령, 서막은 5대10국 남당(南唐)의 쇠락과 북송의 흥기를 이욱의 「우미인·봄꽃 가을달 언제 다하려나」[53]를 통해 재현한다. 공연은 남당의 황제 이욱의 망국의 아픔을 그린 '우미인'을 서막으로 하여 '송(宋)'이라 적힌 깃발을 올리면서 북송의 시작을 알린다. 그리고 제1장과 제2장에서는 송조 백성의 일상을 안정된 생활과 즐거운 노동으로 재현한다. 제1장 '취동풍'에서는 신기질의 「청옥안·동풍은 밤사이 천 그루의 나무에 꽃을 피웠네」[54]를 빌어와 북송시기 동경 변량의 사회풍속과 번화하고 화려한 모습, 그리고 서민의 풍속을 재현한다. 불을 뿜는 사람, 높은 나무다리 타기, 닭싸움, 그림자극의 민간오락 등을 통해 관객들에게 당시의 시끌벅적한 음력 대보름 밤을 직접 경험하는 것 같은 환상을 제공한다. 제2장 '접련화'에서는 소식의 「접련화·시들어진 붉은 꽃잎 조그만 파란 살구」[55]를 빌어 녹색의 군무를 통한 청명절의 봄놀이와 애절한 연인의 무도를 통한 북송의 낭만과 활력을 보여주며, 유영의 「우림령·가을 매미는 애절하게 울고」[56]를 빌어 북송시대의 사랑

53 李煜, 「虞美人·春花秋月何时了」. "春花秋月何时了, 往事知多少. 小楼昨夜又东风, 故国不堪回首月明中. 雕栏玉砌应犹在, 只是朱颜改. 问君能有几多愁, 恰似一江春水向东流."

54 辛弃疾, 「青玉案·東風夜放花千樹」. "东风夜放花千树, 更吹落, 星如雨, 宝马雕车香满路. 凤箫声动, 玉壶光转, 一夜鱼龙舞. 蛾儿雪柳黄金缕, 笑语盈盈暗香去. 众里寻他千百度, 蓦然回首, 那人却在, 灯火阑珊处."

55 苏轼, 「蝶恋花·花褪残红青杏小」. "花褪残红青杏小. 燕子飞时, 绿水人家绕. 枝上柳绵吹又少. 天涯何处无芳草. 墙里秋千墙外道. 墙外行人, 墙里佳人笑. 笑渐不闻声渐悄. 多情却被无情恼."

56 柳永, 「雨霖铃·寒蝉凄切」. "寒蝉凄切, 对长亭晚, 骤雨初歇. 都门帐饮无绪,

과 이별 그리고 구속되지 않는 자유를 그린다. 기세가 드높은 제3장 '제천락'에서는 강대국으로서 북송의 전성기를 재현한다. 세계 각국의 외교사절단이 송왕조를 알현하는 장면을 각기 다른 국가의 의상을 입은 사절단의 군무를 통해 묘사한다. 그리고 송 휘종(徽宗)과 이사사(李师师)의 풍류를 표현한 주방언(周邦彦)의 「소년유·칼이 등불 아래 마치 햇빛에 비치는 가을물결같이 번쩍이고(少年游·并刀如水)」를 통해 전성기에서 내려와 쇠락해가는 기운을 암시적으로 드러낸다.

공연은 북송문화의 또 다른 특색으로 서민의 일상을 재현할 때에도 그리고 망국의 과정을 그릴 때에도 송사를 활용한다. 제2장 '취동풍'과 제3장 '접련화'는 북송시대 카이펑의 번화한 민속생활 경관을 생동감 있게 묘사한다. 제4장 '만강홍'에서는 신기질의 대표적인 애국사 작품으로 불리는 「파진자·취중에 등불 돋우고 칼을 들여다보다」[57]를 통해, 북송조 말기 국운의 쇠락, 전란의 발생, 북송인의 완강한 저항 등 국세를 회복하지 못하고 멸망하는 비장한 장면을 재현한다. 그리고 악비의 「만강홍·성난 머리칼은 관을 뚫을 정도인데」[58]는 송 황성과 그 주변이 불타면서 북송 멸망의 비장함을 재현한다. 6막의 '수조가두'에서는 소식의 「수조가두·밝은 달은 언제부터 떴느냐고」[59]를 통해 시

留恋处兰舟催发. 执手相看泪眼, 竟无语凝噎. 念去去千里烟波, 暮霭沉沉楚天阔. 多情自古伤离别, 更那堪, 冷落清秋节! 今宵酒醒何处? 杨柳岸, 晓风残月. 此去经年, 应是良辰好景虚设. 便纵有千种风情, 更与何人说!"

57 辛弃疾, 「破阵子·醉里挑灯看剑」. "醉里挑灯看剑, 梦回吹角连营. 八百里分麾下炙, 五十弦翻塞外声, 沙场秋点兵. 马作的卢飞快, 弓如霹雳弦惊. 了却君王天下事, 赢得生前身后名. 可怜白发生!"

58 岳飞, 「满江红·怒发冲冠」. "怒发冲冠, 凭栏处, 潇潇雨歇. 抬望眼, 仰天长啸, 壮怀激烈. 三十功名尘与土, 八千里路云和月. 莫等闲, 白了少年头, 空悲切."

59 苏轼, 「水调歌头·明月几时有」. "明月几时有? 把酒问青天. 不知天上宫阙,

공을 넘나드는 이미지를 전달한다. 이처럼 각 장의 다양한 주제와 심상을 전달하고 환기하기 위해 송사를 활용함으로써, 송사와 공연 서사 사이의 응집력을 확보하는 동시에 송사의 전성기였던 카이펑의 문화적 다양성과 현재적 가치를 증명하고자 한다. 공연은 송사의 활용을 통해 과거와 현재를 연결하는 동시에 미래를 향한 기원을 담아낸다.

과거의 찬란한 역사와 현재를 잇는 또 하나의 장치로 주목할 만한 점은, 송사를 통해 재현되는 북송의 문화와 역사는 공연 서두와 마지막을 장식하는 소년에 의해 의미 규정된다는 점이다. 공연은 현재의 카이펑을 상징하는 소년이 강물에 등불을 띄워 보내면서 시작되고, 소년이 과거를 상징하는 소녀와 만나면서 종료된다. 즉, 카이펑의 역사를 소환해내는 것은 현재의 소년이며 과거와 현재의 연속과 전환을 확인하는 장면은 공연 전체를 감싼다. 공연의 마지막을 장식하는 시간터널은 천년 전의 번영을 부활시키고자 하는 현재 카이펑의 소망이 각인된 장치이다. 즉, 〈대송·동경몽화〉는 카이펑 역사의 흥망과 성쇠에 대한 고찰 그리고 다시 부상하려는 카이펑의 열정을 담고 있다. 북송시대의 역사는 공연을 위한 단순한 소재가 아니라 현재화되어야 할 가치를 내장하고 있는 것으로 재생된다. 무대극 형식의 이 공연은 카이펑의 역사문화, 중원의 전통문화를 대표적인 문화기호를 활용하여 현재의 요구에 부합하게 재구성함으로써 카이펑의 대표적인 문화브랜드로 자리잡았다.

〈대송·동경몽화〉 공연의 주최 측인 카이펑 시위원회, 시정부는 이 공연을 카이펑의 역사문화 재구성과 전파 그리고 송문화의 계승에 적

今夕是何年. 我欲乘风归去, 又恐琼楼玉宇, 高处不胜寒. 起舞弄清影, 何似在人间? 转朱阁, 低绮户, 照无眠. 不应有恨, 何事长向别时圆? 人有悲欢离合, 月有阴晴圆缺, 此事古难全. 但愿人长久, 千里共婵娟."

[그림 6-31] 찬란했던 과거와 현재를 잇는 시간터널 장면(〈대송 · 동경몽화〉 실경공연)

[그림 6-32] 과거와 현재를 각각 상징하는 소녀와 소년의 조우 장면(〈대송 · 동경몽화〉 실경공연)

극적으로 활용했다. 그리고 송문화에 대한 인식 제고를 통해 카이펑의 이미지를 부각하여 도시의 문화산업을 새로운 단계로 도약시켰다. 〈대송·동경몽화〉는 중원문화를 재현하여 사회적으로 전파할 뿐만 아니라 카이펑의 도시 정체성을 재구성함으로써 경제적 효과를 창출하는 산업적 효과를 유발했다.

4. 청명상하원, 지역성과 문화산업

베이징이나 시안과는 달리 카이펑은 사회발전이 정체되고 문화산업이 낙후되었던 탓에 역사를 활용한 도시 정체성 구축과 도시발전의 노력을 비교적 뒤늦게야 시도하게 되었다. 유형적 문화자원 역시 거의 남아있지 않았지만 카이펑은 풍부한 무형적 자원을 적극 활용하여 도시 역사를 독창적인 것으로 재구성해내고 전통문화를 문화산업의 자원으로 활용하려 하고 있다.

이 장에서는 대중문화와 도시 기획의 관계, 특히 대중문화를 도시 현실의 단순한 재현체로 이해하는 것이 아니라 각종 대중문화를 통해 도시 기획과 정체성을 재구성하는 과정에 집중하면서 카이펑을 살폈다.

문화도시의 경우 도시가 추구하는 핵심가치와 문화활동 양상에 따라 사업종류가 구분되는데, 카이펑의 경우는 "문화와 산업의 융·복합을 통한 문화적 측면의 도시경제 활성화를 유도하는 '문화산업중심형'"과 "지역 고유문화 특화와 도시 정체성 구현을 통한 문화관광이 중심이 되는 '문화자산중심형'"[60]의 범주에 속한다고 할 수 있다. 카이

60 조광호, 「문화도시 문화마을 선정 및 지원방안 연구」, 『문화도시 문화마을 심포지엄 자료집』, 한국문화관광연구원, 2013, pp.15-40.

펑은 '문화를 활용한 경제활성화'의 전략을 선택하면서 도시문화 자체를 경쟁력 있는 콘텐츠로 생산하고 이를 통해 카이펑의 도시 이미지를 긍정적으로 전환해가고자 한다. 카이펑은 도시경관과 문화예술을 전면적으로 결합하기 위한 전략으로 청명상하원 등의 공간 기획을 추진했고 〈대송·동경몽화〉라는 실경 공연예술을 제작했다.

청명상하원, 〈대송·동경몽화〉 등은 카이펑의 역사문화에서 대표적이고 효과적인 문화기호로 선택되어 도시의 문화브랜드로 재구성된 것들이다. 카이펑은 이런 문화테마공원과 실경공연을 통해 도시 정체성이라는 장(場) 안에서 관광과 문화를 결합시키고자 하고 있다. 현재의 욕망에 의거해 고도의 과거 문화를 재구성하려는 카이펑의 시도는 중국 내에서 긍정적인 평가를 받고 있다. 카이펑에 대한 이런 평가는 중국 여타 고도 나아가 도시들의 정체성 재구성에 박차를 가하는 효과를 낳았다.

중앙정부의 도시화 전략에 따라 최근 중국의 각 도시들은 경제발전에서 문화산업이 차지하는 중요성을 인식하기 시작했다. 이에 따라 도시와 문화산업 관련 연구를 본격적으로 진행하고 있으며, 도시학, 지역경제학, 문화학 등은 관련학과 및 연구자들의 중요 관심사로 부상하고 있다. 2차 산업의 급속한 발전이 둔화되며 도시발전의 신동력을 모색해야 하는 전환기를 맞은 현재, 고도들은 역사문화 자원을 활용한 개발에서 돌파구를 찾고 있다. 카이펑은 도시의 공간적 기획과 각종 대중문화의 결합을 통해 도시 정체성을 재구성하고 도시 정체성 자체를 경쟁력 있는 문화상품으로 전시하려는 새로운 시도가 성공적이라는 점을 증명하는 데 유용한 근거로 활용되고 있다.

제7장

항저우, 도시문화와 문화 창의산업

1. 항저우의 문화산업과 창조도시

항저우(杭州)의 경항대운하(京杭大运河), 양저 문화유적(良渚文化遗址), 남송 황성유적(南宋皇城遗址), 과호교 유적(跨湖桥遗址) 등은 오랜 세월 동안 주목받지 못하다가 21세기 들어서면서 집중적으로 개발되기 시작하여 항저우의 중요한 인문자원이 되었다. 8,000년의 과호교문화(跨湖桥文化), 5,000년의 양저문화(良渚文化), 2,230여 년의 도시건설사, 1,100여 년의 도읍사, 그리고 대운하문화(大运河文化), 강남수향문화(江南水乡文化)와 첸탕장문화(钱塘江文化) 등은 현재 항저우의 중요한 문화자원이다.[1] 또한 2011년엔 항저우 서호(西湖)[2]가, 2014년엔 대운하가

1 周乾松, 「杭州历史文化遗产保护的思考与对策」, 『城市观察』, 2012年第02期, pp.70-71.

2 20세기 초반 서호 주변의 경관은 전쟁을 겪으면서 대부분 훼손되었다. 중국 정부는 1952-1958년, 1976년, 1980년 세 차례에 걸쳐 서호와 관련해 대대적인 정비사업을 실시했다. 그리고 서호를 1982년 처음 선정한 44곳의 '국가중점 풍경명승구(国家风景名胜区)'의 하나로 포함하였다. 특히 1999-2003년 사이에 서호서진(西湖西进) 사업을 실시하여 황무지로 퇴화해버린 서호 서측 수면을 회복했다. 2007년 5월 8일 항저우 서호관광명승지는 국가 관광국에 의해 국가 5A급 관광구역으로 공식 지정되었다. 2008년 항저우 시정부는

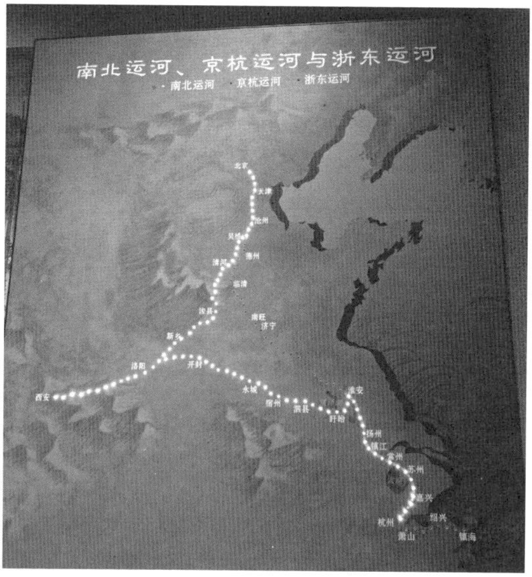

[그림 7-1] 수당대운하(중국 경항대운하 박물관)(위)
[그림 7-2] 궁천챠오(경항대운하 최남단)(아래)

유네스코의 세계문화유산으로 등재되었다.

항저우는 중화학공업, 지하자원, 항만자원, 기업자본 등이 부족한 도시이지만 문화 창의산업의 인재, 환경, 문화, 인문자원, 정책, 시장 등의 방면에서는 중국 타 도시에 비해 우월한 조건을 갖추고 있다. 21

「항저우 서호 문화경관 보호관리법」을 제정하여 서호경관을 관리하고 있다. 2011년 6월에는 유네스코 지정 세계문화경관유산으로 등재되었다.

세기 초부터 시작된 항저우의 문화 창의산업은 처음엔 도시의 자발적인 움직임으로 시작되었으나 이후 정부 지원으로 추진되거나 정부 주도로 진행되어가는 전형적인 유형이다. 2002년 항저우는 대규모의 도시개발을 시작하면서, 유럽 창의산업의 경험을 빌려 궁수구(拱墅区) 운하 주변의 옛 공장건물과 창고 등을 예술가 공작실로 개조한 LOFT 49 단지를 조성했다. 이 단지에서 문화 창의산업을 시작하면서 항저우는 정부의 정책적 지원을 받게 되었고 그 결과 산업적 효과가 발생하자 항저우 문화 창의산업의 규모는 더욱 확장되었다.

도시를 발전시키기 위한 새로운 패러다임으로 항저우가 내세운 문화 창의산업은 하드웨어적 도시발전전략이 아니라 도시가 그동안 주목하지 않았던 소프트파워에 주목하는 것이었다. 소프트파워는 창조산업, 창조계급, 네트워크 등에 의해 구성되었고 소프트파워의 창조적 역량이 도시 성장의 원동력으로 간주되었다. 이는 도시의 역사와 문화를 유지, 보존하고 그 안에 살고 있는 사람들의 삶을 반영하는 소프트웨어에 창조적 역량이 있다는 것에 주목하는 새로운 패러다임의 도시발전전략이었다.

2007년 항저우시 제10차 당대회에서 시위원회, 시정부는 처음으로 명확하게 미래 도시발전의 전략 목표를 '전국 문화 창의산업의 중심으로 만들자(全国文化创意产业中心)'로 설정하고[3] 2009년 국무원(国务院)은 「문화산업진흥계획(文化产业振兴规划)」을 비준한다. 국무원은 2010년 정식으로 「장강 삼각주지구 구역 계획(長江三角洲地区区域规划)」의 실시를 비준하고, 항저우를 "전국 문화 창의 중심"으로 건설하려는 계획을 선포한다. 항저우에서 문화 창의산업은 이런 시대적 흐름

3 倪焱·刘丙孜·唐艳昕, 「杭州市文创产业集聚现状及趋势调研: 以之江文化创意产业园为例」, 『杭州科技』, 2013年第06期, pp.41-43.

에 힘입어 중요한 사업항목으로 자리잡게 되었다.

항저우는 공업유산, 공업유적지, 역사문화건축, 민가 등을 문화 창의산업 지구로 개발하여 LOFT 49 창의산업단지, SOHO 창의산업단지 등의 문화 창의산업단지로 조성했다. 또한 문화 창의산업이 진행되는 10여 년간 항저우는 다양한 분야의 예술가들을 영입했다. 서계 창의산업단지(西溪创意产业园)는 유명한 작가, 화가, 영화감독 등을 영입하여 명인효과로 인한 선전효과를 톡톡히 거두고 있다. 나아가 2011년 10월, 항저우는 「문화 창의산업 인재 대오 건립의 실행을 촉진하기 위한 의견」[4]을 선언한다. 2015년까지 문화예술계의 지도자적 인물 100여 명을 영입하여 항저우의 문화 창의산업 인재 1,000여 명을 양성함으로써 항저우를 중국 국내외 문화 창의인들의 천국으로 조성하겠다는 계획이다.

그 결과 위화(余华), 마이지아(麦家), 쩌우징즈(邹静之), 짜오쯔강(赵志刚), 라이성촨(赖声川), 차이쯔중(蔡志忠), 주더용(朱德庸) 등 30여 명의 유명한 문화인들이 각기 다른 방식으로 항저우의 서계 창의산업단지 안에 자리잡게 되었다. 서계 창의산업단지의 명인 유입 효과는 갈수록 증폭되어 중국문화 명인의 중요장소가 되어가고 있다. 가령, 저명한 만화가인 주더용과 차이쯔중 등이 애니메이션 페스티벌에 참여하면서 항저우의 애니메이션 산업은 더욱 각광받게 되었다.

"현재 항저우에는 국가급(国家级) 공예미술사 13명, 성급(省级) 공예미술사 28명, 시급(市级) 공예미술사 34명, 국가급 무형문화유산 계승자 10명, 성급 무형문화유산 계승자 44명, 시급 무형문화유산 계승

4 中共杭州市委办公厅, 「关于加快文化创意产业人才队伍建设的实施意见」(市委办发, 109号), 2011.10.08. http://www.hangzhou.gov.cn/art/2011/10/28/art_807769_1576.html(검색일: 2011.10.28.)

자 62명이 거주하고 있다. 다양한 인재발굴계획과 교육을 통해 70여 명의 우수한 항저우 인재를 해외로 유학 보냈다. 1,100여 명의 다양한 문화창의 인재, 기업경영관리 인재를 배양하고 있으며, 실습 교육과정에 참여하고 있는 대학생의 수는 13,000명을 넘어선다."[5]

서계 창의산업단지에서 만들어진 〈국가의 운명(国家命运)〉(2012), 〈중국1921(中国1921)〉(2011), 〈옌안의 사랑(延安爱情)〉(2011) 등 TV드라마 10여 편은 중국 중앙 텔레비전 방송국에서 방영되었는데, 대체로 주선율[6] 제재이다. 이 중에서 TV드라마 〈바람에 휘날리는 오성홍기(五星红旗迎风飘扬)〉(2012), 〈동방(东方)〉(2011)은 높은 시청률로 중국 혁명역사 제재 드라마 창작의 모범으로 평가되었다. 〈수당영웅(隋唐英雄)〉(제3-4부)(2014), 〈일당백의 영웅(孤胆英雄)〉(2013) 등의 TV드라마는 전국 위성 TV에서 상영되면서 간판 프로그램이 되었으며, 주선율 TV드라마 〈국가의 운명〉, 〈가족사진(全家福)〉(2013), 〈안마(推拿)〉(2013) 등도 높은 시청률과 함께 좋은 평가를 얻었다. 〈사랑 아파트(爱情公寓)〉(제4부)(2014)는 인터넷 조회수가 80억 회를 초과하면서 주목받는 드라마가 되었고 쩌우징즈가 각색한 영화 〈5일의 마중〉[7]도 주목을 얻으며 높은 평가를 받았다. 이처럼 서계 창의산업단지에서 생산된 영상

5 赵自芳·郁菁, 「"十三五"时期杭州市加快文化创意产业人才队伍培养的思考」, 『杭州研究』, 2015年第04期, pp.3-4.

6 주류 이데올로기의 혁명역사 제재를 표현하고 주류적 가치관을 선전한다. 주선율의 특징은 1) 주류 이데올로기 인정; 2) 국가정책 제창; 3) 문화 가치관 주도; 4) 윤리적이고 적극적인 감정표현; 5) 역사와 현실의 건강함 강조이다.

7 张艺谋, 〈歸來〉, 2014. 영화 〈5일의 마중〉의 시나리오는 옌거링(严歌苓)의 소설 『나의 할아버지가 탈옥한 이야기(陆犯焉识)』를 쩌우징즈가 각색한 것이다.

[그림 7-3] 〈송성가무쇼〉(송성테마파크)

물의 영향력은 갈수록 높아져 전국적인 주목을 받고 있다.[8]

항저우의 문화 창의산업은 이미 괄목할 만한 성과를 거두고 있다. 2009년 항저우 송성여행발전회사(杭州宋城旅游发展股份有限公司)의 〈송성가무쇼(宋城千古情)〉는 '5개일공정장(五个一工程奬)'[9]을 획득했다. 2009년 서울 드라마 어워즈에서 장편드라마 대상을 받은 〈중국왕사(中国往事)〉는 서계 창의산업단지의 화처(华策)미디어그룹이 5,000만 위안을 투자하여 만든 것이다. 화처미디어그룹은 중국 최대 규모의 매니지먼트사이자 중화권 영화드라마 제작보급을 전담하는 기업으로 성장했다. 2011년 개최된 제6회 '창의 중국·화해 세계(创意中国·和谐世

8 「西溪创意产业园:杭州西溪创意产业园情况介绍」. http://www.0571ci.gov.cn/article.php?n_id=6222(검색일: 2019.02.21.)

9 5개일공정장은 중국 중앙선전부(中共中央宣传部)가 우수한 문예작품을 발굴하고 격려하기 위해 1992년부터 우수 도서, 연극, 노래, TV드라마, 영화, 이론 등에 수여하기 시작한 상이다.

界)' 문화산업 국제논단에서 항저우 서계 창의산업단지는 호주의 시드니와 함께 전지구 문화산업도시 '창의 모범상'을 수상했다.[10]

창조도시론의 대표적 이론가인 리처드 플로리다는 미국 주요 도시의 성장률을 조사했다. 그 결과 특히 문화산업을 포함해 창조산업을 기반으로 하는 도시들의 성장률이 높았으며 이런 산업을 이끄는 창조계층이 모여 사는 도시가 미래 도시의 모델로 새롭게 주목받을 뿐만 아니라 성장의 원동력이 될 수 있다고 역설했다.[11] 창조도시론자들은 도시계획의 부문에서 첨단 도시, 국제도시라는 이름 아래 대규모로 진행되는 각종 개발 계획이 도시발전에 결정적인 역할을 하지 않는다는 점을 공통적으로 지적하고 있다. 글로벌 스탠더드라는 이름으로 도시를 개발하는 이런 사업들은 오히려 도시의 경쟁력을 퇴보시키고 세계적으로 유사한 도시들을 양산함으로써 정작 역사와 문화에 기반을 둔 개성 있는 도시에 비해 경쟁력이 떨어지는 결과를 낳는다고 비판한다. 전통과 역사, 문화에 기반을 두면서 그 도시만의 창조적 가능성에 주목하는 것이 도시에서 살아가는 사람들의 삶이나 창조 계층의 유인을 위해서도 필요하다는 것이다.[12]

"지금까지 보아온 대로 창조도시론은 도시에 대한 새로운 세계관과 철학적 바탕에 근거를 두고 있다. 개발보다는 보존, 과도한 이상보다는 현실, 경제주의보다는 역사와 문화에 바탕을 둔 인문주의, 글로

10 一言, 「文化产业国际论坛杭州西溪创意产业园获奖」. http://www.china.com.cn/chinacity/2011-08/01/content_23117398.htm(검색일: 2019.10.29.)

11 리처드 플로리다, 이원호 외 옮김, 『도시와 창조계급』, 푸른길, 2008, pp.43-46.

12 사사키 마사유키·종합연구개발기구, 이석현 옮김, 『창조도시를 디자인하라-도시의 문화정책과 마을만들기』, 미세움, 2010, pp.10-16.

[그림 7-4] 항저우 근대건축인 항저우 신신호텔(杭州新新饭店)(위)
[그림 7-5] 항저우 근대건축인 서호박람회 박물관(西湖博览会博物馆)(아래)

벌보다는 지역의 전통과 개성에 가치가 있음을 강조하고 있다."[13] 열풍이라고 해도 과언이 아닐 정도로, 창조도시론은 항저우의 문화정책

13 이현식, 『성찰적 창조도시와 지역문화』, 글누림, 2012, p.17.

[그림 7-6] 항저우 근대건축인 추수산장(秋水山庄)

에서 지배적인 추세가 되었다.

이 장에서는 창조도시로 급부상하고 있는 항저우[14]가 지역의 역사와 문화자원을 활용한 대중매체와 문화산업 등을 통해 도시 항저우의 문화적 정체성을 어떻게 재구성해가는지를 고찰할 것이다. 대중매체와 문화산업이 재구성하는 항저우 지역 형상은 일종의 의미화된 재현체이거나 상상지리의 구성물이다. 대중문화, 매체는 비단 물화된 반영만이 아닌 지식, 권력, 지리를 포괄한 재구성을 시도한다. 미디어와 이미지들은 명시적으로 혹은 암묵적으로 정치적·문화적 및 지리적 이

14 2019년 1월 현재, 7대(문학, 음악, 민속공예, 디자인, 영화, 미디어, 음식) 창조산업 분야에서 44개국의 64개 도시가 '유네스코 창의도시 네트워크' 명단에 등재되어 있다. 이 명단에 등재된 중국 도시는 다음과 같다. 민속공예 분야: 항저우, 쑤저우(苏州), 징더쩐(景德镇); 디자인 분야: 선전(深圳), 상하이(上海), 베이징, 우한(武漢); 음식 분야: 청두(成都), 순더(顺德), 마카오; 미디어 분야: 창사(長沙); 음악 분야: 하얼빈(哈尔滨); 영화 분야: 칭다오(青島).

데올로기를 내포하고 있다. 이에 따라 대중매체가 사용하는 각종 기호는 객관적 사회진실을 대체하는 기호이지만, 기호적으로 재구성된 각종 형상은 인식의 주요한 자원으로 작용한다. 기호적 연출을 통해 지역에 대한 이미지가 구성되고 그 결과 일종의 "상상적 지리(imaginative geography)"[15]가 생산된다.

항저우 지역 형상 역시 미디어와 이미지들을 통해서 '재현', '가공' 혹은 '상상'된 지리로 구성되고 있다. 이 장은, 대중매체와 문화산업에서 재구성된 항저우의 장소경관, 도시부호, 문화콘텐츠를 분석하고 지역성과 지역문화 콘텐츠의 관계, 지역화와 지구화의 역설적 관계 등에 대해 고찰함으로써 문화 창의도시로서의 항저우를 살펴보고자 한다.

2. 영상매체 속의 항저우 상상지리

양위앤잉(杨远婴)은 중국 백 년의 영화사를 살펴보면 각 도시의 각기 다른 경관은 이미 영화미학으로 발전되었다고 평가했다.[16] 항저우를 배경으로 한 영화들은 이 도시의 독특한 경관을 표현하는 작업을 서호에서부터 시작한다. 『항저우 영화지』[17]에 의하면 1923년 상무인서관 영화·연극부(商务印书馆影喜戏部)에서 최초로 서호를 배경으로 한 무성영화 〈좋은 친구(好兄弟)〉를 만들었다. 항저우 출신 감독 선시링

15 마이크 크랭·나이절 스리프트, 최병두 옮김, 『공간적 사유』, 에코리브르, 2013, p.520.

16 杨远婴, 『电影学笔记』, 江苏教育出版社, 2009, p.135. "检视电影百年历史, 富于地域风景的不同银幕造型已成为电影的美学内容构成."

17 李建国等, 『杭州市电影志』, 杭州出版社, 1997, p.306.

[그림 7-7] 바오수타

(沈西苓)의 〈어부의 딸(船家女)〉(1935)은 서호를 배경으로 한 고전적인 텍스트다. 뤼반(吕班)의 〈사소한 예의는 지키지 않는 사람(不拘小节的人)〉(1956)도 〈어부의 딸〉과 같이 항저우 서호와 그 주변 바오수타(保俶塔)의 원경 등의 풍경을 영화에 전시한다.

신시기의 중국영화도 항저우 경관을 재현할 때 서호를 그 중심에 두었다. 중수황(中叔皇)의 〈천국의 연회(天堂盛宴)〉(1987)는 서호의 아름다운 경관과 미식을 주제로 신시기 항저우의 도시경관을 표현했다. 주인공이 재료를 수집하고 식단을 제작하는 과정에서 '단교잔설(断桥残雪)'과 '뇌봉석조(雷锋夕照)' 등 서호 10경이 등장한다.

베이징, 상하이 등을 다룰 때 영화가 중점을 두는 것이 현대도시적 경관이라면, 서호를 중심으로 구성되는 항저우 영화서사는 자연경관과 생태미학을 전면에 전시한다. 예를 들어 영화 〈원앙·호접(鸳鸯·蝴蝶)〉에서 남자 주인공 아친(阿秦)은 베이징과 항저우를 왕래하면서 두 도시의 서사를 병렬적으로 전개한다. 베이징의 서사는 높은 빌딩과 번화한 도로를 배경으로 전개되는 데 반해 항저우의 서사는 서호 주변의

[그림 7-8] 단교잔설(위)
[그림 7-9] 뇌봉탑(아래)

풍경을 담아낸다. 백여 년의 중국 영화사에서 영화 속의 항저우는 자연풍경과 인문경관이 어우러진 도시로 표현되었다. 그리고 이러한 지역 영상은 현재 도시 항저우를 체험하고 그 문화를 표현하는 전형적인 방식을 만들어냈다.

그런데 21세기 들어 도시화가 가속화되자 항저우는 전통경관과 현대적 경관을 병치하는 시각적 형태를 취하는데, 이런 양상은 항저우 영상 공간에 다양성을 제공한다. 〈쉬즈 더 원(非诚勿扰)〉(馮小刚, 2008), 〈대지진(唐山大地震)〉(馮小刚, 2010), 〈원앙·호접〉(严浩, 2005), 〈위험한

[그림 7-10] 영화 〈쉬즈 더 원〉 촬영장소(서계습지)(위)
[그림 7-11] 창챠오(서호)(아래)

게임(棒子老虎鸡)〉(王光利, 2007), 〈A면B면(A面B面)〉(宁瀛, 2010), 〈빠링허우(80′后)〉(李芳芳, 2010), 〈사랑의 기억(重来)〉(王超, 2011), 〈백만거악(百万巨鳄)〉(林黎胜, 2012) 등이 그 예다. 이 영화들은 항저우 자연경관의 아름다움을 담거나 항저우의 초지역적 도시경관을 표현하는 등 항저우의 다양한 경관을 표현하였다.

〈원앙·호접〉, 〈빠링허우〉 등에서 서호는 여전히 항저우를 상징하는 역할을 한다. 〈원앙·호접〉의 경우, 홍콩 출신 감독 옌하오(严浩)는 아예 서호를 훑는 것으로 영화를 시작한다. 카메라는 안개비가 내리는 창챠오(长桥)에서 출발하여 주인공 샤오위(小语)가 우산을 들고 서호를 응시하는 모습을 지나 멀리 보이는 뇌봉탑(雷锋塔)으로 천천히 이동한다. 나아가 영화는 안개비가 내리는 강남(江南)의 풍경을 이별과 만남이 진행되는 공간적 배경으로 삼는 중국 서사적 전통을 그대로 반복한다. 영화는 샤오위와 남자 주인공의 만남→사랑→이별→재회를 메인플롯으로 삼고 있는데, 이 서사는 단교(断桥), 서호, 뇌봉탑이라는 공간 위에서 진행된다. 항저우 아가씨 샤오위는 베이징의 아친과 함께 서호에서 배를 타면서 서호에 대해 이야기하는데, 이는 서호에 대한 감독의 인상을 대변한 것이다.

> 서호 그 자체가 하나의 신화다. 이곳의 모든 건축물에는 지난 옛일이 각인되어 있다. 건축물 대부분이 몇백 년, 심지어는 천 년이 넘었다. 과거, 현재, 미래가 공존하며 진실한 이야기와 오래된 전설이 한 공간에 더불어 존재한다. 서호는 시공간을 초월한 환상의 세계다.[18]

샤오위가 흥미진진하게 서호의 낭만과 신기함에 대해 이야기하는 동안, 화면은 고대(古代) 시기의 단교, 백제(白堤) 등을 배경으로 백낭자(白娘子), 허선(许仙), 소소소(苏小小), 양산백(梁山伯), 축영대(祝英台) 등의 시공을 초월한 사랑을 보여준다. 이로 인해 서호는 이곳에서 우

18 严浩, 〈鸳鸯·蝴蝶〉, 2005. "西湖本身就是一个神话, 这里的建筑物全是有典故的, 大部分有几百年, 甚至上千年的历史, 过去, 现在, 未来都同时共处, 真实的故事和古老的传说都挤在同一个空间, 西湖是一个超时空的魔幻世界."

[그림 7-12] 영화 〈쉬즈 더 원〉의 포스터

연히 만난 샤오위와 아친의 현대의 사랑과 과거의 사랑이 교차하는 공간이 된다. 동시에 "과거와 현재와 미래가 공존하며 시공간을 초월하는 환상의 세계"라는 샤오위의 설명을 영화적 진실로 구현해낸다.

서호에 이어 항저우 경관을 재현하는 데 동원되는 것은 서계(西溪)다. 펑샤오강(馮小剛)의 〈쉬즈 더 원〉은 항저우 서사의 새로운 기점으로 서계를 삼으면서, 항저우를 낭만적이고 역사문화가 풍부한 곳으로 그려낸다. 영화는 여행안내자라는 방식을 통해 서계에 대해 언급한다. 여행안내자는 "서계, 남겨두었다(西溪, 且留下)"라는 송조 황제의 전고(典故)를 들려준다. 북송의 고종(高宗)은 금의 침입으로 인해 당시의 수도 카이펑을 떠나 항저우로 피난을 오게 되는데, 서계의 아름다움에 취해 이곳에 황궁을 건설하려고 하지만 경비의 부족으로 이를 이룰 수 없자 그 아쉬움에 "서계, 남겨두었다"고 말한다. 황제의 이 말은 서계에 오랜 세월 전해진다. 영화는 황제의 시적인 전고를 통해서 항저우의 낭만성과 역사성을 부각한다. 그리고 "외부인들은 항저우라고 하면 먼저 서호를 떠올린다. 하지만 항저우 시내에서 5km 거리에 있는 지금도 여전히 보기 드문 생태습지를 보유하고 있는 이곳은 잘 모른다. 바로 국가급 습지공원인 서계습지 말이다"[19]라며 서계의 존재와

19 馮小剛, 〈非誠勿擾〉, 2008. "外面的人一提到杭州, 首先想到的就是西湖, 却不知道, 就在杭州市区距离西湖仅有五公里之遥的地方, 至今仍保留着

[그림 7-13] 서계 국가습지공원(위)
[그림 7-14] 서계습지(아래)

의미를 재차 강조한다.

전통적인 자연적 경관이 항저우에 대한 과거의 기억이라면, 현대

一片罕见的次生态湿地, 它是第一个国家级湿地公园, 名叫西溪湿地.”

[그림 7-15] 신이팡. 경항대운하 남단 궁수구(拱墅区) 문화창의단에 속한 거리(위)
[그림 7-16] 청말 민국 초기 건축군들로 구성된 역사문화거리인 허팡제. 예로부터 항저우의 상업중심이었다.(아래)

화된 도시경관 즉 도시의 현대성은 영화에 새로운 공간적 제재와 상상력의 동력을 제공한다. 〈위험한 게임〉, 〈결혼의 함정(婚礼2008)〉 등의 영화는 항저우를 현대적이고 문명화된 도시 이미지로 재현한다. 이런 영화들은 항저우의 번화한 중심가, 별장, 고급차 등 현대적인 소비 이미지로 영화 장면을 채운다. 나아가 항저우는 역동적인 도시로 표상되기도 한다. 영화 〈위험한 게임〉은 첫 장면에서 항저우 자화 국제상무센터(杭州嘉华国际商务中心)의 사무실에서 주인공 왕후(王虎)가 국제무역 업무를 진행하는 모습을 보여주며, 호화별장을 통해 그의 현대적인 생활양식을 담아낸다. 펑샤오강의 〈대지진〉에서 일자리를 찾아 항저우로 온 불구자인 팡다(方达)는 영화 초반에는 인력거를 끄는 하층민이지만 어느 순간 별다른 설명 없이 갑작스레 신분상승하여 신부호 계층으로 변모한다. 항저우는 재난지역인 탕산(唐山)에서 이주해온 그가 몇 년 만에 부자가 되어 '항저우 드림(杭州梦)'을 이룰 수 있는 도시인 셈이다.

이 영화들은 높은 빌딩숲과 화려한 네온사인, 자동차의 행진 등을 제멋대로 조합하고 부각하는 모자이크 방식으로 항저우의 번화한 현대적 도시경관과 거리를 자극적으로 재구성한다. 〈위험한 게임〉에서 챠오방(侨邦)은 여자친구 탕탕(糖糖)을 데리고 신이팡(信义坊)에서 허팡제(河坊街)로 다시 단교로 이동하고, 후빈 국제명품거리(湖滨国际名品街)를 거쳐 마지막에는 첸탕장(钱塘江) 맞은편의 빈장구(滨江区)로 부유하듯 옮겨 다닌다. 영화는 이런 방식의 이동을 통해 항저우의 주요한 중심거리와 문명화된 도시경관을 남김없이 보여준다.

이와 유사하게 〈대지진〉도 항저우의 거리를 재구성하여 현대화된 도시 이미지를 생산하려 한다. 원작소설[20]이 배경으로 삼은 공간은 상하이와 푸단대학(复旦大学)이었는데 영화감독은 공간적 배경을 항저우와 저장대학(浙江大学)으로 바꾼다. 영화는 팡떵(方登)의 양부가 팡떵을 보러 오는 장면에서 항저우의 거리와 저장대학의 경관을 배경으로 배치한다. "순식간에 지나치는 도시의 면모를 묘사하는 이런 영화는 기

20 张翎, 『余震』, 华东师范大学出版社, 2009.

[그림 7-17] 저장대학 정문

록영화의 수법으로 거리문화와 도시풍경의 다양한 장소를 잡아넣는다. 이 기법으로 대도시의 지리학, 광장의 동태 및 도시경관의 지리를 복제한다."[21]

이런 영화가 부각하는 것은 일련의 현대적 의식주, 일, 오락 등 현대도시에서 보편적인 파편화된 인식이다. 도시의 현대성을 몽타주 방식으로 배치할 때 도시와 개인 사이의 서사적 기억은 삭제되고 내밀한 관계의식은 파괴된다. 평범한 시민의 개인적 감성에 대한 탐구가 포기되면서 인물의 내면이 재구성하는 도시와 자아 사이의 중층적인 연결망 또한 제거되는 것이다.

항저우를 현대적 도시로 재현하는 영화들은 항저우의 도시 정체성과 지역문화 그리고 역사성을 외면한다. 이 영화들이 재현하는 도시

21 大卫·克拉克, 林心如等 译, 『电影城市』, 桂冠圖書股份有限公司, 2004, p.62.

[그림 7-18] 첸장신도시 전경

는 생동적인 현실공간이 아니라 보편적이고 평면적인 부호로서의 도시일 뿐이다. 도시공간의 변별성을 형상화하는 데 관심을 두지 않고 여느 다른 도시에서도 발견할 수 있는 정형화된 이미지만을 탐닉할 때 영화적 서사와 이미지는 공간과의 조화에 실패할 수밖에 없다. 이 영화들은 항저우라는 개별적인 공간을 재현한 것이 아니라 현대성이라는 자동화된 감각으로 인해 지극히 보편적이고 추상화된 공간을 소비하고 있을 뿐이다.

한편, 항저우를 베이징, 상하이와 대비되는 비주류도시의 상징적인 도시로 해석하는 영화들이 있다. 〈A면B면〉, 〈저주(诅咒)〉(李虹, 2005) 등의 영화는 서호, 서계 등 항저우의 대표적이고 상징적인 공간을 외면할 뿐만 아니라, 항저우의 세속성과 현대적 신화를 해체한다. 그리고 이것들을 음랭하고 오래된 건물, 퇴락한 실내공간구조로 이루어진 도시공간으로 대체함으로써 도시공간의 허상적 특성들을 제거하려 한다.

〈A면B면〉은 제목이 암시하듯 현대성의 다양한 면모를 폭로한다.

영화 시작지점에서 항공촬영한 항저우는 일반적인 도시의 모습과 확연히 다르다. 흔들리는 화면에 담긴 도시의 전모는, '인간천당(人间天堂)'의 아름다움보다는 회색 위주의 음울하고 어두운 분위기의 첸장신도시(钱江新城), 첸장대교(钱江大桥)를 그것도 분별하기 어려운 형태로 제시한다. 감독 닝잉(宁瀛)이 의도한 것은 도시 정체성이나 문화적 특성이 제거된 공간기호, 도시 현대성의 부각이라 할 수 있다.

리훙(李虹)의 공포영화 〈저주〉는 도시 정체성이 제거된 도시공간의 익명성을 부각한다. 영화에서 주요한 공간은 저장대학의 오래된 숙사다. 감독은 의도적으로 서호로 상징되는 이 도시의 대표적인 공간을 외면하고 항저우의 특징이 아닌 건축물을 택해 지역 구분을 모호하게 했다. 감독의 의도는 공포감을 강화하기 위한 음울한 분위기와 주변인들을 효과적으로 형성하는 것이었다.

21세기에 들어서면서 펑샤오강, 리팡팡(李芳芳) 및 북상(北上)한 홍콩 감독 옌하오, 류전웨이(刘镇伟) 등은 각기 다른 시선으로 항저우 인상과 상상, 역사와 현실을 시각화했다. 그들은 자신의 항저우 생활과 독특한 감성에 의지해 항저우의 성격을 다층적으로 생산해냈다. 각자의 시선과 미학에 의해 항저우의 시공간적 성격과 문화적 의미는 굴절되고 항저우 도시문화 정체성은 다양하게 영향을 받으며 재구성된다. 항저우 지리상상의 굴절은 어떤 의미에서는 "비본토(非本土) 감독의 타자적 시선과 타성의 담론에 의한 것이다".[22] 즉 항저우 영상 제작의 배후 주체는 집단무의식적 타자이다. 이런 항저우 영상은 본질적으로 외래 경험에 의지해 현지를 재발굴하는 도시서사가 된다. 도시를 외부인의 시선과 내부인의 시선이 충돌하고 경합하는 현장이라 한

22 张勇, 「杭州影像的某种倾向」, 『北京电影学院学报』, 2013年第02期, p.61.

[그림 7-19] 항저우 메이지아우(梅家坞) 차 마을

다면, 내부적 관점을 삭제한 채 외부적 시선만으로 공간을 재해석하는 것은 폭력적인 근대적 주체의 태도 바로 그것이라 할 수 있다. 이때 관객인 항저우의 원주민들은 제거하고 개편해야 할 대상으로 물화되며 자신의 생활공간으로부터 소외되는 경험을 하게 된다.

이런 점에서 저장성 현지제작 영화인 샤오펑(肖风)의 〈세세청명(岁岁清明)〉(2011)은 주목할 만한 작품이다. 이 영화는 상업영화의 특성인 현대도시 경관의 화려한 전시 대신에 항저우의 다원(茶园) 등을 지역서사의 골격으로 삼았다. 감독은 "인이바이(尹逸白)와 아민(阿敏)을 통해 항저우인의 강인한 정신과 항저우 도시 기호를 표현"하고자 했다.[23] 이 영화는 항저우의 흔적이 가득한 영화이다. 항저우 출신의 감독과 연기자가 항저우에 관한 이야기를 항저우 지역어로 전달한다. 영

23 王一川, 「阳刚本从阴柔来: 看〈岁岁清明〉」, 『电影艺术』, 2011年第05期, pp.48-49.

화는 항일전쟁 시기 영웅적인 서사를 통해 외양적인 부드러움 속에 내재된 강인한 항저우의 정신을 그린다. 또한 평범한 인물의 운명을 통해 항저우의 다도(茶道)와 인륜, 자연의 법칙 사이 관계를 모색했다. 이 영화는 "항저우의 완곡하고 함축적인 미를 묘사하지만 더 중요한 것은 항저우인의 강인한 정신(杭铁头)을 널리 알리고 있다"는 점이다.[24]

도시 정체성을 화석화된 기원, 실체로 신성화하는 태도는 현대도시 문명에 대한 낭만적이고 정형화된 찬사의 뒷면일 뿐이다. 이런 폭력적인 외부적 시선을 극복할 때 내부 주체적이고 역동적인 도시문화 재구성에 대한 고민이 시작된다. 항저우의 영화 변천사는 이런 과정을 여실히 보여준다. 이러한 변화는 일방적인 국가중심주의에서 이제 막 지역과 도시를 재발견하고 있는 중국 전체의 변화와 연동된 것으로 보인다.

3. 항저우 장소 정체성과 문화산업

지역사회의 역사와 문화를 예술적으로 활용한 문화 창의산업은 고부가가치 산업으로 산업연관 효과가 크고, 고용창출과 관광산업의 발전, 도시 이미지 개선 등의 이익을 가져온다. 이는 도시의 문화상징을 강화하여 타 도시와의 차별성을 만들어내고, 동시에 지역 문화산업을 성장시킨다. 특히 관광의 형태가 일정한 거리를 둔 채 대상화·물화된 풍경과 역사를 시각적으로 소비하는 관광에서 대상을 직접 경험하거나 생산하는 과정에 참여하는 체험관광으로 점차 전환되는 시기이기에, 중국의 지방정부에서는 문화산업에 대형투자를 하고 있다.

24 趙若妤, 「浅论影像内的杭州: 以影片〈岁岁清明〉为例」, 『大众文艺』, 2013年 第20期, p.178.

최근 중국의 지방정부와 민영기업은 관광자원의 중요성을 인식하고 관광의 콘텐츠화와 홍보를 다양한 방식으로 시도하고 있다. 그 일환으로 베이징 인상창신예술발전유한공사(北京印象创新艺术发展有限公司)의 장이머우(张艺谟), 왕차오거(王潮歌), 판위에(樊跃) 등의 감독에게 의뢰하여 지역의 경관과 정체성, 전설 등을 새로운 형식으로 시각화하고 무대화한 '인상 시리즈(印象系列)'[25]를 개발했다. 인상 시리즈는 지역의 실제 경관을 공연 무대로 삼고 지역의 역사와 전설을 관광자원화하는 연출 방식을 택했다. 인상 시리즈는 "당대 중국문화콘텐츠 산업에서 가장 각광받고 있는 콘텐츠 중 하나"로 평가받고 있으며,[26] 문화산업 측면에서 인상 시리즈의 가치를 조명하는 논문[27]들도 많이 발표되고 있다.

〈인상서호(印象西湖)〉[28]는 '인상 시리즈'의 대표작 중 하나로, 지역

25 '인상 시리즈(印象系列)'는 장이머우(张艺谋)가 총감독을 맡은 대형 실경공연 시리즈이다. 2004년 〈印象刘三姐〉가 나오자마자 큰 성공을 거두었는데, 이후 〈印象丽江〉(2006), 〈印象西湖〉(2007), 〈印象海南岛〉(2008), 〈印象大红袍〉(2010), 〈印象普陀〉(2010), 〈印象无龙〉(2011) 등 7개 실경 관광공연이 연쇄적으로 상연되었다. 〈인상 시리즈〉는 현재 중국에서 가장 성공한 실경공연 시리즈다.

26 신춘호, 「장이머우식〈印象计划〉의 성공요인과 한국형 〈실경산수공연〉의 가능성 탐색」, 『글로벌문화콘텐츠』 5, 글로벌문화콘텐츠학회, 2010, p.168.

27 안창현, 「중국 대형실경공연(實景公演)-임프레션 시리즈(印象系列)의 문화산업적 가치연구」, 『인문콘텐츠』 19, 인문콘텐츠학회, 2010; 车杰莲, 「区域旅遊资源的形象化传播: 以"印象西湖"为例」, 『新闻研究导刊』, 2012年第7期; 王林, 「从创意到对话再到生意: 以〈印象西湖〉为个案谈创意产业」, 『视听纵横』, 2011年第04期.

28 〈인상서호〉는 베이징올림픽 개막식을 맡은 세 명의 감독 장이머우, 왕차오거(王潮歌), 판위에(樊跃)가 만든 공연물로 매일 밤 서호에서 공연된다. 주제곡 〈印象西湖雨〉는 세계적인 음악가 키타로가 작곡을 하고 가수 장징잉(张靓颖)이 불렀다. 2016년 G20 항저우 정상회담을 위해 〈가장 그리운 것은 항저우(最忆是杭州)〉를 제작하여 공연한 이후, 서호의 공연은 〈인상서

성을 상징하는 공간 자체의 매력과 압도적인 무대 규모 그리고 지역서사를 자랑한다. 이 공연은 항저우의 장소신화를 가진 서호의 자연경관을 무대로 삼아 지역의 민간전설을 각색한 실경 산수 공연으로, 서호라는 자연경관과 서호 주위에 농축되어 있는 인문경관을 재현하기 위해 과학기술을 적극적으로 활용함으로써 '서호의 비(西湖雨)'라는 유명한 경관을 시각화한다.

판위에는 〈인상서호〉의 연출 방식에 대해, "실제 산과 호수에서 펼쳐지는 행위의 시각적 효과는 언어보다 강하다. 이런 공연은 연출이 아닌 실제 행위다. 하늘, 물, 인간 사이의 행위가 시각화된다. 사람과 자연예술이 융합하여 일체에 도달한다"[29]고 고평했다. 서호에서 펼쳐지는 이 공연은 서호의 역사문화와 현대예술이 유기적으로 결합된 작품으로 사람과 자연의 조화로운 발전까지 주목하게 만든다는 평가를 받는다. 〈인상서호〉는 서호의 문화적 가치를 재조명하는 동시에 항저우의 형상을 재구성하여 전파하는 중요한 매체로 기능하고 있다.

호〉에서 〈가장 그리운 것은 항저우〉로 대체된다. 이 공연은 〈춘강화월야(春江花月夜)〉, 〈채다무곡(采茶舞曲)〉, 〈양축(梁祝)〉, 〈고산유수(高山流水)〉, 〈잊을 수 없는 모리화(难忘茉莉花)〉 등으로 구성되어 있는데, 중국문화와 항저우 특색을 표현하는 듯하지만 정치적 색채가 농후하고 애국적 정서를 담고 있다. 그리고 중국문화만으로는 외국 귀빈들의 공감을 얻기가 힘들 것이라고 판단하여 〈백조의 호수〉, 〈환희의 송가〉 등 세계적으로 유명한 명곡을 삽입하여 중국과 세계의 연결을 시도한다. 〈양축〉의 부채 공연과 〈백조의 호수〉는 아름다워서 단지 정치적인 만찬회를 위한 것이라면 훌륭하고 성공적이라 할 만하다. 〈가장 그리운 것은 항저우〉와 〈인상서호〉 모두 장이머우의 작품이지만, 전자는 관방의 만찬회를 위한 공연이고 후자는 민간에 전해오는 사랑 이야기를 소재로 삼은 대중적인 작품이다. 〈가장 그리운 것은 항저우〉의 공연은 다음을 참고. https://tv.sohu.com/20160905/n467631081.shtml(검색일: 2019.10.23.)

29 張玉玲·王齐国, 「"印象系列", 打造文化产业的中国品牌」, 『光明日报』, 2010.02.24.

[그림 7-20] 〈인상서호〉 실경공연 (위)
[그림 7-21] 〈서호의 비〉(〈인상서호〉 실경공연)(아래)

항저우의 지역사와 민간전설을 예술적이고 상업적인 방식으로 무대화한 대형 가무쇼인 〈송성가무쇼〉[30]는 고도 항저우의 지역문화를

30 〈송성가무쇼〉는 항저우의 역사문화, 신화전설과 민간 이야기인 〈白蛇传〉, 〈梁祝〉과 악비항금(乐飞抗金) 등을 중심으로 항저우 지역 민속문화와 남

[그림 7-22] 〈송성가무쇼〉 1(위)
[그림 7-23] 〈송성가무쇼〉 2(아래)

송역사를 담았다. 쇼의 구성은 다음과 같다. 序 〈양저지광(良渚之光)〉: 8천 년-5천 년 전 신석기시대의 문명을 재현; 제1막 〈송궁연무(宋宫宴舞)〉: 항저우를 도읍으로 한 남송시대의 번영을 다룬 〈佛光普照〉, 〈后宫佳丽〉, 〈霓裳羽衣〉, 〈异域风情〉, 〈阿里郎〉, 〈灯月交辉〉; 제2막 〈용맹한 군대(金戈铁马)〉: 민족 영웅이었던 악비의 영웅적 면모를 형상화한 〈盾剑之舞〉, 〈金兵攻城〉, 〈战火连天〉, 〈千里寻夫〉, 〈仰天长啸〉, 〈满江红〉; 제3막 〈서자전설(西子传说)〉: 항저우의 아름다운 전설을 다룬 〈美丽西子〉, 〈白许相会〉, 〈情牵断桥〉, 〈水漫金山〉, 〈雷峰塔〉, 〈十八相送〉, 〈梦烧梁祝〉, 〈梁祝化蝶〉; 제4막 〈매력 항저우(魅力杭州)〉: 현재의 항저우를 그린 〈采茶舞曲〉, 〈情定湘湖〉, 〈曼妙江南〉, 〈千古传情〉. 〈송성가무쇼〉는 라스베가스의 〈O〉쇼, 프랑스의 〈물랭루즈쇼〉와 함께 '세계 3대 쇼'로 불린다.

재현한 송성 테마파크의 대표적인 공연예술작품이다. 〈송성가무쇼〉는 신석기 시대의 양저문화, 찬란한 남송황궁문화, 영웅 악비 장군, 양축(梁祝)과 백사전(白蛇传) 등 항저우의 역사문화와 인문자원의 정수를 고도로 응집하여 활용한 문화콘텐츠이다. 〈송성가무쇼〉의 최초 형식은 노천공연이었으나 2003년 〈송성가무쇼〉의 극장이 준공되면서 300여 명의 연기자로 실내공연을 하게 되었다. 〈송성가무쇼〉는 매월 소폭 수정, 매년 대폭 수정하는 것을 원칙으로 하는데 2007년에는 공연 내용을 대폭 수정하고 무대 구조를 변경했다.

이 쇼를 관리하는 항저우 송성여행발전주식유한회사(杭州宋城旅游发展股份有限公司)는 5회 연속 '전국 문화기업 30강(全国文化企业三十强)'에 들었으며, 중국 최대의 민영 여행투자집단으로 가장 성공적인 문화산업구조를 정립한 송성(宋城)그룹[31]에 속해있다.

〈인상서호〉와 〈송성가무쇼〉에서 항저우의 민속, 전설, 역사와 지역문화는 기존 스토리와는 다른 방식으로 전개된다. 도시사와 도시 전설은 공연의 지역성을 강화하고 도시 이미지를 구성하기 위한 매개로 활용된다. 중요한 것은 도시사와 도시 전설의 현대적 무대화, 즉 지역의 전통문화를 단순히 재현하는 것이 아니라 핵심 모티브를 다양하게 연출하여 시각적 효과를 강화함으로써 전통문화의 현대화를 시도하는 것이다. 도시사와 문화에 용해되어 있는 지역적 정체성을 현대적인 방식으로 무대화함으로써, 항저우에 대한 상상적 이미지를 확고한 것으로 시각화하는 동시에 현재의 항저우를 전통과 현대가 조화된 도시로 재구성하는 것이다. 도시의 대표적인 민간전설과 문화상징을 도시 이미지를 대표하는 서호와 송성테마공원에서의 공연에 적극 활용함으로

31 宋城集团. http://www.songcn.com/group(검색일: 2017.07.24.)

[그림 7-24] 송성테마공원

[그림 7-25] 송성테마공원 실외공연

써 독특한 도시 정체성과 현대적인 도시 이미지의 결합을 시도하고 있는 셈이다.

항저우 시정부는 관광객을 24시간 더 머무르게 하면 항저우 시의 수입이 100억 위안 증가한다면서 항저우 관광의 '241 프로젝트(241工程)'를 선언한다.[32] 〈인상서호〉와 〈송성가무쇼〉는 관광객이 항저우에서 하룻밤을 더 머무는 데 상당한 영향을 끼침으로써 항저우의 관광산업에 기여하고 있다. 〈인상서호〉는 1억 위안을 투자하여 2007년 3월 첫 공연을 시작하였는데, "2008년의 실제 공연 수익은 2,700만 위안, 2009년에는 4,300만 위안, 2010년에는 6,000만 위안이었다".[33] 〈송성가무쇼〉는 1997년부터 시작되었다. 성수기에는 하루 10회 공연을 하면서 매년 1,300여 회 공연을 하였다. 10여 년 동안 공연 횟수는 16,000여 회에 이르렀으며 총 관객 수는 4,800여만 명에 달했다. 이 숫자는 세계에서 가장 많은 공연 횟수와 관객 수이다.[34] 뿐만 아니라, 〈인상서호〉와 〈송성가무쇼〉는 각각 500여 명과 300여 명의 연기자를 필요로 하여 지역경제 발전과 동시에 연기자의 취업 문제를 해결하는 데도 기여했다.

대중매체의 묘사, 재현, 평가는 도시와 그 지역민에 대한 인식, 관점과 태도에 효과적으로 영향을 미친다. 대중매체의 허구적인 기호는 도시에 내재되어 있는 경관과 문화자원을 기반으로 할 때 진실성(reality)을 확보한다. 〈인상서호〉와 〈송성가무쇼〉는 지역의 경관과 문화자원을 활용함으로써 항저우의 문화브랜드로 부상했고 항저우 문화

32 车杰莲, 「区域旅遊資源的形象化传播: 以"印象西湖"为例」, 『新闻研究导刊』, 2012年第07期, p.35.

33 车杰莲, 「区域旅遊資源的形象化传播: 以"印象西湖"为例」, 『新闻研究导刊』, 2012年第07期, p.36.

34 〈宋城千古情〉. https://baike.baidu.com/item/宋城千古情(검색일: 2014. 09.16.)

창의산업의 최고 문화생산품이 되었다. 동시에 〈인상서호〉와 〈송성가무쇼〉는 내용 면에서 고정적인 서사를 반복하지 않고 지속적으로 변화를 모색하고 있다.

항저우의 지역 경관과 문화자원은 도시 정체성을 고정불변의 그 무엇 혹은 탐색해야 할 원형으로 고착시키기 위한 기반이 아니라 지역 경계와 국가 경계를 초월하여 보편성과 일반성을 확보하기 위한 기반으로 활용되고 있다. 항저우 특유의 서사와 독특한 미학을 재구성하고 국가사가 아닌 도시사와 도시문화를 함축적으로 용해시켰을 뿐만 아니라, 지역화와 전지구화 간의 역설을 재구성하려 노력했다. 이런 문화 창의산업의 의의는 항저우 도시 정체성을 내장한 도시서사를 보편적 서사로 변환함으로써 중국이라는 특정 국가 내에서뿐만 아니라 글로벌 차원에서도 수용 가능한 작품을 생산하는 풍토를 조성했다는 데 있다.

이런 문화 창의산업은 항저우 시위원회, 시정부가 내세우는 '동양의 휴가 도시, 품격 있는 생활 도시(东方休闲之都, 品質生活之城)', '국제 관광 대도시(国际旅游大都市)' 건설에 기여하고 있다.

4. 문화 창의도시로서의 항저우

항저우의 문화 창의산업은 21세기 초부터 시작되었는데, 처음엔 도시의 자발적인 움직임으로 시작되었으나 곧 중앙정부의 정책적 지원도 큰 몫을 차지했다. "十二五"시기(2011-2015)[35] 항저우는 문화 창의산

35 '"十二五"계획 요강 혹은 十二五(十二五規劃)'는 '중화인민공화국 국민경제와 사회발전을 위한 2011-2015년 5년의 12개 계획 요강'의 약칭으로, 2010년 10월 초안이 인민대회의 심의를 거친 후 2011년 5월에 공식 발표되

업의 발전에 중점을 둔다는 계획을 실행하기 시작했다.[36] 이후 중국 중앙정부, 저장성 위원회가 중대한 정책[37]을 표명함에 따라 항저우시는 문화 창의산업 발전에 유리한 전략적 기회와 정책적 공간을 확보하게 된다.

항저우의 문화 창의산업은 경제발전의 새로운 원동력으로 급부상하면서 GDP에서 차지하는 비율을 높여가고 있다. 2018년의 경우, 항저우 문화 창의산업 규모는 3,347억 위안으로 증가하여 시 전체 GDP의 24.8%를 차지했다.[38] 2018년 신화망(新华网)과 베이징대학 문화산업연구원(北京大学文化产业研究院)이 공동으로 발표한 "중국 도시 문화 창의지수 순위(中国城市文化创意指数排行榜)"[39]에서 항저우는 베이징,

었다.

36 汪天韵, 「杭州市"十二五"文化创意产业发展规划」, 杭州市文化创意产业办公室, 2013.05.20. http://shcci.eastday.com/eastday/shcci/node733810/20130520/u1a7402867.html(검색일: 2013.05.20.)

37 중국 중앙정부는 제17회 중앙위원회 제6차 전체회의(2011.10.15-18)에서 발표한 문건 「中共中央关于深化文化体制改革, 推动社会主义文化大发展大繁荣若干重大问题的决定」을 통해 "문화산업의 발전을 가속화하고, 문화산업이 국민경제의 중심산업이 되도록 추진한다"는 내용을 명확하게 제기한다. 이에 호응하여 중국 저장성 위원회는 제12회 10차 전회에서 「中共浙江省委关于认真贯彻党的十七届六中全会精神, 大力推进文化强省建设的决定」을 통과시키고, 항저우시 전체 부서는 문화강성화 작업에 돌입한다. 그리고 「浙江省文化产业发展规划 2010-2015」와 「杭州市国民经济和社会发展第十二个五年规划纲要」(2011)을 통해 항저우시를 저장성 문화산업의 핵심으로 규정하고 이를 적극 지지할 것을 표명한다.

38 祝婷兰 摘编, 「2018杭州文创产业交出亮眼答卷, 八大亮点工作令人瞩目」. http://www.hangzhou.gov.cn/art/2019/2/26/art_812262_30512680.html(검색일: 2019.10.22.)

39 王齐国, 「2018中国城市文化创意指数排行榜之中国城市文化创意指数综合排行榜」. http://guoqing.china.com.cn/2018-12/12/content_74267702.htm(검색일: 2019.10.22.)

[그림 7-26] 과호교 유적박물관(위)
[그림 7-27] 양저박물원(아래)

선전(深圳), 상하이, 둥관(东莞) 다음인 5위를 차지했다.[40]

40 路涛, 「调查: 2013两岸城市文创竞争力北京第一」, 『中国文艺网』, 2013. 01.07. http://www.cflac.org.cn/ys/xwy/201301/t20130107_163733.html (검색일: 2013.01.07.)

[그림 7-28] 남송어가

[그림 7-29] 최초로 항저우를 도읍으로 오월국을 세운 치엔리우(钱镠)

21세기 들어 항저우는 역사적 장소인 남송어가(南宋御街), 허팡제 등 역사문화거리를 재정비하고, 8,000년의 과호교문화를 기념한 과호교 유적박물관과 5,000년의 양저문화를 기록한 양저박물원을 건립한다. 최근 항저우 시정부는 도시의 오래된 근대건축, 역사문화거리, 도시경관을 보존하고 도시 정체성을 배경으로 한 전통과 예술, 생활문화를 보존하려는 정책을 시행하고 있다. 항저우는 자신을 옛것과 새것이 공존하는 장(場)으로, 즉 도시공간 그 자체를 하나의 문화적 다큐멘터리로 제작하고 있는 것이다.

도시의 역사적 증거와 흔적들을 발굴하고 역사적·문화적 사실을 증명하며 시간의 흔적을 보존하는 것은 도시계획에서 가장 중요한 핵심이다. 하지만 급격한 현대화가 진행된 중국의 현실에서 옛 도시의 주요 축과 선은 지워졌고, 그 위에 전혀 다른 방향의 축과 선이 그어져 각종 건물들이 배치되었다. 이러한 도시에 조각처럼 흩어져 남아있는 옛 흔적들은 고도(古都)로서의 존재를 알려주는 중요한 지표가 되었다.

도시의 파편화된 역사를 복원하고 재해석하려는 노력과 도시의 특수성에 주목하고 도시의 창조성을 파악하려는 시도는 최근 부쩍 관심의 대상이 된 창조도시론과 긴밀한 관계를 갖는다. 그동안 중국은 개혁개방 이후 국가 현대화에 치중하느라 지역성에 크게 주목하지 않았다. 국가의 정치, 경제, 문화는 베이징과 상하이 등 몇 도시에 집중되었다. 중국은 경제와 문화 발전의 새로운 동력을 지역에서 모색하려는 전회 양상을 보이기 시작했다. 자신의 새로운 기준과 가치관으로 도시상을 재구성해가고 있는 항저우에 대한 관심이 고조되고 있는 것도 이와 맥을 같이한다. 도시의 고유성을 살리고 시민의 창조성을 촉진하여 지역을 재생시키고자 하는 노력은 항저우의 도시정책에 반영되어 항저우의 문화 창의산업을 발전시키고 있다. 항저우는 도시문화와 문화 창의산업을 통해 도시 정체성을 재구축하고 경제적 발전을 도모하는 의미 있는 사례이다.

제8장

충칭, 도시문화의 중층성

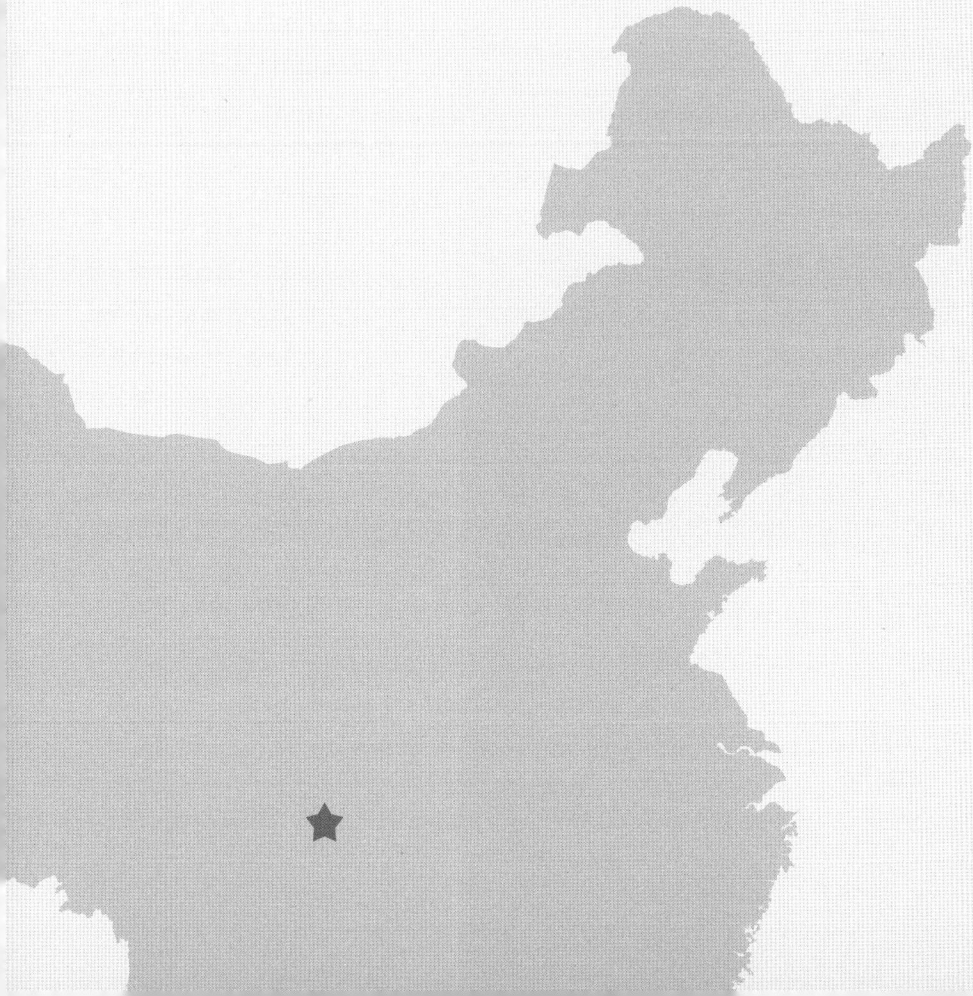

1. 신흥대도시 충칭

급속한 도시화는 20세기 중국 최대의 공간 사회운동이다. 특히 충칭(重庆)은 20세기 말에 직할시가 된 이후 급속한 발전을 이룬 중국의 신흥대도시, 전환기 사회의 대표적인 도시가 되었다. 충칭은 중국 서부 내륙도시 중 경제와 문화가 가장 발달한 도시이지만, 베이징, 상하이, 광저우 등과는 달리 이제 막 왕성하게 성장하기 시작한 도시다. 따라서 현재 과도기 상태에 있는 충칭은 보편적인 도시문화뿐만 아니라 지역문화 특색 또한 구비하고 있기에, 도시화를 한창 진행하는 중국 도시에서의 삶의 양상을 살피는 데 중요한 자료를 제공한다. 충칭 도시문화는 최근 중국의 도시화와 그로 인한 생활양식의 변화를 단적으로 대변하고 있기 때문이다.

충칭을 고도라 부르는 경우는 흔치 않지만 사실 충칭은 중국 역사상 3개 왕조의 고도다. 기원전 11세기에 파인(巴人)이 파(巴, 현재 충칭)를 도읍으로 나라를 세우고 파국(巴国, B.C.1122-B.C.316)이라 칭했다. 그리고 원조(元朝) 말기에 농민의 지도자인 명옥진(明玉珍)이 대하국(大夏国, 1362-1371)을 세우고 위저우(渝州, 현재 충칭)를 도읍으로 했다. 1937년 7·7사변 이후 국민당정부는 그해 11월 충칭으로 이전하고

1940년 9월 6일 충칭을 국민정부 제2의 수도로 정했다. 충칭은 3천여 년의 역사를 가지며 남송(南宋)부터 충칭이라고 불리기 시작했다. 파현(巴县), 위저우(渝州), 충칭은 각기 다른 역사시기의 명칭으로 행정구역의 범위는 각 시대마다 다르다.

이 도시는 지역특색과 독특한 역사문화로 인해 수많은 이름표를 달고 있다. 자연특색을 드러내는 '산성(山城)', '강성(江城)', 역사문화도시의 면모를 강조하는 '항전 시기의 임시수도(抗战陪都)', 신중국 계획경제체제하의 공업화 모델을 대표하는 '구공업기지(老工业基地)', 직할시 승격 이후의 '산샤대이민(三峡大移民)', 그리고 최근에 붙여진 '신흥대도시'라는 명칭이 대표적이다.

충칭모델을 긍정하고 그 전개에 깊이 관계한 추이즈위안(崔之元)[1]은 "선전(深圳)이 중국의 1980년대를 대표하는 상징이고 상하이가 1990년대의 상징이라면, 충칭은 21세기 첫 10년 동안 중국이 발전해 온 추세를 잘 보여준다"[2]고 압축해 설명했다. 그리고 그는 자신의 견해를 뒷받침하기 위해 하버드대학 비즈니스스쿨의 니얼 퍼거슨(Niall

1 추이즈위안(崔之元)은 『프티부르주아 사회주의 선언』(김진공 옮김, 돌베개, 2014)에서 공유제와 시장경제가 합치된 체제가 가능함을 주장하기 위해 이러한 체제를 꿈꾸었던 이론가들에 대해서 논한다. 추이즈위안이 이들을 소환하는 이유는 공공성의 실현을 통한 평등의 추구라는 대전제하에서도 자유로운 개인의 이익이 시장을 통해 기본적으로 보장되는 '프티부르주아 사회주의' 원리가 다름 아닌 중국이 추구하는 '사회주의 시장경제'의 본질임을 주창하기 위해서다. 그는 중국 사회주의가 개혁개방 이후 추진해왔던 다양한 제도개혁들을 '자본주의로의 수렴'이 아니라 '프티부르주아 사회주의' 건설의 과정으로 설명한다. 그는 개혁개방이 심화된 오늘날 중국에서도 이러한 노력이 계속되고 있다는 명확한 증거로 '충칭모델(重庆模式)'을 내세운다. 그는 충칭시의 요청으로 충칭시의 정책 자문역을 역임하기도 했다.

2 추이즈위안, 김진공 옮김, 『프티부르주아 사회주의 선언-자유사회주의와 중국의 미래』, 돌베개, 2014, p.125.

Ferguson) 교수의 2008년 충칭에 대한 서술을 인용한다. 퍼거슨은 충칭 방문을 통해 중국 시장의 거대한 잠재력을 깨닫게 되었다고 말했다. "중국의 급속한 발전을 충칭보다 더 잘 보여주는 곳은 없다. 양쯔강 상류에 위치한 충칭은 오늘날 세계에서 가장 빨리 성장하는 도시다."[3]

충칭 경제성장의 특징은 경제성장과 도시화가 거의 동시에 급속하게 이루어졌다는 점이다. "도시화는 오늘날 중국 최대 규모의 사회적 프로젝트"[4]로 중국의 지형과 중국인의 생활양식을 바꾸어 놓았다. 급속한 도시화로 과거와 미래, 전통과 현대가 공존하는 것이 도시 충칭의 현재 상황이다. 충칭은 현대적인 마천루와 전통적인 조각루(吊脚楼)의 건축군이 어우러진 도시로 직할시이면서도 파유(巴渝) 수천 년의 농업문명이 계속되고 있는 농촌도시이다. 급속한 도시화로 인해 충칭은 빈부격차가 극심한 농촌과 도시가 병존하기에 다양한 모순과 갈등이 응축된 곳이기도 하다.

급속한 도시화에 힘입어 들어선 새로운 건축물들은 기존 건축물의 전면적인 철거가 아니라 기존 건축물과의 중층적인 방식의 공존에 기반을 두고 있는데, 이러한 변화는 복잡한 현실과 갈등을 전면에 내세우는 허구적 텍스트 생산을 유도하기에 적합한 것이었다. "충칭의 다원화된 도시경관은 영화 촬영에 더욱 다양한 공간을 제공하면서 풍부한 서사경관을 구성"[5]해냈다. 그래서 21세기 이후 충칭은 영화촬영

3 추이즈위안, 김진공 옮김, 『프티부르주아 사회주의 선언-자유사회주의와 중국의 미래』, 돌베개, 2014, p.126.

4 왕샤오밍(王晓明), 김명희 외 옮김, 『가까이 살피고 멀리 바라보기: 왕샤오밍 문화연구』, 문화과학사, 2014, p.267.

5 张国云·段晓昀, 「欲望的隐秘与怒放: 张一白电影中的渝城映像」, 『当代电影』, 2013年第01期, p.198. "重庆立体多元的城市结构让头有了更大的调度空间, 進而形成丰富多样的叙事景观."

[그림 8-1] 충칭의 주거형태인 조각루를 형상화한 〈산성의 기억〉(위)
[그림 8-2] 조각루의 대표적인 건물인 홍야동(아래)

지로 인기가 높아져 충칭을 배경으로 한 영화들이 많이 제작되었다.[6] 후오지엔치(霍建起)는 영화 〈생활쇼(生活秀)〉(2001)의 촬영지로 원작소설의 배경인 우한(武汉) 대신 충칭을 선택하면서, 자신이 영화를 통해 표현하고 싶은 것을 충칭에서 찾아냈기 때문이라고 그 이유를 설명했다. 그리고 신구(新旧)가 공존하는 충칭의 도시경관은 생활의 급속한 발전과 변화가 사람들에게 가져다준 생존의 압박감을 표현한다고 덧붙였다.[7] 신흥 영화도시 충칭을 배경으로 하는 영화는 도시에 대한 21세기 중국인의 체험과 생각을 대변하고 있다.

충칭에 대한 선행연구는 대부분 '충칭모델'을 정치적·경제적 시각으로 접근하는 연구들이다.[8] 충칭은 중국식 사회주의가 구체화된 모델로 연구되거나, 서부대개발을 위한 전진기지로 위치지우기 위한 중국 중앙정부의 전략과 관련하여 연구되어왔다. 이처럼 충칭모델에 대한 정치적·경제적 연구는 활발히 진행되었지만 충칭의 도시문화 연구는 거의 이루어지지 않았다.

도시는 문화의 용기다. 도시가 조성되고 발전하면서 도시문화 또한 생성된다. "도시는 지역 공동체의 권력과 문화가 극도로 집중된 곳

6 〈生活秀〉(2001), 〈周鱼的火車〉(2001), 〈押解的故事〉(2002), 〈十面埋伏〉(2004), 〈背军挎上学的娃〉(2005), 〈疯狂的石头〉(2006), 〈好奇害死猫〉(2006), 〈落叶归跟〉(2006), 〈满城尽带黃金甲〉(2006), 〈三峡好人〉(2006), 〈双食記〉(2007), 〈秘岸〉(2007), 〈門〉(2007) 등의 영화가 있다.

7 霍建起, 「〈生活秀〉-艺术总结」, 『电影艺术』, 2002年第04期, pp.39-40. 〈생활쇼〉의 원작은 후베이성(湖北省) 우한(武汉) 지칭제(吉庆街)를 공간적 배경으로 삼은 츠리(池莉)의 『生活秀』다.

8 이홍규, 「보시라이 숙청과 충칭모델의 미래」, 『현대중국연구』 제14권 1호, 현대중국학회, 2012.08; 강준영, 「중국 보시라이(薄熙来)사건의 정치학」, 『국제지역연구』 제17권 4호, 국제지역연구센터, 2014.01; 崔之元, 「"重庆经验"进行时: 国资增值与藏富于民并进」, 『政治经济学评论』, 第4期, 中国人民大学, 2010.10.

이다."[9] 도시문화는 문학, 영화 같은 (대중)예술, 도시계획과 경관, 음식 등 다양한 양식으로 구현된다.

이 장은 충칭의 도시계획과 정책, 충칭에 관한 문화텍스트를 대상으로 삼아, 최근 충칭시가 주목하면서 재구성하는 도시 이미지의 내용을 살피는 데서 출발한다. 나아가, 충칭에서 도시의 역사부호와 현대부호가 교차되는 양상을 분석함으로써 충칭 도시문화의 현재와 미래를 읽고자 한다. 그리고 21세기 들어 국내외적으로 가장 주목을 받고 급속한 도시화가 진행되고 있는 충칭 도시문화의 모순과 갈등을 고찰하고자 한다.

2. 도시계획으로 본 충칭 도시의 정위와 도시의 이미지 정립

1) 도시계획으로 본 충칭 도시의 정위

베이징, 톈진, 상하이와 더불어 중국 4대 직할시 가운데 하나인 충칭은 중국 해안도시와 내륙도시의 불균등한 발전을 타개하기 위한 중요한 거점도시로 간주되었다. 내륙도시이면서도 수로 교통 중심지라는 지리적 이점을 바탕으로 충칭은 경제적 관점에서 설계되고 기획되어 왔다. 즉 충칭은 국가 경제의 양적 팽창에 있어 중추적인 도시로 간주되었고, 이 과정에서 중국의 여타 도시와 마찬가지로 도시문화에 대한 중요성은 가볍게 여겨지고 외면받았다.

9 박홍규, 『메트로폴리탄 게릴라-박홍규의 루이스 멈퍼드 일기』, 도서출판 텍스트, 2010, p.194.

충칭시의 도시계획과 변화상을 살펴보면 경제 우선주의 정책을 쉽게 발견할 수 있다. 「충칭시 도시계획(1996-2020)」에 따르면 "충칭시는 중국 직할시의 하나로 국가급 역사문화도시, 중국의 중요공업도시, 교통, 통신의 허브이자 무역항구이다. 그리고 서남지역과 창장(长江) 상류의 최대 경제중심도시이며 과학기술, 문화, 교육사업의 중심이다".[10] 이 계획은 충칭 도시발전의 목표를 "2020년까지 경제의 발달, 사회의 문명화, 부유한 생활, 아름다운 환경, 풍부한 역사문화전통을 가진 산수도시 특징을 구비한 현대적 도시로 발전"[11]하는 데 두고 있다.

충칭시는 "개혁개방 이후 국무원의 비준을 받아 도시계획을 실행했는데 도시 총체계획은 1983년과 1998년에 수립되었다. 직할시로 승격된 이후 신속한 경제발전이라는 요구에 부응하기 위해 2005년 제3차 충칭 도시 총체계획의 수정작업을 진행했다".[12] 이 "새로운 충칭 도시 총체계획은 개혁개방 20년, 직할시 10년이라는 더욱 성숙된 조건과 경험을 바탕으로 창장 상류의 경제중심으로 건설하자"[13]는 목표를 내세웠다. 2005년 「충칭시 도시 총체계획(重庆市城市总体规划)(2005-2020)」은 서부대개발과 창장 경제벨트(长江经济带)의 전략적 의도를 실현하기 위한 중심도시로서 충칭의 역할을 명확히 하기 위한 것이었다. 그리고 "도시와 농촌의 조화로운 발전을 지향함으로써 1998년 도시 총체계획의 부족분을 보충하려 했다".[14]

10 「重庆市城市总体规划(1996-2020)」, 『规划师』, 2004年第09期, p.16.

11 「重庆市城市总体规划(1996-2020)」, 『规划师』, 2004年第09期, p.16.

12 易峥·陈治刚·何扬, 「重庆市城市总体规划修编: 回顾与思考」, 『北京规划建设』, 2005年第01期, p.76.

13 蒋勇·刘利·何波, 「面向新时期的城市总体规划: 以重庆市为例」, 『城市规划』, 2007年第06期, p.69.

14 渝闻, 「国务院审查并原则通过《重庆市城市总体规划》」, 『城市规划通讯』, 2007年第08期, p.9.

2009년 당중앙(党中央), 국무원(国务院)은 「충칭시 도시와 농촌의 총괄적 개혁과 발전을 추진하기 위한 국무원의 의견」[15]에서 충칭 지역 발전의 중요성과 의미를 범국가적 차원에서 전략적으로 강조했다. 이를 바탕으로 국무원은 "2010년 5월 충칭 량장신구(重庆两江新区) 건설을 비준하여 내륙의 중요한 선진 제조업 기지와 현대 서비스업 기지, 창장 상류 금융센터와 혁신센터를 건설함으로써 충칭을 내륙개방을 위한 중요 관문, 시범창구로 건설"할 뿐만 아니라, "중국 내륙지역 유일의 복합형 물류 허브인 량루춘탄보세구(两路寸滩保税区), 중국 내륙지역 최대 규모의 보세구인 시융종합보세구(西永综合保税区)를 중심으로 충칭의 도시 총체계획을 신속하게 실현하여 도시공간의 발전을 추진"[16]하겠다고 천명했다.

중앙정부의 강력한 의지를 배경으로, 충칭시는 「충칭시 도시와 농촌 총체계획(重庆市城乡总体规划)(2007-2020)」(2011년 수정)[17]에서 도시계획의 기본방향을 "중국의 중요한 중심도시이자 국가역사문화도시, 창장 상류지역 경제중심(长江上游经济中心), 국가 중요 현대제조업 기지, 서남지역 종합교통허브"[18]로 설정했다. 또한 2014년 전국 양회(两会)[19]와 12회 전국인대회 2차회의(十二届全国人大二次会议)에서 충칭시

15 国务院, 「国务院发布《国务院关于推进重庆市统筹城乡改革和发展的若干意见》」, 『城市规划通讯』, 2009年第03期, pp.1-2.

16 柯善北, 「"两江新区"不是梦《国务院关于推进重庆市统筹城乡改革和发展的若干意见》解读」, 『中华建设』, 2009年第03期, pp.22-25.

17 王岳·罗江帆, 「总体规划修改的制度化探索: 以重庆市城乡总体规划为例」, 『上海城市规划』, 2013年第03期, p.35.

18 国务院, 「国务院批准重庆市城乡总体规划」, 『城市规划通讯』, 2011年第20期, p.2.

19 2014년 3월 3일부터 3월 13일까지 베이징의 인민대회당(人民大会堂)에서 개최된 '十二届全国人大二次会议'와 '全国政协十二届二次会议'를 가리킨다.

는 "충칭이 실크로드 경제벨트와 창장 경제벨트의 건설에서 중추 역할을 수행하겠다"[20]는 의견을 제출한다.

이런 도시계획이 어느 정도 성과를 거두면서, 급기야 2017년 국무원은 「제13차 5개년 계획(2016-2020) 현대 종합 운송체계 발전계획("十三五"现代综合交通运输体系发展规划)」에서 명확하게 "충칭을 국제적 종합 교통 중심지"로 규정했다.[21] 충칭은 중국의 직할시, 국가중심도시, 거대도시, 국제대도시, 창장 상류지역의 경제, 금융, 과학과 혁신, 운송과 상업무역과 물류중심지이다. 그리고 서부대개발의 중요한 전략적 거점으로 "일대일로(一带一路)와 창장 경제벨트"의 중요한 연결 지점이자 내륙의 개방고지"이다.[22]

창장 상류지역, 중국 내륙의 서남부지역에 자리하고 있는 충칭은 "산성(山城)의 특색, 강성(江城)의 특색과 자양(滋养)의 특색"[23]이라는 3개의 특색을 지닌 도시로 일컬어지지만, 경제 중심의 발전 과정에서 충칭의 도시문화는 그다지 주목받지 못했다. 가파른 산(山城)과 넓은 강(江城)의 병존이라는 자연 환경, 사람이 거주하기에 적합한 기후와 음식(滋养)이라는 문화 환경은 충칭 도시 총체계획과 도시건설에 적극적으로 반영되지 못했고 독특한 도시문화 역시 충분히 고려되지도 발현되지도 못했다. 이로 인해, 비록 풍부한 도시문화 자원을 갖고 있었지만 동부 도시와 주변의 청두(成都) 등과 비교할 때 충칭의 도시 이미

20 「重庆团建议: 将重庆定位为丝绸之路经济带起点」, 『重庆与世界』, 2014年第04期, pp.12-13.

21 「重庆被国务院明确定位为国际性综合交通枢纽」. http://www.cq.gov.cn/today/news/2017/3/18/1490446.shtml(검색일: 2018.10.10.)

22 陈文玲, 「一带一路与长江经济带战略构想内涵与战略意义: 兼论重庆在两大战略中的定位」, 『中国流通经济』, 2016年第07期, p.5.

23 张燚·张锐·刘进平, 「重庆城市品牌塑造战略及实施策略研究」, 『科技管理研究』, 2008年第08期, p.103.

지는 낙후성을 면치 못했고 도시문화는 외면받았다고 할 수 있다.

양호한 도시 이미지는 도시의 특징과 매력을 전시하는 데 도움이 될 뿐만 아니라 도시 거주민의 응집력을 증가시키고 도시정신 문명건설을 촉진하며 관광업의 발전을 선도하여 도시 경제발전을 촉진하는 작용을 한다. 중국 각 도시들의 도시 정체성 형성 붐 등에 자극받아, 충칭시 위원회(重庆市委), 시정부(市政府) 및 관련 간부와 전문가들 역시 도시 이미지 제고의 중요성을 인식하고 구체적인 도시 이미지 정위를 다양하게 제기하면서 충칭 이미지 형상의 수립을 중시하기 시작했다. 충칭의 기존 도시 이미지는 독특하고 다양한 특성들이 잠복된 상태로 내장되어 있지만 핵심적이고 중요한 이미지가 부각되지 못하고 있다는 것이었다.

2) 문화전략으로서의 임시수도 시기 항전문화 부각

현재의 충칭이 가장 부각하고 강조하는 도시 이미지는 항전(抗战)문화다. 2014년 충칭시 정부는 「시전체 문화시장 개혁 가속화 추진과 문화산업발전에 관한 의견(关于推进全市文化市场改革加快文化产业发展的意见)」[24]과 「충칭시 문화산업 촉진규정(重庆市文化产业促进条例)」을 발표하여 문화산업의 개혁을 전면적으로 추진, 심화함으로써 문화발전의 새로운 활력을 촉진한다는 문화전략을 수립한다. 여기서 충칭 시정부는 1940년대 임시정부시기의 문화유산인 홍암(红岩)문화, 항전문화를 부각함으로써, 혁명도시인 홍색(红色)도시, 항전문화를 대표하는 국가

24 市文化委, 「重庆市出台《推进文化市场改革加快文化产业发展的意见》」, 2014.12.02. http://www.huaxia.com/mlcq/zqsy/bysk/2014/12/4174142.html(검색일: 2018.01.18.)

[그림 8-3] 파유문화의 전통이 남아있는 충칭의 츠치커우(위)
[그림 8-4] 충칭의 번화가에 세워진 충칭을 상징하는 해방탑(아래)

역사문화도시(国家历史文化名城)라는 이미지를 구축하려 한다.

충칭의 도시문화는 "파유문화, 홍암문화와 항전문화를 중요한 기본구성요소"[25]로 삼고 있다. 이 가운데 현재 충칭이 가장 대표적인 문화유산으로 간주하는 것은 항전문화다. 항전문화는 충칭 도시사에서 가장 찬란했던 시기 즉 1940년대에서 출발한다. 7·7사변 이후인 1937

[그림 8-5] 홍암혁명기념관

년 11월 20일, 난징의 국민정부는 「국민정부 충칭으로의 이주 선언(国民政府移驻重庆宣言)」을 선포했고, 1939년 5월 5일 충칭은 행정원직할시(行政院直辖市)로 승격된다. 그리고 1940년 9월 6일 충칭을 임시수도로 정한다. 이후 1946년 5월 5일 난징으로 환도하기까지 8년 5개월 동안 충칭은 난징을 대신해서 전시의 수도가 되었다. 이처럼 1940년대 충칭은 국민정부의 수도로서 중국의 정치, 경제, 문화의 중심지였다.

임시수도(陪都)라는 역사적 사실은 충칭을 항전이라는 국가사에서 전국 정치 중심지, 항일 지휘중심지, 나아가 중국의 정치적·문화적·경제적 역량이 집결된 항전 후방기지로 성격 규정하는 데 충분한 근거가 되면서 충칭 도시사에서 중요한 부분으로 취급되고 있다.

또한 충칭은 2차 세계대전 극동의 전쟁터로 세계사에서 중대한

25 胡攀·彭劲松, 「地域文化与重庆城市形象塑造」, 『西部论坛』, 2012年第05期, p.90.

[그림 8-6] 충칭 대한민국 임시정부 청사

역사적 공헌을 남긴 도시라고 자부한다. 임시수도 시기의 항전문화는 충칭으로 하여금 세계 역사문화도시의 대열에 들어섰다는 자부심을 갖게 하는 중요한 배경으로 기능했다. 중국의 항일전쟁은 제2차 세계대전의 극동지역 전쟁에서 중요한 부분을 차지했다. 항전 정치중심지로서 국민정부 임시수도 충칭은 비교적 긴 시간 동안 연합군 사령부 극동작전 지역의 지휘중심지로 국제정치 무대의 초점이 되었다. 충칭은 자신의 항전문화에 대해 "제2차 세계대전 시기에 끼친 역사적 영향력으로 말미암아 충칭은 모스크바, 런던, 워싱턴과 같이 세계 반파시즘을 위해 전쟁한 4대 역사 도시가 되어 세계평화에 걸출한 공헌을 했다"고 자평한다.[26] 항전 시기 24개 국가의 대사관이 충칭에 자리잡았는데, 영국, 프랑스, 소련, 미국, 오스트레일리아, 덴마크, 터키, 인도, 스페인 등 당시 대사관 건물 그리고 충칭 대한민국 임시정부 청사 등이 현재에도 보존되어 있다.

항전문화는 충칭시의 대표적인 문화부호로서 도시문화와 도시경관의 형성에 중대한 영향을 미치고 있다. 충칭의 항전 시기 문화경관

26 任洁, 「陪都抗战文化对重庆城市品牌定位的价值」, 『重庆交通大学学报(社会科学版)』, 2016年第04期, p.29.

[그림 8-7] 쩡자옌 50호 저우공관

으로 남아있는 것은, 중국에서 유일한 중화민족 항일전쟁 승리의 기념탑인 해방비(解放碑), 충칭 항전 유적박물관(重庆抗战遗址博物馆), 홍암촌(红岩村), 충칭 거러산 열사릉원(重庆歌乐山烈士陵园), 홍암혁명기념관(红岩革命纪念馆), 쩡자옌 50호(曾家岩50号), 충칭 스틸웰(Joseph Stilwell) 박물관(重庆史迪威博物馆), 구이위안(桂园) 등이다. 특정 시기에 형성된 항전문화는 그 독특성을 유지한 채 현재에도 여전한 역사적 영향력을 충칭에서 발휘하고 있다.

임시수도 시기는 현재 충칭의 정체성을 홍암문화로 규정할 수 있는 분명한 근거로 소환되었다. 시안사변(西安事变) 이후, 국민당과 공산당은 두 차례의 합작을 실행했고 저우언라이(周恩来)가 이끄는 중공중앙남방국(中共中央南方局)[27]은 충칭 체류 팔로군(八路军) 사무실 명의로

27 孙志慧, 『走进南方局』, 重庆出版社, 2005, pp.18-44. 1939년 중국 전시의 수도 충칭에 건립한 중공중앙남방국(中共中央南方局)은 周恩来, 秦邦宪,

[그림 8-8] 구이위안(위)
[그림 8-9] 중공중앙남방국(아래)

凱丰, 吴克坚, 叶剑英, 董必武 6인이 상임위원이었고 张文彬, 徐特立, 吴玉章, 廖承志, 邓颖超, 刘晓, 高文华가 위원이었으며 서기는 周恩来였다. 저우언라이가 이끄는 중공중앙남방국은 대치 관계에 있던 국민당과 국공합작하는 새로운 국면에 대응하기 위해 1939년 1월 16일 중국공산당이 충칭의 홍암촌(红岩村) 52호에 건립한 기관이었다. 이 기관의 기본 임무는 국공합작을 통하여 항전이라는 국면을 유지하고 항일민족 통일전선을 공고히 하여 항전을 승리로 이끄는 것이었다. 항일전쟁 승리 후 국민정부는 난징으로 환도했는데, 지금 홍암촌에는 당시 유적지가 남아있다.

충칭에서 작업을 전개함으로써 항일민족 통일전선을 중국 전역에 광범위하게 확산시켰다. 1941년 '완난사변(皖南事变)' 이후 국민당이 전제통치를 실행하자 중공중앙남방국을 중심으로 국민당의 전제독재 통치에 반대하고 항일을 외치는 기치가 세워진 도시도 충칭이었다.

[그림 8-10] 소설『홍암』의 표지

항일전쟁을 배경으로 한 홍암문화의 주요 내용은 외적으로는 일본 제국주의에 대한 투쟁, 내적으로 국민당 반동파에 대한 투쟁이었다. 홍암문화의 핵심은, 중화인민공화국 건국 전야에 국민당이 자즈동(渣滓洞), 바이공관(白公馆) 감옥에 수감한 혁명인사들의 혁명정신이었다. 따라서 홍암정신이란 중공중앙남방국의 정신, 항일전쟁 시기 형성된 통일전선 제1선(국민당 통치하의 충칭)에서 중국공산당의 혁명투쟁정신을 가리킨다. 특히 중화인민공화국 건국 이후 양이엔(杨益言), 루오광빈(罗广斌)은 자신들의 경험을 토대로 홍색 경전소설『홍암(红岩)』을 창작한다. 이 소설은 실제의 역사적 장소인 충칭의 자즈동, 바이공관, 화룽치아오(化龙桥) 등을 배경으로 삼았으며 영화 〈열화중영생〉[28]으로도 제작되었다.

임시수도 시기의 항전문화는 충칭의 문화산업에서 끊임없이 변주

28 水华, 〈烈火中永生〉, 1965. 이 영화는 공산당과 진보지식인에 대한 국민당의 억압, 그리고 체포되어 감옥에서 희생되지만 변절하지 않는 장지에(江姐)와 충칭 지하당 조직의 정신을 그렸다.

[그림 8-11] 자즈동 1(위)
[그림 8-12] 자즈동 2(가운데)
[그림 8-13] 바이공관(아래)

되면서 재생산되고 있다. 특히 임시수도 시기 충칭을 배경으로 한 영화와 TV드라마는 최근에도 많이 제작되어 상영되는 중이다. 의심의 여지 없이 이런 종류의 영화와 드라마는 임시수도 항전문화를 중심으로 충칭 도시 이미지를 재구성하고 구축, 전파하는 계기가 되고 있다. 대표적인 영화로는 〈장지에〉[29]를, TV드라마로는 〈열화홍암(烈火红岩)〉(32집)(2009), 〈장지에〉(30집)(2010), 〈자즈동의 하수인을 체포하다(追捕渣滓洞刽子手)〉(34집)(2012), 〈무도(雾都)〉(36집)(2012) 등을 들 수 있다.

중앙정부의 「제13차 5개년(2016-2020) 문화발전계획」에 호응하여 충칭 시정부는 「충칭시 제13차 5개년 문화발전계획(重庆市"十三五"文化发展规划)」(2015)에서 문화산업을 중심산업으로 삼아 문화예술 창작을 격려하고 항일전쟁시기를 기념하는 충칭 항전유적박물관, 황산 임시수도유적진열관(黄山陪都遗迹陈列馆) 등의 항전문화유산 보호를 더욱 중시해야 한다고 천명한다.

충칭 시정부는 충칭의 문화 정체성이 모호하다고 판단하여 2015년 항일전쟁 70주년을 기념해 충칭의 항일문화를 특별히 부각함으로써 충칭의 문화 영향력을 제고하려 했다. '중국 인민 항일전쟁과 세계 반파시즘 전쟁 승리 70주년'[30]을 기념해 주선율영화 〈카이로선언〉[31]

29 张元, 〈江姐〉, 2002.

30 王硕, 「中国确定一批重点影视作品等纪念抗战胜利70周年」, 2015.07.06. http://www.chinanews.com/gn/2015/07-06/7386665.shtml(검색일: 2018.01.16.). 2015년 중국인민 항일전쟁과 세계 반파시즘전쟁 승리 70주년 기념 활동으로 〈百团大战〉, 〈根据地〉, 〈战火中的芭蕾〉, 〈诱狼〉, 〈开罗宣言〉 등 10편의 영화가 만들어졌다. 그리고 〈巨浪〉, 〈黄河在咆哮〉, 〈吉鸿昌〉 등 TV드라마 12편, 〈抗战史上的今天〉, 〈大抗战〉, 〈1937·南京记忆〉, 〈砥柱中流: 伟大的敌后抗战〉, 〈台儿庄1938〉 등 다큐멘터리 20편이 만들어졌다.

31 刘星·胡明刚·温德光, 〈开罗宣言〉, 2015.

[그림 8-14] 영화 〈카이로선언〉의 포스터

과 〈대폭격〉[32]이 제작되었다. 카이로회담 전후의 세계정세를 다룬 영화 〈카이로선언〉은 충칭 민귀지에(民国街), 충칭 스틸웰박물관, 송칭링(宋庆龄) 고택 등의 역사적 공간을 배경으로 삼았다. 특히 이 영화는 카이로회담에 대한 마오쩌둥(毛泽东)의 지지를 왜곡된 방식으로 부각하기도 했다.[33] 이 주선율영화는 "현재 많은 영화 중에서 역사관이 정확하고 태도가 엄숙하며 예술성이 뛰어난 작품",[34] "역사의 중요한 시각을 재현"했을 뿐만 아니라 "역사적 시각, 글로벌적 시야로 1943년 전후 즉 제2차 세계대전 시기의 중대한 역사적 사건과 중요인물을 다층적이고 다각도로 영화로 옮겨 관중으로 하여금 진실한 역사와 사건을

32 萧锋, 〈大轰炸〉, 2018.

33 〈카이로선언〉 영화 포스터는 실제로 카이로선언에 참가한 장제스(蒋介石) 대신 회의에 참석하지 않았던 마오쩌둥을 실어 2015년 영화개봉을 앞두고 논란을 일으켰다. 마오쩌둥, 루스벨트, 처칠, 스탈린을 표지 인물로 내세웠지만, 당시 마오쩌둥과 스탈린은 회담에 참석조차 하지 않았다. Jamesleng, 「电影《开罗宣言》背后隐藏的主旋律尴尬」. http://ent.qq.com/a/20150815/020796.htm(검색일: 2018.01.16)

34 王茵·鲁昱晖, 「主旋律影片《开罗宣言》叙事分析」, 『声屏世界』, 2016年第10期, p.38.

[그림 8-15] 싼샤박물관의 충칭 대폭격 영상

이해하게 함으로써 계몽과 교육의 효과를 얻은"[35] 작품으로 평가되면서 충칭의 항전문화를 부각한다. 그리고 영화 〈대폭격〉은 1938년 2월부터 1944년 12월까지 일본의 연속적인 무차별 폭격이 빚은 '충칭 대폭격'을 다룬다.[36] 이들 영상물은 기념적인 장소를 통한 장소정치와 주선율 서사를 결합함으로써 충칭의 혁명정신 재강화[37]에 기여할 뿐만 아니라 도시 이미지의 실재화에도 봉사한다.

이처럼 현재 항전 시기 문화에서 집중적으로 부각되고 있는 것은

35 肖江,「再现历史的重要时刻」,『文艺报』, 中国作家协会, 2015.08.31.

36 黄军·王奕懿,「三峡博物馆打造历史半景画"重现"重庆大轰炸场景」, 2014.09.03. http://cq.cqnews.net/html/2014-09/03/content_31882839.htm(검색일: 2018.01.29.). 충칭시 위중구(渝中区)에 위치한 충칭 중국 싼샤박물관(重庆中国三峡博物馆)에서는 충칭대폭격의 장면을 다큐멘터리 형식으로 제작하여 방영하고 있다.

37 徐大文,「情感的纯真伦理的化道人性的高昂: 评主旋律电视剧《雾都》」,『视听』, 2015年第06期, pp.72-73.

항일과 홍암정신이다. 항전 시기 충칭의 인구는 급격히 팽창했다. 8년의 항전기간 동안 일반 국민들뿐만 아니라 전국 각지의 문화인과 엘리트들이 이 도시로 몰려들었다. 통계에 의하면, 충칭의 인구는 "1937년에 약 47만 명, 1938년 대략 60만 명에 달했고 1941년에는 70만을 넘었으며, 1943년에는 90만 명, 1945년 초에는 이미 100만 명에 이르면서 외래 이주민이 충칭 인구의 반 이상을 차지하게 되었다".[38] 또 다른 자료는 충칭이 "1927년에는 인구가 불과 27만 명인 중소도시"였지만 전쟁으로 인해 이주민이 증가하면서 "1945년에는 126만 명의 대도시로 변했다"고 기록한다.[39] 당시 충칭은 인구 면에서 전례 없는 성장을 기록했다. 또한, 바진(巴金), 라오서(老舍), 시아옌(夏衍), 빙신(冰心), 차오위(曹禺), 아이칭(艾青), 량스취우(梁实秋), 후펑(胡风), 장헌수이(张恨水), 장커지아(臧克家) 등의 작가들이 충칭에 거주하면서 활발하게 작품활동을 했다. 교육기관이 이전해오고 문화계 유명인사들이 모여들면서 임시수도 충칭은 근현대문화사, 문학사, 교육사, 영화사, 희극사, 신문사, 출판사, 중외문화교류사에서 절대적인 중심지로 기능했다.[40]

당시 많은 문화계 인사들이 충칭에서 왕성한 예술문화 활동을 벌였지만, 그 시기 문화의 다양성을 보여주는 문화텍스트는 거의 남아있지 않다. 현재의 충칭이 항전 시기의 충칭을 재현하는 방식도 여기서

38 代金平·周兴茂·刘晶, 「重庆的地域文化资源」, 『重庆邮电大学学报(社会科学版)』, 2007年第06期, p.67.

39 孙善齐编, 『重睹大后方文坛芳华』, 重庆出版社, 2005, p.4.

40 2005년 충칭출판사(重庆出版社)에서 항전 시기의 충칭 문화를 다룬 '소유항전충칭총서(溯游抗战重庆丛书)' 10권을 출판하였다. 孙善齐编, 『重睹大后方文坛芳华』; 邓又萍, 『陪都溯踪』; 厉华, 『风雨白公馆』; 石曼, 『又见大后方影剧明星』; 杨筱, 『探寻陪都名人旧居』; 孙志慧, 『走进南方局』; 李学政编, 『回味陪都市井生活』; 李金荣·杨筱, 『烽火岁月: 重庆大轰炸』; 杨耀健, 『解密飞虎队』; 苑鲁 编, 『中国战区参谋长史迪威将军』 참고.

그다지 멀지 않다. 임시수도 시기 충칭 문인의 생활과 경험에 대한 기록은 주선율의 시선 아래 배제되거나 아주 간략하게 처리되고 있으며 개인적인 일화에 대한 관심은 거의 보이지 않는다. 예외적으로 바진은 『한야(寒夜)』를 통해 당시 충칭의 생활을 그렸으며,[41] 스만은 다허우팡(大后方)[42]의 항일 영화와 연극에 대한 저서 『또 다시 다허우팡의 영화와 연극 스타를 만나다』[43]를 통해 당시 영화계와 연극계의 사람과 사건에 대해 간략히 서술하고 있다. 항전 8년 동안 충칭의 영화시장은 전시의 임시수도와 전국의 예술문화 중심으로 아주 번성하였을 뿐만 아니라 이후 충칭영화 발전의 기초를 다지게 되었다. 하지만, 충칭이 이 시기를 회고하는 방식은 항전과 홍암정신이라는 단일한 시선에 의존하고 있다.

그렇지만 '구충칭 영상지(老重庆影像志) 총서'[44]의 출판은 충칭인들이 계속 과거를 새로운 시선으로 소환하려는 노력을 기울이고 있다는 사실 또한 보여준다. 구충칭 영상지 총서는 충칭 지역문화의 특색을 옛 풍습(老风尚), 옛 직업(老行当), 고지폐(老钱票), 옛 공문서(老档案), 옛 광고(老广告), 고지도(老地图), 옛 부두(老码头), 옛 거리(老街巷), 고가(老房子), 옛 성문(老城门) 등의 다양한 구성과 시각으로 제시한다. 총서 서문에서 "충칭은 창장 상류 경제중심으로 건설되었는데 이에 상응하는 도시문화를 건설하기 위해 충칭의 역사와 변천을 살펴보고 새로운 문화를 건설하자는 목표로 총서를 출판한다"[45]고 발간 취지를 설명한

41 孙善齐编, 『重睹大后方文坛芳华』, 重庆出版社, 2005, pp.20-23.

42 중국의 항일전쟁 시기 국민당 통치하의 중국의 서남, 서북지역을 가리킨다.

43 石曼, 『又见大后方影剧明星』, 重庆出版社, 2005, pp.2-99.

44 『老风尚』, 『老钱票』, 『老广告』, 『老码头』, 『老房子』 등의 '구충칭 영상지 총서'가 2007년 충칭출판사에서 출판되었다.

45 徐康, 『老风尚』, 重庆出版社, 2007, p.1.

[그림 8-16]『옛 거리』의 표지(위 왼쪽)
[그림 8-17]『옛 부두』의 표지(위 오른쪽)
[그림 8-18]『옛 풍습』의 표지(아래)

다. 특히 총서의 『옛 광고』, 『옛 풍습』에서는 "충칭의 민간풍습에 대해서도 다루지만 충칭이 임시수도가 된 이후 각 지역에서 몰려온 사람들로 인해 충칭시민들의 생활에서 일어난 중요한 변화를 다룬다. 특히 이 시기 충칭은 상하이, 난징처럼 현대도시로 변했다. 외래문화를 받아들여 전통 지역문화가 변화되는 항전 시기 충칭의 생활과 풍습들을 소개한다".[46]

3. 도시의 역사부호와 현대부호의 교차

1) 영화 〈훠궈영웅〉이 소환한 역사장소 바이샹제

도시를 텍스트로 읽어낸 루이스 멈퍼드(L. Mumford)는 『역사 속의 도시』에서 도시를 이해하는 가장 중요한 요소로 도시의 역사를 꼽았다. 그는 "긴 역사의 시발점에서부터 출발하지 않는다면 미래를 향한 대담한 도약을 위해 필요한 힘을 우리들 자신의 내부에서 찾을 수 없다"[47]고 주장함으로써 도시의 역사성을 강조한 바 있다. 다양한 시대와 다채로운 규모의 공간들이 혼재된 현대 도시에서 역사적 장소는 도시의 역사를 이해하기 위한 중요한 단서가 된다. 오늘날처럼 변화에 민감한 시대일수록 역사적 장소는 더욱 특별한 장소로서 가치를 갖는다.

많은 영화들이 충칭의 자연경관과 문화경관에 초점을 맞추었지만 충칭의 역사적 경관에 관심을 가지는 영화는 거의 없었다. 그러나 최근 들어 충칭의 역사적 장소와 장소성에 주목하는 영화가 제작되었는

46 徐康, 『老风尚』, 重庆出版社, 2007, p.158.
47 루이스 멈퍼드, 김영기 옮김, 『역사 속의 도시』, 명보문화사, 1990, p.1.

데, 양칭의 영화 〈훠궈영웅〉[48]이 그 예이다. 이 영화는 충칭의 역사적 장소 중 바이샹제(白象街)를 적극 활용한다. 많은 영화인들이 충칭을 배경으로 영상을 만들었지만 바이샹제는 이 영화들이 무심코 지나쳤던 장소다. 영화 〈훠궈영웅〉은 바이샹제를 매개로 충칭 특유의 문화부호를 포착하고 충칭 역사문화의 장소기억을 회복시킨다. 〈훠궈영웅〉은 유형과 무형, 역사와 현대, 유동적이거나 정형화된 부호를 유기적으로 조합시켜 충칭의 특징을 재현하는 동시에 청춘의 활력이 발산하는 매력을 관중에게 전시한다. 그리고 충칭문화와 충칭인의 열정적인 기질도 충실히 표현함으로써 충칭 지역문화의 특징을 생동감 있게 형상화했다.

그동안 많은 영상물이 충칭을 배경으로 제작되었지만 충칭의 지역문화에 관한 영상서사로 작품성과 현실성을 두루 갖춘 작품은 드물었다. 장밍(章明)의 〈안녕, 충칭(晚安, 重庆)〉(1999), 장지아루이(章家瑞)의 〈미성(迷城)〉(2015)에서 충칭은 인물들의 행위와 영화서사를 위한 공간적 배경으로만 소비되면서 무장소화(无场所化)되었다. 지아장커(贾樟柯)의 〈스틸라이프(三峡好人)〉(2006)는 싼샤(三峡)댐 이주민에 카메라의 시각과 초점을 맞춤으로써 충칭의 도시문화적 특성과 충칭인들의 정신을 심도 깊고 구체적으로 담는 데는 제약이 있었다.

그러나 〈훠궈영웅〉은 충칭의 도시 이미지를 적극적으로 재현하면서 도시의 문화적 특성과 정신을 담아낸다. 이 영화의 감독이자 시나리오 작가인 양칭은 충칭 출신이다. 충칭에 익숙했던 그는 이 도시의 대표적인 문화적 부호와 소인물의 영웅적 이야기를 배합하여 충칭과 충칭인의 문화적 정체성을 형상화하면서 충칭의 이미지를 구성해냈다. 영화가 차용한 충칭의 문화부호는 훠궈(火锅), 산청(山城)맥주, 고

48 杨庆, 〈火锅英雄〉, 2016.

량주 장샤오바이(江小白), 충칭 지역어 등이다. 훠궈는 오랜 기간 계승된 충칭의 중요한 음식인데, 이 영화 역시 훠궈를 충칭의 대표적인 문화부호로 선택한다. 부글부글 끓어오르는 훠궈의 매운 열기를 관중에게 느끼게 하는 장면이 영화 전체를 관통한다. 우정, 영웅심리, 호방함과 소탈함이라는 충칭인의 기질과 정서가 훠궈를 통해 부각된다. 또한 영화는 충칭을 대표하는 맥주 브랜드인 산청맥주와 고량주인 장샤오바이 등도 충칭을 대표하는 부호로 사용하며, 충칭 지역어를 사용함으로써 충칭 특색을 부각하는 동시에 영화가 충칭인의 스토리라는 점을 강조한다.

영화는 충칭의 역사적 장소와 현대적 문화부호를 적극적으로 연결시키고 결합한다. 충칭의 경전철은 고층 빌딩 사이를 통과하기도 하고 산들과 쟈링장(嘉陵江)을 휘감아 관통하면서 충칭 도시의 입체감을 부각한다. 특히 경전철 1호선 2km의 지하도는 역사 유적지인 방공호를 개조한 것인 동시에 영화에서 남녀 주인공이 조우하는 공간이다. 영화는 역사적 장소인 방공호[49]와 현재의 훠궈를 대체할 수 없는 충칭의 역사와 현대 문화부호로, 그리고 충칭인의 생활에서 빼놓을 수 없는 부분으로 재현한다. 그리하여, 여전히 호흡하고 있는 충칭의 역사적 장소가 현대 도시문화와 교호하면서 현재적 삶에 적극적으로 개입하고 있는 양상을 설득력 있게 그려내고 있다.

49 뒤에 소개하는 『실종된 상칭쓰』 역시 충칭의 방공호에 대해 언급한다. 소설은 충칭에는 크고 작은 방공호가 산재하는데 그 역사는 3천여 년에 달한다는 점을 강조한다. 방공호의 시작은 멀리 진(秦)대까지 거슬러 오른다. 당시 강주태수(江州太守) 즉 현재의 충칭시장이었던 장의(张仪)는 충칭 최초의 성곽을 쌓으면서 지하도에 많은 보물창고를 만들었다는 것이다. 그리고 방공호의 가까운 역사는 제2차 세계대전에 닿는다. 당시 임시수도였던 충칭에 대폭격이 자주 있었기에 이를 피하기 위해 판 방공호가 충칭 곳곳에 남아있다.

[그림 8-19] 창장 케이블카

영화 〈훠궈영웅〉에는 훠궈, 산청맥주, 쟝샤오바이, 충칭 지역어, 역사와 현대를 잇고 있는 방공호, 창장 케이블카(长江索道), 옌위루(烟雨路), 강한 개성을 가진 충칭의 젊은이들이 등장하지만 가장 중요한 주인공은 역시 도시 충칭 그 자체다. 그리고 이 주인공을 표상하는 가장 대표적인 문화부호, 공간은 바이샹제다. 영화에서 바이샹제는 충칭의 역사 변천과 현재의 모습을 적나라하게 드러내는 공간이다. 영화는 바이샹제라는 역사적 장소를 통해 충칭의 근현대사를 소환해낸다.

송(宋), 원(元), 명(明), 청(清), 민국(民国)의 8백여 년 동안 충칭의 행정중심지는 시종 바이샹제였다. 바이샹제는 19세기 충칭 개항시기에는 물자집산의 중심지로 변화한 상업지역이자 신문사 등이 있던 문화의 중심지였다. 그리고 금융중심지이자 상류층의 거주지이기도 했다. "민국 시기 바이샹제는 충칭의 월가로 불렸다. 당시 바이샹제에는 많은 외국상점들도 들어서 있었고 신촉보(新蜀报), 유보(渝报) 등의 신문사, 시난실업빌딩(西南实业大厦) 등 문화단체들이 자리잡아 문화계·

[그림 8-20] 바이샹제

정치계·군사계 등 각계 인사들의 왕래가 빈번한 곳이었다."[50] 이곳은 충칭 원도심의 중심지로 충칭의 특색이 가장 집중된 곳인 셈이다.

"현재 바이샹제에는 유럽 문예부흥 시기 바로크 양식의 건축군이 남아있다."[51] 서양 석조건축군이 늘어선 경관뿐만 아니라 청 말부터 민국 시기까지 백여 년 동안의 건축물과 그 흔적들을 볼 수 있는 것이 바이샹제의 특색이라 할 수 있다. 현재 남아있는 대표적인 건축군으로는 충칭약재공회(重庆药材公会), 사립흥화소학(私立兴华小学), 복봉거(卜凤居), 대청우체국(大清邮局), 세관감시본부(海关监督总署), 충칭 세관 사무소 옛터(重庆海关办事处旧址), 왕전태호(汪全泰号), 산시회관(山西会馆) 등이 있는데, 거의 허물어졌거나 새롭게 보수한 곳도 있지만 아직도

50 力云·夏小茜, 「白象街是谁在记忆中老去」, 『重庆与世界』, 2006年第06期, pp.46-51.

51 力云·夏小茜, 「白象街是谁在记忆中老去」, 『重庆与世界』, 2006年第06期, p.49.

흐릿하게 남아있는 상호들을 통해 바이샹제의 번성했던 과거를 상상할 수 있다.

하지만 1946년 국민정부가 「전시 수도 10년 건설 계획초안(陪都十年建设计划草案)」[52]을 발표하면서 충칭의 경제 중심은 도시의 하반구(下半城)에서 상반구(上半城)로 이동하게 되었다. 바이샹제는 충칭 하반구에서도 가장 번화한 곳이었고 8백여 년의 역사문화가 축적되어 있는 곳이었다. 상반구가 새로이 건설되고 발전함에 따라 바이샹제는 점차 퇴락하고 화려했던 명성도 함께 잃게 되었다. 특히 2000년부터 2010년까지 10년 동안 갑작스럽게 퇴보하여 퇴락과 궁핍의 온상이 되었다. 현재 바이샹제는 훠궈를 먹고 술을 마시는 서민들의 생활구역이다. 영화 〈훠궈영웅〉에서 바이샹제는 주인공 류보(刘波)와 그 친구들이 방공호에 개업한 훠궈점이 장사가 잘 안 되자 이윤을 남기고 팔기 위해 점포를 넓히는 방공호 확장공사를 하다가 주변 은행의 금고벽을 뚫게 되는 황당한 공간이기도 하다.

최근 들어 충칭은 바이샹제 재생에 관심을 갖기 시작했다. "2010년부터 충칭 시정부는 바이샹제 및 하반구의 역사문화유적을 보호하고 복원하기 위한 작업을 검토하였고",[53] "2015년부터 충칭의 원도심 위중구(渝中区) 역사문화거리 관리위원회를 조직하여 하반구의 역사건축군을 보수하고 복원하여 관광화하는 작업을 실시하고 있다."[54]

52 任竞, 「六十七年前想建怎样的重庆城: 解读《陪都十年建设计划草案》」, 『红岩春秋』, 2013年第04期, pp.51-55.

53 龙彬·屈仰, 『2010年建筑环境科学与技术国际学术会议论文集』, 东南大学出版社, 2010, pp.767-772.

54 陈桃, 「重塑白象街激活尘封中重庆昔日CBD」, 『新浪房产』, 2015.04.23.

2) 바이샹제와 충칭의 개항사 재인식

충칭의 최근 대중문화들은 충칭의 도시문화와 도시 이미지를 역사로부터 호출해내기 시작했다. 영화 〈훠궈영웅〉이 현재와 교호하는 역사적 장소로서의 바이샹제에 특별히 주목했다면, 소설 『개항』은 바이샹제에 역사적 장소성이 각인되게 한 결정적 계기인 충칭 개항의 양가적 의미를 다루었다.

바이샹제의 역사적 기억 각인과 충칭 개항은 1890년 영국이 옌타이조약(烟台条约续增专条)의 체결로 충칭 개항의 특권을 획득하면서 시작되었다. 1891년 건립된 충칭세관은 충칭 개항의 상징이었을 뿐만 아니라 크게는 충칭이 중국 쓰촨성(四川省)과 서남지역에 대한 서구 열강의 침략 거점지로 변모했음을 의미했다. 나아가 개항으로 인해 충칭은 세계 자본주의 시장의 체제에 편입되면서 외부세계와 연결되었고 서구의 현대적 요소가 유입되면서 충칭의 도시 근대화가 촉진되었다. 1891년 3월 1일 개항 이후 충칭에는 각국의 영사관이 들어섰고 외국 상사와 회사가 개설되었으며 공장이 건설되었다. 왕룽먼(望龙门)과 타이핑먼(太平门) 사이에 위치해있던 오랜 거리 바이샹제는 충칭에서 가장 일찍 유선전보국과 대청우체국이 세워졌고 약재공회, 미국의 대래공사(美国大来公司)가 자리잡았다. “특히 1891년 충칭 개항 이후 영국, 미국, 일본 등의 국가들이 이곳에 외국상점을 개설하면서 당시 가장 성행하는 금융가를 형성했다.”[55]

1891년 4월 1일 영국은 충칭에 정식으로 총영사관을 설립했는데, 영국인이 충칭에 들어오게 되면서 해상운수업과 도시 근대화가 시작

55 周昕欣·晓晖,「千秋白象街」,『重庆与世界』, 2005年第04期, pp.62-63.

[그림 8-21] 개항의 흔적이 남아있는 차오텐먼의 출입구(위)
[그림 8-22] 차오텐먼 부두(아래)

되어 충칭은 중국 서남지역에서 가장 먼저 개항한 지역이 되었다. 충칭의 개항은 영국을 위시한 서구가 중국 서부지역의 대문을 열게 하는 것이었는데, 이로 인해 충칭은 창장 상류지역에서 처음 현대화 도시로 진입하게 되었고 현재에도 창장 상류에서 경제를 이끄는 도시로 그 위상을 갖고 있다.

개항 전후 충칭의 개항사, 부두문화, 지역문화는 충칭 출신 작가 왕위[56]의 장편소설 『개항』[57]에 세밀하게 묘사되어 있다. 『개항』은 도시문화의 특성을 풍성하게 표현하면서 충칭문화에 대한 새로운 개척을 시도했다고 할 수 있다. 이 소설은 충칭의 개항사를 그린 만큼, 근대 중국문명사적 가치뿐만 아니라 충칭 도시의 역사적·문화적 가치를 제고하는 데 기여했다. 기존의 시각, 국가적 시각에서 보자면 개항의 역사는 진부한 제재로 주권 상실, 국위 실추라는 굴욕사이지만, 현재적·지역적 시각에서 보면 충칭 개항은 양면적이라고 할 수 있다. 왜냐하면 충칭 개항은 충칭이 근대문명을 받아들이게 된 결정적인 계기이기도 했기 때문이다. 소설 『개항』은 개항의 이런 양면성을 놓치지 않았다. 소설은 개항으로 인해 중국은 반식민지 상황에 처하게 되지만 이와 동시에 충칭은 고립된 상태를 벗어나 점차 개방, 발전하게 되었다는 점을 부각시켰다. 개항으로 인해 충칭은 외부세계와 연결되었고 서구의 현대적인 요소들이 충칭에 유입되면서 충칭의 근대화가 촉진되었다는 것이다. 또한 충칭이 중국 서남지역의 편벽된 곳에 위치하지만 도시화의 정도 면에서 비교적 선도적인 위치에 서게 된 것도 개항이라는 도시사에 그 연원이 있다고 설명한다. 소설은 기존의 시각과는 달리 개항의 의미를 현대적·지역적 입장에서 새롭게 재구성하고 있는 셈이다.

왕위는 소설 창작 의도를 다음과 같이 밝혔다. "개항의 역사는 흘러간 과거가 아니라 지금도 여전히 계속되고 있다. 지금 우리는 제2차

56 왕위(王雨)의 작품 대부분은 충칭의 역사문화를 주요 내용으로 하는데, 『填四川』, 『开埠』, 『水龙』, 『飞越太平洋』, 『血缘』, 『车神』, 『长河魂』 등이 있다.

57 王雨, 『开埠』, 重庆出版社, 2014. 이 소설은 충칭시와의 계약에 의해 완성된 작품이었으며, 충칭시 제14회 정신문명 건설의 '좋은 도서(五个一工程)'상을 받기도 했다.

대외개방이라는 현실과 마주하고 있다. 소설에서 묘사한 많은 충돌과 모순들이 지금 다시 출현하고 있다. 『개항』의 창작 의도는 역사를 통해서 현실을 해석하고 현재와 미래를 예측하는 데 있다."[58]

충칭 개항사에 대한 재인식과 비중 증가는 현재 충칭이 실크로드 경제벨트와 창장 경제벨트의 건설에서 중요한 요충지로 기능해야 한다는 현실적 요구와도 밀접한 관계를 가진다. 이는 「제13차 5개년 계획(2016-2020)」이 "충칭을 국제적 종합 교통 중심지로 규정"[59]하는 데서도 확인할 수 있다. 최근 들어 충칭의 문화텍스트에서 개항의 역사를 재해석하고 충칭 원도심의 역사적 장소를 재발견해내는 것은, 역사적 장소와 역사문화부호를 재인식함으로써 충칭을 풍부한 문화도시로 재설정하기 위한 것일 뿐만 아니라 역사와 현재의 교차를 통해 현재의 시대적 요구에 적극적으로 대응하기 위한 노력의 일환이라고 보아야 할 것이다.

4. 기억 공간으로서의 도시: 소설 『실종된 상칭쓰』를 중심으로

충칭은 개발과 철거가 계속 진행 중이지만 중국의 다른 도시에 비해 특유의 도시문화와 역사가 남아있어 신구가 병치, 공존하는 도시다. 왕샤오솨이(王小帥)는 자신의 영화 〈충칭블루스(日照重庆)〉의 촬영지로 충칭을 택한 이유를 '충칭: 도시와 영화(重庆: 城市与电影)' 좌담회에서

58 余俊汎, 「王雨: 用文学之笔历史地回顾历史」, 『重庆作家网』, 2017.07.21.

59 「重庆被国务院明确定位为国际性综合交通枢纽」. http://www.cq.gov.cn/today/news/2017/3/18/1490446.shtml(검색일: 2018.10.10.)

언급했다. “충칭은 대도시이지만 도시 밑바탕에는 다른 중국 대도시에서는 이미 거의 찾아볼 수 없는 인문색채를 보존하고 있다. 이 점이 내가 만들려는 영화에 상당히 부합하기에 충칭에서 영화를 촬영하기로 결정했다. 이 도시는 사람을 끌어들이는 매력이 있는데 이것이 충칭의 장점”[60]이라는 것이다. 그에 따르면, 충칭의 매력은 오랜 역사문화의 흔적이 아직도 많이 남아있다는 데 있다. 거대한 도시 변화가 진행 중이지만 그럼에도 다채로운 이야기를 읽어낼 수 있는 이유는 도시의 역사와 과거의 흔적이 잔존해있기 때문이다.

옛것과 새것이 공존하는 충칭은 삶의 공간일 뿐 아니라 기억의 저장고 역할도 한다. 벤야민이 말했듯이, 도시는 일종의 도서관처럼 많은 자료들을 간직하고 있으며, 또 그렇기 때문에 읽을 수 있는 공간인 것이다. 도서관으로서의 도시는 물질적인 자료와 비물질적인 자료들을 흔적으로 간직하고 있다.[61] 도시는 거대한 역사의 흔적뿐만 아니라 사소한 개인의 흔적도 간직하고 있는 흔적의 보고다. 만약 도시공간에 남겨진 흔적이 제거된다면 이때 사라지는 것은 도시공간의 물리적인 흔적만이 아니다. 도시와 관련된 개인의 기억, 추억도 더불어 사라진다.

최근 충칭 도처에서 이루어지고 있는 도시개발이라는 대대적인 도시 재정비사업 즉 도시의 역사와 문화를 고려하지 않는 재개발은 일종의 “강제적인 망각”[62]이라는 비판도 여기에서 출발한다. 이러한 강제적인 망각에 대항하여 충칭의 민간 역사와 도시의 흔적 읽기를 모색

60 董小玉, 「重庆, 一座被胶片定格的城市: 论重庆电影与巴渝文化的关系」, 『新闻研究导刊』, 2012年第02期, p.28.

61 심혜련, 「도시공간 읽기의 방법론으로서의 흔적 읽기」, 『시대와 철학』 제23권 2호, 한국철학사상연구회, 2012, p.70.

62 심혜련, 「도시공간과 흔적 그리고 산책자」, 『시대와 철학』 제19권 3호, 한국철학사상연구회, 2008, p.119.

[그림 8-23] 소설『실종된 상칭쓰』의 표지

하는 문화텍스트들이 등장하는데, 2007년 인터넷에 연재되어 커다란 호응을 얻은 후 단행본으로 출간된『실종된 상칭쓰』[63]가 대표적이다. "도시탐험소설"[64]로 분류되기도 하는 이 책은 2010년 진궈짜오 감독에 의해 동명의 TV드라마[65]로 만들어지기도 했다. 소설과 드라마 모두 보물찾기라는 모티브를 기반으로 한다. 반면 소설이 보물찾기 모티브를 통해 충칭 도시공간의 역사 흔적과 문화를 고고학자처럼 탐색해가는 과정에 초점을 맞추었다면, TV드라마는 숨겨진 보물찾기에 상대적으로 더욱 중점을 두는 데 차이가 있다.

소설 속 상하이 여성 쉬민(徐敏)은 아버지의 유언에 따라 충칭의 상칭쓰로 출가한 후 오랫동안 연락이 끊긴 삼촌에게 유물을 전해주러 찾아온다. 상칭쓰를 찾는 과정에서 '나'와 라오증(老曾), 판티엔방(潘天棒)이 조력자로 등장하고 네 사람은 쉬민의 할아버지가 남긴 장보도(藏宝图)를 따라 수수께끼를 풀어가게 된다. 소설은 순차적인 추리식 구성을 통해 충칭의 오랜 문화유적과 이미 망각된 옛 지명의 전고, 전설, 소문을 펼쳐놓는다.

63 罗渝,『失踪的上清寺』, 重庆出版社, 2008.

64 江筱湖,「城市探险小说打造小说新类型」,『中国图书商报』, 第003版, 2008.02.26.

65 金国钊, 〈失踪的上清寺〉(24集), 2010.

급속한 도시발전 와중에 도시의 오랜 기억이 외면받고 있을 때 현대 도시 뒤편으로 밀려난 역사문화에 대한 관심을 불러일으키기 위해 작가 루오위(罗渝)가 선택한 방식은 추리식 구성이라는 측면에만 그치지 않았다. 그는 소설 내적 세계와 외적 세계의 경계를 허묾으로써 소설 외적 세계에 대한 직접적인 관심을 유도하기도 한다. 소설 속의 '나'는 실제 작가의 이름을 그대로 차용할 뿐만 아니라 작가의 도시 인식을 대변한다. "『실종된 상칭쓰』를 쓰고 난 후에야 나는 비로소 실제 충칭 역사의 풍부하고 심오하고 다채롭고 불가사의하고 드높은 기세가 소설을 훨씬 뛰어넘는다는 것을 발견하게 되었다."[66] 나아가 소설은 충칭의 역사와 문화, 장소를 허구적으로 가공하지 않은 채 서사 속으로 끌어들인다. 이를 위해 작가는 충칭의 향토사학자 샤오능주(肖能铸)의 고증과 역사 일화 전문가의 교정을 거치기도 했다.[67]

소설 외적 세계가 소설 내적 세계로 굴절 없이 투영되는 과정을 통해 소설은 도시의 문화기억을 복원하고 재현한다. 훙야동(洪崖洞), 라오쥔동(老君洞), 신신커피숍(心心咖啡馆), 스빠티(十八梯), 차오텐먼(朝天门), 후광회관(湖广会馆), 통위엔먼(通远门) 성곽, 포투관(佛图关), 동수이먼(東水门) 성곽 등과 같은 장소를 통해 충칭의 실제 역사와 기억의 흔적들이 소설 속에 제시된다.

중공중앙남방국, 저우공관(周公馆), 거러산(歌乐山), 훙암촌(红岩村), 자즈동, 바이공관, 리쯔바(李子坝), 해방비(解放碑) 등의 장소를 통해서는 충칭의 홍암문화와 항전문화에 얽힌 역사와 일화가 전개된다.

66 江筱湖, 「城市探险小说打造小说新类型」, 『中国图书商报』, 第003版, 2008.02.26. "写完《失踪的上清寺》后, 我才发现重庆的历史实在是博大精深, 精彩, 悬疑, 气势磅礴, 远远超过故事本身."

67 夏婧, 「肖能铸: 用故事留住重庆的昨日时光」, 『重庆日报』, 第B06版, 2010.11.12.

[그림 8-24] 도교 사원 라오쥔동(위)
[그림 8-25] 경극 전문 극장이었던 후광회관(아래)

항일전쟁시기 충칭은 중국의 임시수도로서 중요한 역할을 했다고 소설은 강조한다.

주인공의 탐문 경로를 따라 독자에게 제시되는 것은 충칭의 다양한 장소와 역사 속 인물에 그치지 않는다. 고대시기부터 민국 시기까지의 역사적 전고뿐만 아니라 비교적 최근의 유명한 일화, 도시전설이 펼쳐진다.

> 임시정부 시기, 충칭은 중국 전체의 정치, 경제 중심지였다. 돈 많고 권력을 가진 자는 모두 충칭에 거주했는데 부패한 정치, 빈번한 전쟁으로 말미암아 돈을 벌 기회가 아주 많았다. 그 시절에 대해 이야기하자면, 적어도 중국 재물의 몇 분의 일이 충칭에 숨겨져 있었다고 할 수 있다. …… 충칭이 해방(공산당 정권의 충칭 진입-인용자 주)될 때, 국민당의 패배와 퇴각은 아주 신속했다. 공산당이 충칭에 진입하자 국민당은 비행기를 타고 도주했지만, 계급이 높지 않은 사람, 고관의 부관, 호위는 비행기에 탈 자격이 없었다. 그들은 대량의 보물을 남겼고 이 보물들은 충칭에 뿔뿔이 흩어졌다. 그래서 충칭시 여러 지하도에는 셀 수 없이 많은 민국 시기의 진귀한 보물이 숨겨져 있다는 전설이 전해지고 있다.[68]

충칭 역사에 대한 소설의 전고와 해석 대부분은 충칭의 향토사학자로 등장하는 라오증을 통해 서술된다. 앞서 밝혔듯이 실제로 작가는 이 소설을 인터넷에 연재하면서 향토사학자와 역사가의 도움을 받았다. 할아버지가 남긴 장보도로 보물을 추적하던 쉬민은 할아버지가 단서를 남긴 의도를 알게 된다. 쉬민의 할아버지는 충칭 임시정부 시절 국민당 정권의 경찰이었는데, 이런 신분 때문에 국민당 퇴각 시에 보

68 罗渝, 『失踪的上清寺』(修订本), 重庆出版社, 2016, pp.23-24. “陪都時代, 重庆是全中国的政治和经济中心, 中国最有钱最有权的人, 都在重庆居住, 由于政治腐败, 战争频繁, 捞钱的机会太多了 …… 可以讲那时候, 起码中国的几分之一的财宝都藏在重庆 …… 重庆解放的时候, 国民党败退得非常快, 解放军进城, 国民党只能坐飞机逃跑, 级别不够的人, 包括一些高官的副官, 待衛, 都没有資格上飞机, 留下了大量的财物, 失散在重庆城里. 所以一直有传说重庆城里许多地道中, 埋藏着数不清的民国宝藏.”

[그림 8-26] 통위엔먼 성곽(위)
[그림 8-27] 동수이먼 성곽(아래)

물을 운반하고 관리하는 작업에 참여하게 된다. 그러나 당시 할아버지는 충칭의 보물이 전부 국민당 관리의 손에 넘어가는 것을 막고 화재로 소실되어 역사에서 사라진 상칭쓰를 건립하기 위해 보물의 일부를 딴 곳에 숨겨둔다. 그리고 쉬민은 보물을 찾는 과정에서 할아버지가 단서를 두 아들에게 남겨준 이유는 망각된 가족사를 알려주고 계승하기 위해서였다는 사실도 알게 된다. 이렇듯 소설은 도시인의 일상, 개인사, 가족사를 도시의 역사와 밀접하게 관련짓는다.

쉬민과 서술자인 '나'의 진술에서도 읽을 수 있듯이 소설 『실종된 상칭쓰』가 궁극적으로 지향하는 것은 보물찾기라기보다는 충칭 도시공간의 역사문화에 대한 기억을 회복하는 것이다. 보물은 도시역사의 기억을 회복하기 위한 당의정 혹은 매개물에 해당한다고 할 수 있다. 또한 소설에서 충칭 거리와 오랜 건축물에 대한 묘사는 정확하고 사실적이다. 하지만 실제 지리공간과의 비교를 통한 정확도 확보는 작가가 추구하는 유일한 목표가 아니다. 실제의 장소, 건축물과 역사 속 실제 인물을 근거로 삼아, 작가는 충칭의 다양한 문화공간, 다양한 역사 시간대를 오가면서 충칭을 역사문화가 풍부한 도시공간으로 재구성한다.

소설은 충칭판 〈다빈치 코드(The Da Vinci Code)〉[69]로 불릴 만큼 대중적으로 큰 반향을 불러일으키면서 실제 공간에 대한 인식의 변화를 유도해내기도 했다. 그 예를 상칭쓰에서 찾을 수 있다. 충칭 사람에게 있어서 상칭쓰는 잘 알려진 지명이지만 『실종된 상칭쓰』가 등장한 뒤 상칭쓰의 개념에 변화가 일어났다. 1940년대 상칭쓰는 충칭의 정치적 중심지이자 국민당 정부의 행정기구와 정치계 인사들의 주거지가 밀집된 지역이기도 했다. 그리고 중국 공산당의 중공 남방국과 저우공관이 위치한 곳이기도 했다. 상칭쓰는 충칭의 역사상 가장 변화했던 시기의 중심지였고 지금도 충칭을 상징하는 건물인 충칭시 인민대예당(重庆市人民大礼堂)과 충칭 인민광장(重庆人民广场), 충칭 중국산샤박물관(重庆中国三峡博物馆) 등이 위치한 정치적 중심지에 소재하고 있었다. 이렇듯 상칭쓰는 충칭 사람이면 모두 알고 있는 곳이지만 이 도교 사원이 어디로 사라졌는지 그 누구도 알고 있지 못한 곳이기도 하

69 론 하워드, 〈다빈치 코드〉, 2006.

[그림 8-28] 충칭시 인민대예당

다. 소설은 상칭쓰가 어디 있느냐는 쉬민의 질문으로 시작한다. '나'는 별다른 고민 없이 그곳을 알려주지만 쉬민을 만족시킬 수 없는데, 왜냐하면 쉬민은 상칭쓰라는 도교 사원을 찾고 있었지만 '나'는 상칭쓰로 불리는 현재의 광범위한 지역을 가리켰기 때문이다. 상칭쓰라는 단어는 여전히 유효한 지리공간적 좌표로 기능하고 있지만, 도교 사원 상칭쓰는 상당한 규모와 지위를 뒤로 한 채 실종되어버렸다. 쉬민의 질문은 상칭쓰의 실종을 의식하지 못했고 그래서 조금의 의문도 없이 상칭쓰를 지명으로 환원하여 사용하고 있던 '나'에게 인식적 충격을 가하고 있는 셈이다. 도교 사원 상칭쓰에 대한 질문은 2007년의 이 소설에서 처음 제기되었다.

역사 탐색, 보물찾기, 모험 등 독자의 관심을 쉽게 불러일으킬 요소를 동원하고, 독자 스스로 증거를 찾고 비밀을 추적하게 하는 서사 구성 그리고 실제 역사와 공간을 담음으로써, 소설은 도시 역사와 문화유적에 대한 독자의 관심과 의식을 끌어내는 데 성공했다고 할 수

[그림 8-29] 대하국 시기 건축된 따포쓰(大佛寺)의 불상

있다. 책이 출판된 후 네티즌들은 스스로 소모임을 조직하여 충칭의 도시 보물찾기 활동을 하는 등 도시여행 붐을 일으키기도 했다. 한 손에는 소설 『실종된 상칭쓰』를 들고, 다른 한 손에는 충칭의 지도를 들고서 고증과 동시에 도시를 탐색하는 '상칭쓰 붐'이 일었다.[70]

추리식 구성에 내재된 질문들이 실제 도시 역사, 경관과 결합하면서, 충칭의 옛 지명, 전고와 전설, 소실된 고건축군과 문화유적이 현실 공간에 적극 소환되었다. 소설 내적 세계와 소설 외적 세계 사이에 놓인 경계를 모호하게 하면서 전개되는 장소기억의 탐색 혹은 장소 정체성의 탐문은, 급격한 도시 개발로 인한 '강제적인 망각'에 대한 일종의 저항이라 할 수 있다. 급속한 도시화가 장소 정체성의 소멸과 획일화된 생활양식을 요구할 때, 도시 충칭의 기억과 흔적을 회복하려는 루

70 夏舞空间, 「寻找失落的都市文明」, 『中国图书商报』, 第004版, 2008.03.11.

오위의 『실종된 상칭쓰』는 중국 도시화에 대한 의미 있는 문화적 대응이라 할 수 있다. 충칭이 현재 중국의 전형이라 한다면 소설이 묘사한 것 역시 여타 역사도시가 직면하고 있는 현실이기도 하다.

5. 영상매체 속 다양한 충칭 이미지와 도시문화

> 케이블카에서 이 도시를 내려다볼 때마다 나는 매번 강렬하게 느낀다. 도시는 모체(母体)이며 우리는 그 자궁 안에서 생활한다는 것을. 〈크레이지 스톤〉[71]

1) 충칭 영화 속의 도시 이미지

"충칭인들이 통상적으로 충칭의 대표적인 도시 이미지로 생각하는 것은 지역음식인 훠궈(老火锅), 현대 도시생활과 도시경관을 상징하는 해방비 상업권(解放碑商圈), 그리고 도시야경이다. 그러나 다른 지역 사람들은 충칭을 항전 시기 수도라는 역사적 지위, '홍암'으로 상징되는 혁명문화 등 중요한 역사문화적 특징을 떠올린다"[72]고 한다. 충칭시민과 다른 지역 사람이 충칭에 대해 느끼는 감성적·심리적 인식은 다를 수밖에 없는데, 다른 지역 사람들은 대중매체의 문화텍스트 등을 통해 충칭의 도시 이미지를 전달받기에 대중적인 주선율 성향을 강하게 지

71 宁浩, 〈疯狂的石头〉, 2006. "每当我从缆车上俯瞰这个城市的时候, 我就强烈地感觉到: 城市是母体, 而我们生活在她的子宫里面."

72 任浩, 「陪都抗战文化对重庆城市品牌定位的价值」, 『重庆交通大学学报(社会科学版)』, 2016年第04期, pp.26-27.

닌다.

그러나 1933년 〈기도(歧途)〉부터 최근까지 충칭에서 로케이션한 200여 편의 영화가 모두 충칭의 도시문화를 홍암문화, 항전문화, 음식문화 등으로 제한하여 규정하지는 않는다. 충칭은 특이한 자연경관, 도시경관, 문화경관 등으로 인해 많은 영상물의 배경으로 선택되었다. 비록 홍암문화를 충칭에 대한 다른 지역 사람들의 통념으로 형성시키는 영화가 주류를 이루기는 했지만, 충칭 영화사는 이보다 훨씬 더 풍부한 내용을 담고 있다. 최근 들어 충칭의 도시 정체성을 재발견하는 영화들이 증가하게 된 데에는 이런 비주류적인 시각이 이미 주류 영화 내부와 저류에 형성되어 있었기 때문이다.

영화들이 충칭에서 주목한 첫 번째는 자연경관이다. "강이 종횡으로 흐르고, 산들이 둘러싸고, 안개가 둘러싸고 있다. 이렇게 특유한 충칭의 자연환경과 조각루, 석판로(石板路) 등의 풍부한 역사문화가 많은 관광객을 불러 모은다. 충칭은 국내외 많은 감독의 주목을 받고 있다."[73] 영화 〈창장도〉[74]는 창장 주변의 독특한 자연경관을 담았으며, 영화 〈파산의 밤비〉[75]의 시작은 몇 차례의 변모를 거듭하여 예전의 모습을 찾을 수 없게 된 충칭의 차오톈먼을 롱테이크 기법으로 응시한다. 지세에 순응하여 대량으로 지어진 조각루 등은 이 도시 특유의 건축유형으로서 충칭의 독특한 도시경관을 조성하는데, 이는 역사문화를 계승한 결과이자 사회풍속과 생활방식을 축적하고 농축한 결과물이라고 영화는 웅변한다. 충칭 자연경관과 문화경관의 정수가 이 프레

73 张瀚祥, 「《重庆电影地图》发布跟着大片再走一遍山城吧」, 『重庆商报』, 2016.03.10.

74 杨超, 〈长江图〉, 2016. 이 영화는 제66회 베를린 국제영화제에서 은곰상을 수상했다.

75 吴永刚·吴贻弓, 〈巴山夜雨〉, 1980.

[그림 8-30] 영화 〈파산의 밤비〉의 포스터

임 속에서 전시된다.

충칭 영화가 관심을 기울인 두 번째는 충칭인의 기질, 충칭의 분위기이다. 충칭인의 솔직하고 열정적인 기운은 영화 속에서 강력한 개성으로 표현되어 사람을 끌어들이는 매력으로 작용한다. 충칭인을 환호하게 만들고 많은 관객을 동원한 〈훠궈영웅〉이 그 예다. 그리고 리샤홍(李少红)의 〈문(门)〉(2007)은 안개 자욱하여 습기 차고 몽롱한 분위기를 가진 충칭의 오랜 거리를 통해 시공이 교차하는 오묘한 분위기를 전달한다.

충칭을 다층적이고 복잡한 현대 도시경관으로 묘사하는 작품들이 21세기 이후 급증하기 시작했는데, 순저우(孙周)의 〈저우위의 기차(周渔的火车)〉(2004), 왕샤오솨이(王小帅)의 〈충칭블루스(日照重庆)〉(2010), 닝하오의 〈크레이지 스톤〉 등이 대표적이다. 이들 영화에서 현대도시 충칭의 상징적 경관으로 선택한 것은, 산과 물의 공존이라는 특수한 지리적 환경으로 인해 구불구불 이어지는 돌층계 스빠티, 창장 케이블카, 경전철, 그리고 높이의 기복이 있는 야경과 각자의 특성을 지닌 100여 개의 대교 등이다.

더욱이 장이바이(张一白)의 영화 〈호기심이 고양이를 죽인다(好奇害死猫)〉(2006), 〈비안(秘岸)〉(2009) 등은 충칭 내부인의 시선으로 충칭의 일상에 주목했다. 다른 영화에서는 배경으로서의 도시경관으로 제시되는 산성 충칭의 지형구조적인 자연환경을 장이바이는 계층 간 격차, 차별과 갈등이라는 사회적 환경과 연결지었다.

[그림 8-31] 영화 〈크레이지 스톤〉의 주요 촬영장소 루오한스

이 네 가지 경향이 점차 부상(付上)하면서, 많은 관객을 동원한 〈크레이지 스톤〉부터 〈훠궈영웅〉까지 충칭 영화들은 충칭의 도시 정체성을 더욱 강하게 발산하기 시작했으며, 충칭인들 역시 도시 충칭의 역사적 함의와 인문정서에 주목하게 되었다.

홍암정신과 항전문화라는 충칭의 도시 이미지는 문화정책사업에 의해 재구성된 측면이 강하다. 하지만 최근의 많은 충칭 영화들은 도시 속에서 살아가는 내부자의 시선으로 역사적 장소에 대한 기억, 도시의 변화에 따른 충칭인의 일상 변화 등 충칭의 자연경관, 도시경관, 문화경관 등을 주시하고 있다.

도시 정체성은 역사의 과정에서 자연스럽게 형성된 것이기도 하지만 의도적인 기획과 구성의 산물이기도 하다. 충칭의 대중문화들 그 자체가 도시 충칭을 재구성, 재해석하기 위한 다양한 문화기획들의 공존과 그 변모 양상을 증명한다. 또한, 충칭의 역사부호와 현대부호가 교차되는 양상, 충칭의 도시 정체성이 배제, 생산, 재발견되는 역동적인 양상을 대변한다.

2) 문화텍스트로 본 충칭문화의 현실과 갈등

직할시 승격 이후 지역경제가 급속도로 성장하면서 충칭은 다원화된 가치관들이 충돌하고 억압되어 있던 물질적 욕망이 극명하게 표출되는 도시로 묘사되었다. 영화는 사회 전반의 배금주의, 물질만능주의 풍조를 충칭이라는 도시경관 안에서 녹여내고 재현했다. 이런 점에서 특히 주목할 만한 감독은 충칭 출신인 장이바이(张一白)다. 그는 〈호기심이 고양이를 죽인다〉에서 충칭 원도심 하반구의 퇴락한 생활과 상반구 해방비 상업권의 발전된 모습, 생활을 대조함으로써 도시인의 욕망, 계층 간의 갈등에 초점을 맞추었다. 그는 또 다른 영화 〈비안〉에서 오랜 공업도시였던 충칭이 신흥대도시로 변화되어가는 과정을 한 소년의 성장과 연결지어 담아냈다. 그는 현대도시의 화려한 면모보다는 사라져가는 충칭의 민간풍습을 재현했으며 도시화로 인해 윤리도덕과 가치관이 상실되어가는 것에 안타까움을 표현했다. 장이바이가 영화를 통해 재현하고자 하는 것은 충칭인의 일상생활 그리고 중층적인 현대도시에서 살아가고 있는 충칭인들 내부의 시선이다.

"충칭을 욕망의 도시"로 정의한 장이바이는 욕망이 바로 희망이라고 긍정한다. 그에 따르면 "충칭은 뉴욕처럼 욕망이 충만한 도시다. 그러나 바로 이 욕망 때문에 사람은 끊임없이 더욱 아름다운 생활을 추구"[76]한다. 또 그는 "나는 이 도시가 아주 욕망으로 가득 차 있다고 느낀다. 청두(成都), 쿤밍(昆明)과 비교해서 이곳은 더 열정적이다.

76 蔣光春, 「城市形象包裝意識的苏醒」, 『重庆日報』, 第6版, 2009.06.19.

…… 이렇게 극도로 흥분된 눈빛, 왕성한 정신과 열정이 넘치는 체력, 이것이 바로 이 도시의 희망"[77]이라고 말한다. 장이바이는 이 영화를 촬영하는 자신의 입장에 대해 다음과 같이 언급한다.

> 나는 이곳의 남자와 여자를 사랑한다. 기품 있는 좋은 사람이든 신중한 부자든 잘난체 하는 사람이든 비천한 노동자든 조급하게 서두르는 시민이든 이리저리 전전하는 약자이든 간에 이 도시의 하늘 아래에서 그들의 얼굴은 경외로운 강인함과 생기 넘치는 욕망으로 충만한데, 이것들은 아주 적나라하며 조금도 억제되고 있지 않다. 그들은 서로 적대시하고 서로 부러워하며 서로 대립하고 대체되기를 갈망한다.[78]

장이바이의 영화는 당대 중국 신흥도시의 독특한 도시 이미지를 재현한다. 그가 그리는 충칭은 양면적이다. 하나는 번화하고 요란한 대도시이고 또 다른 하나는 스빠티의 낡은 청석(青石) 계단과 골목이다. 영화가 전개되면서 전통적이고 회고적인 정서는 점차 사라지고 신구(新旧) 도시공간의 모순과 갈등이 부각된다.

이런 독특한 도시경관은 전형적인 도시와 농촌의 대비, 계급 간의 격차, 주거공간의 차별 등 층차감이 뚜렷하고 습기 가득한 도시 그

77 李俊, 「张一白专访"我置身他们之中, 我不悲天悯人"」, 『外滩画报』, 2008年第310期, p.199. "我觉得这个城市(重庆)还是很欲望. 相比成都, 昆明, 它更火爆, 更强烈 …… 这种亢奋的眼神, 旺盛的精力, 是种有力量的东西, 是这个城市的希望."

78 李俊, 「张一白专访"我置身他们之中, 我不悲天悯人"」, 『外滩画报』, 2008年第310期, p.102. "我爱这里的男人和女人. 无论是高贵的好人, 矜持的有钱人, 趾高气扬者还是卑微的打工者, 行色匆匆的市民和转转的弱者, 在这个城市的天空下, 他们脸上都充满着令人敬畏的坚韧和朝气蓬勃的欲望, 毫不掩饰, 毫不压抑. 他们彼此敌视又相互羡慕; 彼此对立又渴望取代."

리고 이 도시에서 전개되는 인간사의 비극으로 확장된다. 충칭의 도시 공간, 도시문화 그리고 그 속에서 생활하는 도시인의 성격 모두 장이바이의 영상 속에서 재구성되면서 충칭의 윤곽이 그려진다. "충칭은 현실적인 도시다. 만약 상하이가 주는 느낌이 따뜻함, 부드러움이라면 충칭은 음랭함, 견고함으로 도시의 신구 대비가 뚜렷하다"[79]고 장이바이는 말한다. 그래서 그의 충칭 영화가 사람들에게 전달하는 기본 정서는 어두움이다.

〈호기심이 고양이를 죽인다〉는 옛것과 새것이 공존하는 양상을 다양한 방식으로 묘사함으로써 충칭의 뚜렷한 지역성을 전시한다. 하지만 영화가 가장 주목하는 것은 공간의 대비를 통해 드러나는 빈부격차, 계층갈등이다. 부유한 집안의 딸인 치엔위(千羽)를 제외한 모든 등장인물 즉 치엔위의 남편 정종(郑重), 미용실에서 머리를 감겨주는 여자 량샤오시아(梁晓霞), 그리고 경비원 류펀더우(劉奋斗) 모두 빈민계층 출신이다. 계층적 배경과 마찬가지로 그들의 거주공간 역시 극명한 차이를 보인다.

영화 속의 배경지인 위중구(渝中区)는 하반구, 중반구, 상반구로 이루어져 있으며, 이 구역들을 잇는 것은 청석 계단인 스빠티다. 거주지의 위치를 잣대로 삼아 경제적 상황과 계층을 가늠할 수 있는데, 하반구에는 주로 하위계층이 거주하며 고급빌라 하이커잉저우(海客瀛洲)가 있는 상반구는 상위계층의 거주구역이다. 치엔위는 하이커잉저우의 제일 높은 층에 거주한다. 이 빌라의 옥상에서는 충칭의 중심가인 위중구의 밀집된 건축군과 번화한 거리가 내려다보인다. 반면 류펀더우는 이 빌라 지하에 있는 차고의 어둡고 창문도 없는 누추한 다락방

79 燕达, 「在现实之城里寻找温暖: 与张一白一起解读〈秘岸〉」, 『电影』, 2008年 第12期, p.60.

에 거주한다. 치엔위의 남편 정종은 치엔위와의 결혼으로 신분상승을 이루지만 하이커잉 저우의 어디에도 그가 머물 수 있는 공간은 없다. 정종과의 혼외정사의 공간인 량샤오시아의 거처는 스빠티의 좁은 골목에 있다. 스빠티의 좁고 낡은 방은 주변의 마천루로 포위되어 있으며 원경의 고가도로와 그 위의 자동차들 그리고 번화한 도시경관에 짓눌려 있다. 영화의 공간과 일상의 삶은 팽팽하게 긴장된 대립을 반복해서 보여준다.

[그림 8-32] 스빠티

앙리 르페브르에게 있어 공간은 그저 사물들을 담는 텅 빈 용기(用器)가 아니라 "'주체'도 대상도 아닌 사회적 현실, 다시 말해서 관계와 형식의 총체"[80]이다. 영화 〈호기심이 고양이를 죽인다〉는 공간의 대조를 통해 계층 간의 격차와 갈등을 표현하고 경계를 뛰어넘고자 하는 주체의 행위와 심리를 드러낸다. 공간의 대조와 욕망의 충돌은, 충칭

80 앙리 르페브르, 양영란 옮김, 『공간의 생산』, 에코리브르, 2011, p.194.

내 계층 간의 모순과 갈등 나아가 급진적인 경제개발로 인한 중국 사회의 빈부 차별과 갈등을 보여준다고 할 수 있다. 계층 간의 격차와 갈등은 뚜렷한 층차감을 지닌 충칭의 독특한 도시경관을 통해 제시된다.

충칭 출신인 장이바이가 그려내는 충칭은 충칭 출신이 아닌 감독이 도시경관을 통해 충칭의 정체성이라고 그려내는 것과는 사뭇 다르다. 일반적으로 충칭인은 불같고 강직한 성격의 소유자로 묘사되지만, 장이바이는 서로 속고 속이는 감정과 엉큼한 심리를 표현한다.

장이바이의 영화는 계층적 격차로 인해 개인이 감내해야 하는 고통이나 이주민 개인의 이중성에 주목하는 대신 개인의 고통 위에서 진행되는 도시의 불안하고도 급격한 변화를 역동성이라고 묘사한다. 빌라 경비원인 농민공 류펀더우는 도시화 과정에서 발생하는 복잡한 갈등과 모순, 특히 충칭에서 가장 심각한 문제 중 하나인 도농 이원체제라는 문제를 안고 있지만, 장이바이의 카메라는 여기에는 무관심하다.

하지만 이 문제를 집중적으로 조명하는 문화텍스트도 존재한다. 그중 하나가 증시엔궈의 장편소설 『문조천개』[81]다. 이 소설은 도시와 농촌의 이원체제라는 도시구조로 인한 농민공의 운명과 정신적 변화에 초점을 맞추고 급속한 도시화에 직면한 중국 하위계층의 생존 문제를 다룬다. 충칭의 농촌지역인 우룽현(武隆县)에서 도시 충칭으로 이주한 농민 마오거우거우(毛狗狗)를 통해 농민공이 도시로 온 이후의 과정을 전형적으로 그려나가는 이 소설은, 장이바이와는 달리 충칭의 역동성, 급격한 발전은 심각한 계층격차를 바탕에 두고 있음을 고발한

81 曾宪国, 『门朝天开』, 重庆大学出版社, 2010. 소설 『嘉陵江边一条街』, 『雾都』, 『人市』 등에서 알 수 있듯 증시엔궈의 시선은 충칭의 하위계층을 향한다. 충칭 지역어를 사용하면서 충칭인을 형상화하는 그의 작품은 "당대 충칭의 청명상하도(清明上河图)"라고 평가받는다.

다. 고향에 자신과 어머니를 남겨둔 채 충칭으로 간 후 20년 동안 돌아오지 않았던 그리고 범죄에 연루되어 사형을 당한 제1세대 농민공 출신의 아버지를 둔 마오거우거우 역시 제2세대 농민공으로 충칭에 진입한다. 그는 처음에는 도시인이 되기 위해 필사적으로 노력하지만 자신의 의도와는 달리 모든 노력은 실패하고 만다. 결국 도시 충칭의 견고한 계층적 모순을 자각하게 되고, 이후 아버지의 유골을 갖고 고향으로 돌아가기로 한다.

[그림 8-33] 소설『문조천개』의 표지

충칭의 농민공을 다룬 또 다른 예는 TV드라마 〈산청방방쥔(山城棒棒军)〉(20집, 1997)이다. 충칭 지역어로 제작되어 당시 큰 호응을 받았던 〈산청방방쥔〉은 경제개방 이후 농촌에서 이주해온 농민공의 낙천적이고 성실한 생활을 실감나게 재현했다. 1996년 충칭이 직할시가 되기 전 경제적·문화적 준비를 위한 노동력이 필요하게 되자 농촌의 인구가 대거 충칭시로 유입되었고 이들에게 많은 일자리가 제공되었다. 하지만 이런 일자리조차 얻지 못한 농민공은 짐을 나르는 방방쥔(棒棒军)의 일을 선택해야 했다. 이 일은 대대로 전해 내려오는 충칭인의 강한 생존력을 상징적으로 보여주는데, 이 TV드라마는 하위층인 방방쥔의 시선으로 도시와 농촌 간의 모순을 묘사하면서 급속하게 발전하는 도시를 응시한다. 농민공의 다양한 도시경험을 전시하면서 실패, 고통을 이야기하지만 그들의 강인한 생명력과 낙천적인 정신을 부각했다는 점에서 〈산청방방쥔〉은 긍정적인 평가를 받았다.[82]

[그림 8-34] 긴 막대기 방방으로 짐을 나르는 방방쥔

충칭에는, 욕망과 좌절의 반복을 도시화의 근간으로 치부하는 장이바이의 영화, 하위층의 고통과 각성에 주목하면서 주체화의 계기를 모색하는 증시엔궈의 소설, 그리고 농민공의 강인한 생명력과 낙천적인 정신을 부각하는 TV드라마 〈산청방방쥔〉이 공존하고 있다. 공간적·계층적 격차는 농민공과 도시인의 빈부격차 그리고 이 상황에 대한 문화적·인식적 시각의 갈등과 중첩되면서 극심한 혼란상을 노정하고 있다.

사회 하층민들은 가장 기초적인 물질적 조건도 심리적 귀속감도 획득하지 못한 채 변화한 도시에서 소외와 마주하게 되고 대부분 끝내 도시의 생존법에 적응하지 못한다. 문화텍스트가 묘사하는 그들은 늘 주류문화로부터 소외되어 있으며 생존의 압박과 정신적 추구의 실패

82 이 TV드라마는 대중들에게 인기가 높아 2008년 제2부가 만들어지기도 했다.

를 감내해야 하는 현실 속에서 살아간다.

21세기 중국식 사회주의의 실현으로 평가를 받던 당시 충칭의 대중문화가 특히 주목한 문제는 더욱 심각해진 도농 이원체제의 폐해이다. 중앙정부와 시정부의 기획과는 무관하게 생산된 대중문화들은 국가 이데올로기와는 거리를 둔 채 충칭이 마주한 현실을 형상화했다. 21세기 이후 생산된 소설과 영화는 급속한 도시화로 인한 도시문화 흔적의 소실과 도시기억의 망각에 대한 저항의 작업을 진행한다거나 충칭 도시의 극심한 빈부격차와 농민공 문제를 부각한다. 빈부격차는 물리적인 공간적 층차와 연동되어 재현되는데, 이 문제를 바라보는 태도는 다양하다. 시선의 다양함에도 불구하고 충칭이 마주한 현실을 직시하는 대중문화들은 공통적인 태도를 보인다. 그것은 급격한 도시화에 매몰되어가는 충칭의 지역성에 주목하는 것이다. 과거 도시 역사의 문화적·인식적 복원, 혹은 생동감 있고 역동적인 공간적 재현, 광범위한 이주와 과도기적 도시화의 강조 등, 창작자가 나름대로 규정한 지역성이 적극적으로 전시된다.

도농격차, 빈부격차를 도시의 급격한 변화를 가능케 하는 동력 중 하나로 받아들일지 하위층 개인의 고통에 주목할지는 문화생산자의 시각에 따라 달라지지만, 충칭의 대중문화가 이 문제에 직면해있다는 점은 분명해 보인다. 충칭의 대중문화는 중국 사회 전체가 당면하고 있는 문제를 전형적으로 대변하고 있는 셈이다. 쉬더밍과 증시엔궈가 지적했듯이, 하위층의 각성과 주체화를 통해 농민공과 도시인의 빈부격차, 문화충돌을 해결할 수 있을 것인지, 경제발전과 도시화로 인해 그 격차가 더 심각해질 것인지, 혹은 중국 정부의 정책으로 개선될 수 있을지는 앞으로 지켜보아야 할 것이다.

참고문헌

제1장. 중국 고도로 들어가기에 앞서

짐멜, 게오르그, 김덕영·윤미애 옮김, 『짐멜의 모더니티 읽기』, 새물결, 2005.

段智钧, 『古都南京』(中国古都五书), 清华大学出版社, 2012.
史念海 主編, 『西安历史地图集』, 西安地图出版社, 1996.
______, 『中国古都和文化』, 中华书局, 1998.
杨东平, 『城市季风: 北京和上海的文化精神』, 东方出版社, 1994.
王军, 『城记』, 生活·读书·新知三联书店, 2003.
______, 『采访本上的城市』, 生活·读书·新知三联书店, 2008.
王贵祥, 『古都洛阳』(中国古都五书), 清华大学出版社, 2012.
王南, 『古都北京』(中国古都五书), 清华大学出版社, 2012.
王笛, 『茶館: 成都的公共生活和微觀世界 1900-1950』, 社会科学文献出版社, 2010.
李路珂, 『古都开封与杭州』(中国古都五书), 清华大学出版社, 2012.
朱士光, 『中国古都学的研究历程』, 中国社会科学出版社, 2008.
朱士光·吴宏岐 主編, 『古都西安: 西安的历史变迁与发展』, 西安出版社, 2003.
陈平原·王德威 编, 『北京: 都市想象与文化记忆』(都市想像与文化记忆丛书), 北京大学出版社, 2005.
陈平原·王德威·陈学超 编, 『西安: 都市想象与文化记忆』(都市想像与文化记忆丛书), 北京大学出版社, 2009.
陈平原·陈国球·王德威, 『香港: 都市想象与文化记忆』(都市想像与文化记忆丛书), 北京大学出版社, 2015.
贺从容, 『古都西安』(中国古都五书), 清华大学出版社, 2012.
侯仁之, 『历史上的北京城』, 中国青年出版社, 1962.
______ 主編, 『北京历史地图集』, 北京出版社, 1988.

제2장. 정치도시 베이징, 사회주의 수도에서 세계도시로

甘宏, 「再现北京古都风貌-明城墙遗址公园亮相」, 『北京房地产』, 2002年第11期.

耿诺, 「《北京城市总体规划(2016-2030年)》草案今起公告」, 『北京日报』, 2017.03.29.

金磊, 「建筑中国六十年的历史如何书写: 从新中国优秀建筑遗产保护到新世纪北京"十大建筑"评选的倡言」, 『中外建筑』, 2008年第11期.

______, 「历史上的"北京十大建筑"」, 『中国地名』, 2009年第03期.

______, 「用建筑评论之思, 再析"北京十大建筑"」, 『学人品评』, 2016年第01期.

金峰, 「北京历史文化名城的保护策略」, 『北京历史文化名城的保护策略』, 2007年第04期.

董光器, 「五十七年光辉历程: 建国以来北京城市规划的发展」, 『北京规划建设』, 2006年第06期.

北京市城市规划设计研究院 编印, 「北京城市总体规划(1991年至2010年)」, 1992.12.

北京市人民政府, 「北京城市总体规划(1991年至2010年)」. https://wenku.baidu.com/view/95f67cf5f5335a8103d22069.html(검색일: 2017.07.01.)

______, 「北京城市总体规划(2004-2020)」, 『北京规划建设』, 2005年第02期.

徐城北, 「北京古都风貌的保存与再现」, 『新视野』, 2002年第06期.

石晓冬, 「"四个中心"塑格局"多规合一"绘蓝图: 《北京城市总体规划(2016-2035年)》解读」, 『城市管理与科技』, 2018年第03期.

苏峰, 「从北京七次城市总体规划看首都建设的基本思路」, 『北京党史』, 2008年第02期.

孙玉山·徐飞鹏, 「首都城市建设要大力保护古都风貌」, 『北京科技报』, 2003.03.05.

孙洪铭, 「新北京城市总体规划方案的奠基之作: 关于1958年总体规划方案的编制实施及其历史价值」, 『北京学研究文集』, 2005.

申予荣, 「1953年《改建与扩建北京市规划草案要点》编制始末」, 『北京规划建设』, 2002年第03期.

梁思成·陈占祥, 「关于中央人民政府行政中心区位置的建议(梁陈方案)」, 『艺术与设计』, 2015年第10期.

严冬瑾·张启翔, 「大众行为与种植设计: 以元大都城垣遗址公园"大都建典"景观为例进行简要分析」, 『农业科技与信息(现代园林)』, 2011年第04期.

严伟, 「北京东便门明城墙遗址公园」, 『中国园林』, 2005年第02期.

吴良镛, 「北京市规划刍议」, 『建筑史论文集』, 1979年第03期.

王凯, 「我国城市规划五十年指导思想的变迁及影响」, 『规划师』, 1999年第04期.

王军·任忆, 「北京挽留3000多年建城史」, 『新华每日电讯』, 第004版, 2002.05.18.

王世仁, 「北京古都中轴线的文化遗产价值」, 『北京规划建设』, 2012年第04期.

汪曾祺,「胡同文化」,『汪曾祺全集』(第6卷), 北京师范大学出版社, 1998.
汪华丽,「论建筑中的“天圆地方”观」,『大众文艺』, 2011年第20期.
姚延敏,「北京明城墙公园再现古都风貌」,『建设科技』, 2003年第Z1期.
袁学进,「古风遗韵犹存的都市公园: 北京明城墙遗址公园」,『城市开发』, 2003年第03期.
袁熹,「试论近代北京的城市结构变化」,『北京社会科学』, 1997年第03期.
刘恒,「贫嘴张大民的幸福生活」,『北京文学』, 1997年第10期.
李锋,「京味文化的缩影: 南锣鼓巷古都风貌保护区」,『中国发展』, 2005年第01期.
李艳,「北京历史文化名城保护经历的几个阶段」,『中国文物报』, 005版, 2005.04.29.
张军,「十大景区再现盛世大都」,『北京日报』, 2003.09.25.
赵冬日,「关于北京城市规划与建设的感想」,『建筑创作』, 1994年第01期.
赵燕菁,「奥运会经济与北京空间结构调整」,『城市规划』, 2002年第08期.
______,「中央行政功能: 北京空间结构调整的关键」,『北京规划建设』, 2004年第04期.
赵夏,「侯仁之先生与文化遗产保护: 兼谈历史地理研究对文化遗产保护的重要意义」,『北京社会科学』, 2008年第03期.
戚本超·周达,「奥运会与北京城市建设」,『城市问题』, 2008年第07期.
铁凝,「永远有多远」,『十月』, 1999年第01期.
邹德侬,「中国现代建筑二十讲」, 商务印书馆, 2015.
叶广芩,『采桑子』, 北京十月文艺出版社, 1999.
侯仁之,「关于古代北京的几个问题文物」,『文物』, 1959年第09期.
______,「元大都城与明清北京城」,『故宫博物院院刊』, 1979年第03期.
______,『历史地理』, 人民出版社, 1982.
______,「论北京旧城的改造」,『城市规划』, 1983年第01期.
______,「从北京城市规划南北中轴线的延长看来自民间的“南顶”和“北顶”」,『城市发展研究』, 1995年第01期.
______,「试论元大都城的规划设计」,『城市规划』, 1997年第03期.
______,「试论北京城市规划建设中的三个里程碑」,『北京联合大学学报』, 人文社会科学版, 2003年第01期.
______,「北京建都记」,『建筑创作』, 2003年第12期.
______,『中国历史地理论集』, 外语教学与研究出版社, 2015.
侯仁之·吴良镛,「天安门广场礼赞: 从宫廷广场到人民广场的演变和改造」,『文物』, 1977年第09期.

「北京城市总体规划(2004-2020年)」,『北京规划建设』, 2005年第02期.
「《北京城市总体规划(2016-2030年)(草案)》公示」,『城市规划通讯』, 2017年第07期.

「北京历史文化名城保护规划」, 『北京日报』, 2002.09.19.

제3장. 시안, 문화고도에서 국제화 대도시로

켈러, 케빈 레인, 김준석 옮김, 『전략적 브랜드 관리』, 시그마프레스, 2015.

贾平凹, 「西安这座城」, 『北京文学』, 1992年第11期.
______, 『废都』, 北京出版社, 1993.
______, 「西安这座城」, 白烨 编, 『四十岁说』, 三联书店, 2002.
国务院, 「关中-天水经济区发展规划」, 『西部大开发』, 2009年第07期.
蓝冰, 〈西安2020〉纪录片(6集), 西安曲江影视投资有限公司出品, 2012.
武永明, 「"丝绸之路: 起始段和天山廊道的路网"申遗成功」, 『甘肃经济日报(兰州)』, 2014.06.23.
裴成荣, 「西安城市空间布局及国际化大都市发展战略研究」, 『人文杂志』, 陕西省社会科学院, 2011年第01期.
徐琴, 「高速城市化时期城市历史文化资源的保护与利用」, 『南京工业大学学报』(社会科学版), 2004年第03期.
西安规划局, 「《西安城市总体规划(2008-2020年)》概要」, 『建筑与文化』, 2008年第07期.
西安市规划局·西安市城市规划设计院, 「西安市第四次城市总体规划」(2008-2020年), 2013.02.25. https://wenku.baidu.com/view/2f16a5df6f1aff00bed51e0d.html(검색일: 2017.04.01.)
申丽娟, 「大明宫历史文化资源转化为文化产业影响因素探析」, 『丝绸之路』, 2010年第24期.
阿甘, 〈高兴〉, 2008.
梁红仙, 「国际化大都市背景下西安城市形象的定位与塑造: 从"文化自觉"的视角分析」, 『渭南师范学院学报』, 2015年第21期.
王德威, 「废都里的秦腔: 贾平凹的小说」, 『西安: 都市想象与文化记忆』(都市想像与文化记忆丛书), 北京大学出版社, 2009.
王学理, 「文化遗产上的"没文化"之举: 仅通过西安大雁塔北广场"书法地景"这一窗口看城市造景之谬误」, 『现代城市研究』, 2005年第10期.
于志启, 「建设中国西安"白鹿原文化城"的可行性研究及建议书」. http://www.docin.com/p-59404092.html(검색일: 2016.11.07.)
刘莹, 「现代商品包装的色彩隐喻探析」, 『包装工程』, 2009年第05期.

李琪·朱楠,「"一带一路"战略下西安开放开发新高地规划建设策略」,『规划师』, 2016年第02期.
张阿利,『陕派电视剧地域文化论』, 中国电影出版社, 2008.
张静,「让文化产业为西安创建新的辉煌功业」,『西安晚报』, 2005.01.18.
蒋茜雯,「本土化/地方化的求变之道-以摇滚乐队与音乐剧剧团为个案研究」, 上海师范大学 硕士学位论文, 音乐学, 2014.
周友朝,〈生日〉, 2009.
______,〈预审〉, 2010.
朱晓彧,「西安城市文化形象符号的影像化传播」,『当代电影』, 2010年第03期.
曾世湘,「〈羊肉泡馍麻辣烫〉走红引热议, 陕西元素能让影视剧更好看」,『西安晚报』, 2009.07.09.
秦建英·谢波,「相信未来:《西安2020》视觉特效设计与制作」,『中国电视(纪录)』, 2013年第01期.
陈忠实,『白鹿原』, 人民文学出版社, 1993.
蒲剑,〈羊肉泡馍麻辣烫〉, 2008.
韩志,〈哥的传说〉, 2010.
希轩·吴绍礼,「西安主动融入"一带一路"大格局(丝路聚焦)」,『人民日报海外版』, 2014.11.28.

西安曲江新区管委会官网. http://qjxq.xa.gov.cn/(검색일: 2019.10.29.)

제4장. 뤄양, 신흥 중공업 도시에서 역사문화도시로

康新宇,「在用巨型线性文化遗产保护: 大运河浙江段五城市(杭州, 嘉兴, 湖州, 绍兴, 宁波)遗产保护规划」,『城市规划通讯』, 2010年第06期.
郭振华,「洛阳市"十三五"规划纲要提出: 要在河南省率先全面建成小康社会」,『中国经济周刊』, 2016年第13期.
唐日梅,「"156项工程"与新中国工业化」,『党史纵横』, 2009年第11期.
马立,「行走古都洛阳」,『道路交通管理』, 2016年第06期.
苏原,「洛阳市城市总体规划(2008-2020年)主要内容与技术特点」,『城市规划通讯』, 2008年第14期.
安国楼,「河洛文化与客家文化」,『中州学刊』, 2007年第03期.
杨祥麟,「台湾文化与河洛文化」,『中州学刊』, 2007年第03期.
杨会宾,「洛阳市文化旅游产业发展的战略思考」, 山东大学 硕士学位论文, 2009.

阎宏斌,「现代城市规划演变的动力机制分析: 以洛阳为例」,『生产力研究』, 2011年第08期.
______,「洛阳近现代城市规划历史研究」, 武汉理工大学 博士学位论文, 2012.
温璐,「洛阳城市文化资源与洛阳城市视觉形象定位探析」,『大众文艺』, 2010年第22期.
王艳,「从洛阳城市文化建设谈城市形象发展」,『吉林省教育学院学报(学科版)』, 2011年第07期.
王伟,「洛阳与隋唐大运河」,『中原文物』, 2014年第05期.
王治涛,「试论洛阳历史文化资源的特点与开发」,『洛阳工业高等专科学校学报』, 2005年03月.
魏大航,〈甲天下〉, 2011.
刘加洪,「客家优良传统的根在河洛」,『寻根』, 2010年第02期.
刘冕,「中国大运河及丝绸之路申遗成功」,『北京日报』, 第013版, 2014.06.23.
刘振华,「建国初"156项"工程项目的确立」,『中国档案』, 2009年第03期.
戎戒,「根在河洛心归华夏: 河洛文化研究的回顾与前瞻」,『统一论坛』, 2016年第06期.
李安,「洛阳文峰塔非遗文化产业园开园」,『新华社』, 2017.04.10.
李朝晖,「洛阳区域文化产业发展规划之我见」,『湖北师范学院学报(哲学社会科学版)』, 2011年第05期.
______,「节庆活动对城市文化建设的作用研究: 以第32届中国洛阳牡丹文化节为例」,『中共郑州市委党校学报』, 2015年第03期.
李涵·王云庆,「以洛阳市为例谈文化遗产保护与城市文化建设」,『理论观察』, 2014年第05期.
李煌,「河洛文化研究: 以洛阳地名为切入点」, 辽宁师范大学 硕士学位论文, 2011.
张久春,「20世纪50年代工业建设"156项工程"研究」,『工程研究-跨学科视野中的工程』, 2009年第03期.
张占仓·唐金培,「千年帝都洛阳人文地理环境变迁与洛阳学研究」,『中州学刊』, 2016年第12月.
丁一平,「1953-1966工业移民与洛阳城市的社会变迁」, 河北师范大学 博士学位论文, 2007.
______,「城市规划中的"洛阳模式"及其当代意义」,『河南科技大学学报(社会科学版)』, 2011年第02期.
中央电视台(CCTV),〈神探狄仁杰〉, 2004-2017.
______,〈天地洛阳〉, 2011.
中央电视台『帝都泱泱』摄制组,『帝都泱泱』, 上海科学技术文献出版社, 2013.
蔡运章,「河图洛书与古都洛阳」,『河南科技大学学报(社会科学版)』, 第25卷第03期,

2007年6月.
肖金亮,「大型城市遗址的保护与展示: 以隋唐洛阳城的实践为例」,『建筑学报』, 2012年第06期.
夏新锋,「洛阳城市文化建设研究」, 华中师范大学 硕士学位论文, 2012.
何一民·周明长,「156项工程与新中国工业城市发展(1949-1957年)」,『当代中国史研究』, 2007年第02期.
韩万峰,〈洛阳水席〉, 2012.
韩忠厚,「客家民系"根在河洛"」,『洛阳大学学报』, 第9卷第01期, 1994年第03月.
扈耕田,「河洛寻根文化的起源与形成」,『洛阳理工学院学报(社会科学版)』, 2008年第12月.
胡阿祥,「"天下之中"及其正统意义」,『文史知识』, 2010年第11期.

「洛阳市城市总体规划(2011-2020年)」. https://wenku.baidu.com/view/acf1da58804d2b160b4ec0e4.html(검색일: 2017.01.12.)
「洛阳市城市总体规划获国务院批准」,『城市规划通讯』, 2002年第22期.
「洛阳市"十二五"发展规划纲要」. http://www.docin.com/p-1629428808.html(검색일: 2017.04.08.)
〈新电影传奇·甲天下〉. http://www.iqiyi.com/jilupian/20111209/0314459f3acd224b.html(검색일: 2017.04.10.)
〈寻跟: 解密东方河洛文化〉(第2集), 〈五大学派〉. https://v.qq.com/x/page/i0138ej4wsp.html(검색일: 2017.07.13.)
〈寻跟: 解密东方河洛文化(第5集)·根在河洛〉. http://www.56.com/u29/v_MzA4NDkzODY.html(검색일: 2017.07.03.)
『中共郑州市委党校学报』, 2015年第03期.
〈天地洛阳·根系河洛〉(第5集). http://video.tudou.com/v/XMjI2MDEx MTEwOA==.html(검색일: 2017.07.03.)

제5장. 난징, 민국문화의 소환과 도시상상

갈렌베르거, 플로리안, 〈존 라베: 난징 대학살(拉贝日记)〉, 2009.
르페브르, 앙리, 박정자 옮김, 『현대세계의 일상성』, 주류, 1990.
바슐라르, 가스통, 곽광수 옮김, 『공간의 시학』, 민음사, 1990.
인가르덴, 로만(Ingarden, Roman), 이동승 옮김, 『문학예술작품(*Das Literarische Kunstwerk*)』, 민음사, 1985.

贾儒,「充满友爱的〈南京的那个夏天〉: 电影〈南京的那个夏天〉观摩研讨会记要」,『中国电影报』, 2010.01.17.
葛亮,『朱雀』, 作家出版社, 2010.
______,「2010香港书展葛亮精彩演讲」, 2010.07.26. http://nr.book.sohu.com/20100726/n273764583.shtml(검색일: 2019.07.18.).
葛亮·张昭兵,「创作的可能」,『青春』11, 南京市文联, 2009.
康洪雷,〈推拿〉(30集), 2012.
高群书,〈东京审判〉, 2006.
金萍,「传奇才女张爱玲的"南京缘"」,『金陵瞭望』, 2004年第12期.
南京国都设计技术专员办事处 编印,『首都计划』, 1929.
南京史志编辑部,『首都志』(下), 南京古舊书店南京史志编辑部, 1985(南京正中书局 1935年版을 南京市地方志编纂委员会辦公室에서 영인한 것임).
唐伟超·史丽君,「揭秘张爱玲与南京的不了情缘」,『现代快报』, 现代快报社, 2007.10.31.
宣婷·李晓倩·吴立伟,『浦口火车站历史风貌区保护规划研究』,『四川建筑』, 2012年第01期.
薛玲,「南京首家麦当劳将搬离夫子庙曾创内地消费纪录」,『扬子晚报』, 2013.10.08. http://news.sohu.com/20131008/(검색일: 2018.09.22.)
王德威,「归去未见朱雀航: 葛亮的『朱雀』」,『当代作家评论』, 2010年第06期.
虞军豪,〈南京的那个夏天〉, 2009.
刘莹,「想象与记忆的重奏: 葛亮的南京书写: 以『朱雀』为例」,『海南师范大学学报(社会科学版)』1, 海南师范大学, 2013.
刘云,「当代中国文化休闲街区规模发展的模式探索: 以"南京1912"文化街区为例」,『艺术百家』, 2011年第03期.
陆川,〈南京!南京!〉, 2009.
慈祥,「南京影视现象分析与品牌化打造: 关于南京影视创作与传播情况的调研报告」,『文化产业研究』, 2012年第05期.
张黎·成龙,〈辛亥革命〉, 2011.
张爱玲,『小艾』, 江苏文艺出版社, 1987.
______,「相见欢」,『惘然记』, 花城出版社, 1997.
张艺谋,〈金陵十三钗〉, 2011.
张瑜,〈庐山恋2010〉, 2010.
郑晋鸣·陆金玉,「南京: 以文化重塑气质」,『南京日报』, 2010.08.31.
曹文轩,『20世纪中国文学现象研究』, 北京大学出版社, 2002.
钟明,「葛亮: 小说『朱雀』摩挲南京记忆」, 2010.09.13. http://culture.china.com.cn/

book/2010-09/13/content_20918189.htm(검색일: 2019.07.18.).
陈娇华, 「解构中蕴涵着怀舊: 从爱情书写角度考察叶兆言的新历史小说」, 『当代文坛』, 2008年第05期.
陈应岐·陈聚之, 〈利剑〉(32集), 2010.
沈悦·沈严, 〈决战南京〉(35集), 2010.
韩秋池, 〈多大事啊〉, 2009.
叶兆言, 『花煞』, 今日中国出版社, 1994.
______, 『花影』, 南京出版社, 1994.
______, 『一九三七年的爱情』, 江苏文艺出版社, 1996.
______, 『一九三七年的爱情·写在前面』, 江苏文艺出版社, 1997.
______, 撰文, 『老南京』, 江苏美术出版社, 1998.
______, 「南京, 历史, 和人文」, 2001.09.05. http://www.doc88.com/p-1713923529871.html(검색일: 2019.10.29.)
______, 『捕捉心跳』, 人民文学出版社, 2006.
______, 「城南」, 『南京人·续』, 南京大学出版社, 2011.
黄强, 「从民间视野反思历史: 读叶兆言的"夜泊秦淮"系列小说」, 『时代文学』, 2010年第07期.

제6장. 카이펑, 장소기억과 문화산업의 공간화

맹원로, 김민호 옮김, 『동경몽화록』, 소명출판, 2010.
소식, 류종목 역해, 『소동파사』, 서울대학교출판문화원, 2011.
전종한, 「도시 뒷골목의 '장소기억': 종로 피맛골의 사례」, 『대한지리학회지』 제44권 제6호, 대한지리학회, 2009.
조광호, 「문화도시 문화마을 선정 및 지원방안 연구」, 『문화도시 문화마을 심포지엄 자료집』, 한국문화관광연구원, 2013.
주조모, 이동향 역주, 『송사삼백수』, 문학과지성사, 2011.
홍금수, 「경관과 기억에 투영된 지역의 심층적 이해와 해석」, 『문화역사지리』, 제21권 제1호, 한국문화역사지리학회, 2009.

开封市人民政府, 「开封市国民经济和社会发展第十二个五年规划纲要」. http://www.henan.gov.cn(검색일: 2015.04.27.)
顾长卫, 〈孔雀〉, 2005.
高晓芳, 「『东京梦华录』生活习俗的特征」, 『怀化学院学报』, 2009年第12期.

郭书学,「关于古都开封历史地位问题的再认识」,『中国古都研究』, 2013年第10輯.
金铁木,〈大明宫〉, 2009.
孟元老, 王永宽 译,『东京梦华录』, 中州古籍出版社, 2010.
吕桓宇,「解密清明上河园:《大宋·东京梦华》实景演出篇(五)」,『河南日报』, 2011.07.26.
阮海峰,「开封投资5亿元打造北方水城欲恢复千年前奇观」, 2014.12.05. http://hn.ifeng.com/hnzhuanti/henanshengzhiguanxianshi/caijing/detail_2014_12/05/3249113_0.shtml(검색일: 2019.10.29.)
王大鹏,〈祥符春秋〉(18集), 2002. http://www.tudou.com/programs/view/t08wsiVcIqc(검색일: 2015.12.10.)
王新涛·王发曾,「历史文化名城开封与洛阳的当代发展轨迹及启示」,『地域研究与开发』, 2008年第02期.
汪振军·孔维卓,「《大宋·东京梦华》的传播特色分析」,『中原文化研究』, 2013年第05期.
王超,〈安阳婴儿〉, 2001.
李路珂,『古都开封与杭州』(中国古都五书), 清华大学出版社, 2012.
李少红·曾念平,〈大明宫词〉(40集), 2000.
李亚卿,「开封北方水城地脉的历史变迁与水城建设定位」,『开封大学学报』, 2008年第03期.
李利宏,〈宣和画院〉, 河南省话剧院, 2010.
李红艳,「八年蒸的那个馍: 评李利宏和他的方言话剧《宣和画院》」,『戏剧文学』, 总第322期, 戏剧文学杂志社, 2010.
张娟,「细读《破阵子·醉里挑灯看剑》」,『文学教育(上)』, 2008年第06期.
周晓文,〈大唐芙蓉园〉(30集), 2007.
中共河南省委·河南省人民政府,「关于加快文化资源大省向文化强省跨越的若干意见」,『河南日报』, 2007.12.26.
中华人民共和国文化部,「关于加快文化产业发展的指导意见」,『中国文化报』, 2009.09.28.
陈大明,〈鸡犬不宁〉, 2006.
陈大明·任斯璐,「陈大明反崇高称《鸡犬不宁》描述普通人的尴尬」, 2006.11.15. http://ent.sina.com.cn/m/2006-11-15/ba1329168.shtml(검색일: 2015.11.15.)
陈鹏,「首呼尾应, 妙韵无穷: 浅谈话剧《宣和画院》《郭双印连他乡党》的创作」,『大家』, 第4期, 大家杂志社, 2011.
陈友康,「最绝望而不朽的诗篇: 李煜《虞美人》解读」,『名作欣赏』, 2006年第07期.
陈平原·王德威·关爱和 编,『开封: 都市想象与文化记忆』, 北京大学出版社, 2013.

河南省政协主席 王全书,「品《大宋·东京梦华》」,『人民日报』, 2009.04.20.
侯新冬·楼嘉军,「主题公园与历史文化名城互动发展研究: 以开封市清明上河园为例」,『桂林旅游高等专科学校学报』, 2006年第06期.

〈大宋·东京梦华〉. https://www.youtube.com/watch?v=aP8Anrft9aA(검색일: 2019.02.19.)
「十一五规划纲要」. http://news.xinhuanet.com/ziliao/content_4057926.htm(검색일: 2016.01.16.)
「陈大明反祟高称《鸡犬不宁》描述普通人的尴尬」, 2006.11.15. http://ent.sina.com.cn/m/2006-11-15/ba1329168.shtml(검색일: 2019.10.29.)
〈清明上河图〉. http://www.360doc.com/content/10/1029/11/384354_64952689.shtml(검색일: 2015.10.29.)
话剧〈宣和画院〉河南省话剧院(吴广林, 沈保平主演). http://www.tudou.com/programs/view/FXNDsmYRs3I(검색일: 2015.10.06.)

제7장. 항저우, 도시문화와 문화 창의산업

랜드리, 찰스, 임상오 옮김,『창조도시』, 해남, 2005.
사사키 마사유키·종합연구개발기구, 이석현 옮김,『창조도시를 디자인하라-도시의 문화정책과 마을만들기』, 미세움, 2010.
신춘호,「장이머우식〈印象计划〉의 성공요인과 한국형 〈실경산수공연〉의 가능성 탐색」,『글로벌문화콘텐츠』 5, 글로벌문화콘텐츠학회, 2010.
안창현,「중국 대형실경공연(實景公演)-임프레션 시리즈(印象系列)의 문화산업적 가치연구」,『인문콘텐츠』 19, 인문콘텐츠학회, 2010.
원도연,『도시문화와 도시문화산업전략』, 한국학술정보, 2006.
이현식,『성찰적 창조도시와 지역문화』, 글누림, 2012.
크랭, 마이크·나이절 스리프트, 최병두 옮김,『공간적 사유』, 에코리브르, 2013.
플로리다, 리처드, 이원호 외 옮김,『도시와 창조계급』, 푸른길, 2008.

罗曼丽,「大型旅游演艺产品品牌建设研究-以〈宋城千古情〉和〈印象·西湖〉为例」,『长春师范学院学报』, 2013年第06期.
路涛,「调查: 2013两岸城市文创竞争力北京第一」,『中国文艺网』, 2013.01.07. http://www.cflac.org.cn/ys/xwy/201301/t20130107_163733.html(검색일: 2013.01.07.)
大卫·克拉克·林心如 等译,『电影城市』, 桂冠圖書股份有限公司, 2004.

苏叔阳·朱小鸥·彭加瑾,「主旋律影片的突破与创新」,『人民日报』, 2011.06.17.
杨远婴,『电影学笔记』, 江苏教育出版社, 2009.
严浩,〈鸳鸯·蝴蝶〉, 2005.
倪焱·刘丙孜·唐艳昕,「杭州市文创产业集聚现状及趋势调研: 以之江文化创意产业园为例」,『杭州科技』, 2013年第06期.
王林,「从创意到对话再到生意: 以〈印象西湖〉为个案谈创意产业」,『视听纵横』, 2011年第04期.
王一川,「阳刚本从阴柔来: 看〈岁岁清明〉」,『电影艺术』, 2011年第05期.
汪天韵,「杭州市"十二五"文化创意产业发展规划」, 杭州市文化创意产业办公室, 2013.05.20. http://shcci.eastday.com/eastday/shcci/node733810/20130520/u1a7402867.html(검색일: 2013.05.20.)
王夏斐,「史上首部杭州电影〈岁岁清明〉上映」,『杭州日报』, 2011.05.26.
于淼,「杭州城市文化遗产的失落与拯救」,『湖北经济学院学报』, 2013年第05期.
李建国 等,『杭州市电影志』, 杭州出版社, 1997.
李明超,「创意城市推动文化创意产业发展的政府导向研究-以杭州市为例」,『管理学刊』, 2013年第06期.
一言,「文化产业国际论坛杭州西溪创意产业园获奖」. http://www.china.com.cn/chinacity/2011-08/01/content_23117398.htm(검색일: 2019.10.29.)
张翙,『余震』, 华东师范大学出版社, 2009.
张艺谋,〈歸來〉, 2014.
张玉玲·王齐国,「"印象系列", 打造文化产业的中国品牌」,『光明日报』, 2010.02.24.
张勇,「杭州影像: 电影城市与文化想象」, 浙江师范大学 硕士学位论文, 文艺学, 2012.
______,「杭州影像的某种倾向」,『北京电影学院学报』, 2013年第02期.
丁莉丽,「"印象杭州"之成败-一个杭州人眼中的〈鸳鸯·蝴蝶〉」,『文艺争鸣』, 2007年第05期.
趙若妤,「浅论影像内的杭州: 以影片〈岁岁清明〉为例」,『大众文艺』, 2013年第20期.
赵自芳·郁菁,「"十三五"时期杭州市加快文化创意产业人才队伍培养的思考」,『杭州研究』, 2015年第04期.
周乾松,「杭州历史文化遗产保护的思考与对策」,『城市观察』, 2012年第02期.
中共杭州市委宣传部·杭州市文化创意产业办公室 编,『联合国教科文组织全球创意城市网络·工艺与民间艺术之都: 杭州』, 杭州出版社, 2012.
中共杭州市委办公厅,「关于加快文化创意产业人才队伍建设的实施意见」(市委办发, 109号), 2011.10.28. http://www.hangzhou.gov.cn/art/2011/10/28/art_807769_1576.html(검색일: 2011.10.28.)
车杰莲,「区域旅游资源的形象化传播-以"印象西湖"为例」,『新闻研究导刊』, 2012年第07期.
馮小剛, 〈非誠勿擾〉, 2008.
许柏林, 「影片〈岁岁清明〉观后」, 『光明日报』, 2011.06.10.

「西溪创意产业园:杭州西溪创意产业园情况介绍」. http://www.0571ci.gov.cn/article.php?n_id=6222(검색일: 2019.02.21.)
〈宋城千古情〉. https://baike.baidu.com/item/宋城千古情(검색일: 2014.09.16.)
「浙江省人民政府关于印发浙江省文化产业发展规划(2010-2015)的通知」(浙政发〔2011〕3号). https://wenku.baidu.com/view/14e2b23510661ed9ad51f3d5.html(검색일: 2017.07.20.)

제8장. 충칭, 도시문화의 중층성

강준영, 「중국 보시라이(薄熙來)사건의 정치학」, 『국제지역연구』 제17권 4호, 국제지역연구센터, 2014.
르페브르, 앙리, 양영란 옮김, 『공간의 생산』, 에코리브르, 2011.
멈퍼드, 루이스, 김영기 옮김, 『역사 속의 도시』, 명보문화사, 1990.
박홍규, 『메트로폴리탄 게릴라-박홍규의 루이스 멈퍼드 읽기』, 도서출판 텍스트, 2010.
심혜련, 「도시공간과 흔적 그리고 산책자」, 『시대와 철학』 제19권 3호, 한국철학사상연구회, 2008.
______, 「도시공간 읽기의 방법론으로서의 흔적 읽기」, 『시대와 철학』 제23권 2호, 한국철학사상연구회, 2012.
왕샤오밍(王晓明), 김명희 외 옮김, 『가까이 살피고 멀리 바라보기: 왕샤오밍 문화연구』, 문화과학사, 2014.
이홍규, 「보시라이 숙청과 충칭모델의 미래」, 『현대중국연구』 제14권 1호, 현대중국학회, 2012.
추이즈위안, 김진공 옮김, 『프티부르주아 사회주의 선언-자유사회주의와 중국의 미래』, 돌베개, 2014.

柯善北, 「"两江新区"不是梦《国务院关于推进重庆市统筹城乡改革和发展的若干意见》解读」, 『中华建设』, 2009年第03期.
江筱湖, 「城市探险小说打造小说新类型」, 『中国图书商报』, 第003版, 2008.02.26.
霍建起, 「〈生活秀〉-艺术总结」, 『电影艺术』, 2002年第04期.
国务院, 「国务院发布《国务院关于推进重庆市统筹城乡改革和发展的若干意见》」, 『城市规划通讯』, 2009年第03期.
______, 「国务院批准重庆市城乡总体规划」, 『城市规划通讯』, 2011年第20期.
金国钊, 〈失踪的上清寺〉(24集), 2010.
罗渝, 『失踪的上清寺』, 重庆出版社, 2008.
______, 『失踪的上清寺』(修订本), 重庆出版社, 2016.
代金平·周兴茂·刘晶, 「重庆的地域文化资源」, 『重庆邮电大学学报(社会科学版)』, 2007年第06期.
董小玉, 「重庆, 一座被胶片定格的城市: 论重庆电影与巴渝文化的关系」, 『新闻研究导刊』, 2012年第02期.
邓又萍, 『陪都溯踪』(溯游抗战重庆丛书), 重庆出版社, 2005.
徐康, 『老风尚』(老重庆影像志), 重庆出版社, 2007.
徐大文, 「情感的纯真伦理的化道人性的高昂: 评主旋律电视剧《雾都》」, 『视听』, 2015年第06期.
石曼, 『又见大后方影剧明星』(溯游抗战重庆丛书), 重庆出版社, 2005.
萧锋, 〈大轰炸〉, 2018.
孙善齐 编, 『重睹大后方文坛芳华』(溯游抗战重庆丛书), 重庆出版社, 2005.
孙志慧, 『走进南方局』(溯游抗战重庆丛书), 重庆出版社, 2005.
水华, 〈烈火中永生〉, 1965.
市文化委, 「重庆市出台《推进文化市场改革加快文化产业发展的意见》」, 2014.12.02. http://www.huaxia.com/mlcq/zqsy/bysk/2014/12/4174142.html(검색일: 2018.01.18.)
杨庆, 〈火锅英雄〉, 2016.
杨筱, 『探寻陪都名人旧居』(溯游抗战重庆丛书), 重庆出版社, 2005.
杨耀健, 『解密飞虎队』(溯游抗战重庆丛书), 重庆出版社, 2005.
杨超, 〈长江图〉, 2016.
余俊汎, 「王雨: 用文学之笔历史地回顾历史」, 『重庆作家网』, 2017.07.21.
厉华, 『风雨白公馆』(溯游抗战重庆丛书), 重庆出版社, 2005.
力云·夏小茜, 「白象街是谁在记忆中老去」, 『重庆与世界』, 2006年第06期.
易峥·陈治刚·何扬, 「重庆市城市总体规划修编: 回顾与思考」, 『北京规划建设』, 2005年第01期.
燕达, 「在现实之城里寻找温暖: 与张一白一起解读〈秘岸〉」, 『电影』, 2008年第12期.
吴永刚·吴贻弓, 〈巴山夜雨〉, 1980.
王硕, 「中国确定一批重点影视作品等纪念抗战胜利70周年」, 2015.07.06. http://www.chinanews.com/gn/2015/07-06/7386665.shtml(검색일: 2018.01.16.)
王岳·罗江帆, 「总体规划修改的制度化探索: 以重庆市城乡总体规划为例」, 『上海城市规划』, 2013年第03期.
王雨,『开埠』, 重庆出版社, 2014.
王茵·鲁昱晖,「主旋律影片《开罗宣言》叙事分析」,『声屏世界』, 2016年第10期.
龙彬·屈仰,『2010年建筑环境科学与技术国际学术会议论文集』, 东南大学出版社, 2010.
苑鲁 编,『中国战区参谋长史迪威将军』(溯游抗战重庆丛书), 重庆出版社, 2005.
刘星·胡明刚·温德光,〈开罗宣言〉, 2015.
李金荣·杨筱,『烽火岁月: 重庆大轰炸』(溯游抗战重庆丛书), 重庆出版社, 2005.
李俊,「张一白专访"我置身他们之中, 我不悲天悯人"」,『外滩画报』, 2008年第310期.
李学政 编,『回味陪都市井生活』(溯游抗战重庆丛书), 重庆出版社, 2005.
任竞,「六十七年前想建怎样的重庆城: 解读《陪都十年建设计划草案》」,『红岩春秋』, 2013年第04期.
任洁,「陪都抗战文化对重庆城市品牌定位的价值」,『重庆交通大学学报(社会科学版)』, 2016年第04期.
蒋光春,「城市形象包裝意識的苏醒」,『重庆日報』, 第6版, 2009.06.19.
张国云·段晓昀,「欲望的隐秘与怒放: 张一白电影中的渝城映像」,『当代电影』, 2013年第01期.
蒋勇·刘利·何波,「面向新时期的城市总体规划: 以重庆市为例」,『城市规划』, 2007年第06期.
张元,〈江姐〉, 2002.
张燚·张锐·刘进平,「重庆城市品牌塑造战略及实施策略研究」,『科技管理研究』, 2008年第08期.
张瀚祥,「《重庆电影地图》发布跟着大片再走一遍山城吧」,『重庆商报』, 2016.03.10.
宁浩,〈疯狂的石头〉, 2006.
周昕欣·晓晖,「千秋白象街」,『重庆与世界』, 2005年第04期.
曾宪国,『门朝天开』, 重庆大学出版社, 2010.
陈桃,「重塑白象街激活尘封中重庆昔日CBD」,『新浪房产』, 2015.04.23.
陈文玲,「一带一路与长江经济带战略构想内涵与战略意义: 兼论重庆在两大战略中的定位」,『中国流通经济』, 2016年第07期.
肖江,「再现历史的重要时刻」,『文艺报』, 中国作家协会, 2015.08.31.
崔之元,「"重庆经验"进行时: 国资增值与藏富于民并进」,『政治经济学评论』, 第4期, 中国人民大学, 2010.10.
渝闻,「国务院审查并原则通过《重庆市城市总体规划》」,『城市规划通讯』, 2007年第08期.
夏舞空间,「寻找失落的都市文明」,『中国图书商报』, 第004版, 2008.03.11.

夏婧, 「肖能鑄:用故事留住重庆的昨日时光」, 『重庆日报』, 第B06版, 2010.11.12.
胡攀·彭劲松, 「地域文化与重庆城市形象塑造」, 『西部论坛』, 2012年第05期.
黄军·王奕懿, 「三峡博物馆打造历史半景画"重现"重庆大轰炸场景」, 2014.09.03. http://cq.cqnews.net/html/2014-09/03/content_31882839.htm(검색일: 2018.01.29.)
jamesleng, 「电影《开罗宣言》背后隐藏的主旋律尴尬」, 2015.08.15. http://ent.qq.com/a/20150815/020796.htm(검색일: 2018.01.16)

「重庆团建议: 将重庆定位为丝绸之路经济带起点」, 『重庆与世界』, 2014年第04期.
「重庆市城市总体规划(1996-2020)」, 『规划师』, 2004年第09期.
「重庆被国务院明确定位为国际性综合交通枢纽」, 2017.03.18. http://www.cq.gov.cn/today/news/2017/3/18/1490446.shtml(검색일: 2018.10.10.)

찾아보기

인명

용어

발간사

다가오는 미래가 아시아의 시대가 될 것이라는 인식은 이제 우리에게 그리 새롭지는 않습니다. 그렇다면 우리에게 주어진 과제는 한국인과 한국사회는 어떤 존재로서 아시아의 시대를 살아가고자 하는가 하는 질문을 통해 우리와 남의 모습을 상상하고, 우리와 남의 관계에 대한 그림을 그리고, 그것들을 실천하는 일일 것입니다.

그러나 아시아의 시대가 온다고 해서 아시아 사람들이 저절로 잘 살게 되는 것도, 아시아가 저절로 평화롭고 정이 넘치는 공동체가 되는 것도 아닐 것입니다. 그러므로 우리는 아시아 지역을 살아가는 사람들이 어떤 공동체를 만들어가고 싶은가, 아시아 공동체가 잘 되면 인류에게 무슨 도움이 되는 것인가 하는 질문을 해야 하지 않을까 싶습니다. 오히려 아시아의 시대가 왔다고 생각하기 시작한 지난 20여 년 간 아시아 내부의 갈등과 적대, 민족주의와 인종차별 등은 더 심해지고 있다는 착각이 듭니다. 그것을 착각이라고 생각하는 까닭은 외양으로 보면 그렇게 보이지만, 실제 내부에서 일어나는 현상을 찬찬히 살펴보면, 아시아 내부의 상호이해와 교류가 느리지만 거대한 규모로 일어나고 있다고 믿기 때문입니다. 지표면에서 보면 날씨 변화도 심하고 지진도 자주 일어나지만, 땅속 깊은 곳에서 아시아의 시대를 만들어 가는 지하수의 물줄기가 형성되고 있는 것 아닌가 싶습니다.

20세기 유럽과 미국이 축적한 자연과학과 인문·사회과학 등 근대의 학문적 지식은 인류 문명의 새로운 길을 열었고, 인류의 행복과 안정에 커다란 기여를 했습니다. 물론 제국주의 지배와 전쟁, 차별과 빈곤을 동시에 가져다주기도 했습니다. 아시아의 세기는 서양의 근대를 넘어서서 새로운 '근대 이후'를 만들어나가는 일이어야 합니다.

지식의 생산과 공유, 인재 양성을 책임지고 있는 대학이라는 공간에서 아시아에 대한 어떤 지식을 생산하고, 아시아에 대해 무엇을 어떻게 가르칠 것인가 하는 문제의식이야말로 서울대학교 아시아연구소에 주어진 책무일 것입니다. 서울대학교 아시아연구소는 2009년 9월 출범한 이래 지역과 주제의 결합에 기초한 아시아 연구의 세계적 허브 구축을 목표로 아시아 연구 기반 구축과 우수 연구활동 지원 등의 다양한 학술 활동을 진행해왔습니다. 특별히 아시아에 대한 지식 생산의 기반을 다지는 작업으로서, 우수한 기초 연구 활성화를 위해 노력해왔습니다.

서울대학교 아시아연구소총서는 바로 이러한 학문적 노력의 결실입니다. 앞으로도 서울대학교 아시아연구소는 국내외 연구자들의 우수한 연구를 지원하여 그 결과물을 지속적으로 발간해나갈 것입니다. 이러한 아시아연구소총서가 아시아의 시대를 열어가는 데 필요한 기반을 만드는 중요한 지적 자산이 되기를 기대합니다. 이를 바탕으로 아시아 시대를 만들어가는 지하수를 실증적으로 드러내고, 아시아 내부의 상호 이해와 교류를 넓혀갈 수 있길 바랍니다.

서울대학교 아시아연구소

저자 소개

박정희

부산대학교 중어중문학과 졸업

중국 베이징대학교 석사·박사학위 취득(중국현당대문학 전공)

현재 부산대학교 인문학연구소 연구교수, 중국도시문화연구소 대표

주요 저·역서: 『중국 영화·문화·도시』, 『세계도시 베이징의 공간기억과 문화재현』, 『중국당대문학사』

주요 논문: 「五十至七十年代的文学"经典"重评: 中国当代文学史研究的一个侧面」, 「1950, 60년대 중국 당대문학의 러시아·소련문학 수용·전유와 그 변화 양상」, 「상하이와 홍콩, 공간의 상대성과 주체의 정위: 王安忆의《香港的情与爱》와 关锦鹏의 〈長恨歌〉를 중심으로」, 「〈무궁동(無窮動)〉으로 본 젠더와 공간」, 「예광친의 차이상즈와 베이징」, 「공간재생과 주체갈등: 베이징 따산즈 798 예술구」 등